FETTNÄPFCHENFÜHRER

CONBOOK.

Jan Janowski, geboren 1985 in Berlin, ist laut Aussage seiner Freunde im vorigen Leben Koreaner gewesen, er selbst erinnert sich jedoch nur schemenhaft. Seit 2002 bereist er Südkorea, wo er von 2007 bis 2012 auch lebte und freiberuflich als Radiomoderator, Journalist und Autor tätig war. Von 2012 bis 2015 lernte er beruflich auch die andere Hälfte Koreas kennen. Seit Ende 2015 versucht er sich mit wechselndem Erfolg in Berlin zu (re)integrieren, stöbert aber regelmäßig in Korea neue Fettnäpfchen auf.

KOREA

FETTNÄPFCHENFÜHRER

AUCH EIN AFFE FÄLLT MAL VOM BAUM

JAN-ROLF JANOWSKI

MIX
Papier aus verantwortungsvollen Quellen
FSC® C083411
www.fsc.org

Zum Gebrauch der Bezeichnung »Korea«: Gegenstand dieses Buches und Schauplatz der Handlung ist die Republik Korea, auch Südkorea genannt. Immer wenn von Korea die Rede ist, meinen wir den südlichen Teil der koreanischen Halbinsel.

Zur Umschrift: Im Buch wird die Revidierte Romanisierung (RR) des Koreanischen von 2000 verwendet. Dies ist die von der südkoreanischen Regierung für den Gebrauch im In- und Ausland empfohlene offizielle Umschrift des Koreanischen.

6., komplett überarbeitete und aktualisierte Auflage

www.conbook-verlag.de

Projektleitung und Lektorat: Christiane Barth
Einbandgestaltung: Weiß-Freiburg GmbH – Graphik & Buchgestaltung unter Verwendung eines Motivs von © istockphoto.com/ake1150sb
Satz: Röser MEDIA, Karlsruhe
Druck und Verarbeitung: CPI books GmbH, Leck

Printed in Germany

ISBN 978-3-95889-184-5

INHALT

VORWORT DES AUTORS

Wer schon Angst vor dem Weg hatte, trifft dann auch noch wirklich auf den Tiger!

Für mich ist Korea seit meiner Jugend das Land der Träume schlechthin. Habe ich Heimweh, denke ich zuerst an Seoul. Korea, der westliche Name für das Volk der Han, wurde von der Goryeo-Dynastie abgeleitet und bedeutet »Hohe Schönheit«. In einem Radius von nur einer Flugstunde offenbart sich diese hohe Schönheit in all ihren Facetten: palmenbewachsene subtropische Inseln, endlose Sandstrände, dichte Kiefernwälder, faszinierende Wattlandschaften und schneereiche Skigebiete. Und bei alledem habe ich nur vom für uns zugänglicheren Süden des Landes gesprochen; vom etwas größeren Norden der koreanischen Halbinsel, der viele Jahrhunderte lang das kulturelle Zentrum des Reichs war, und seinen unendlichen Hochgebirgszügen einmal ganz zu schweigen.

Heute dreht sich natürlich alles um die gigantische Stadt Seoul, mit einer 24 Stunden am Tag verfügbaren Infrastruktur und einem Lebenstempo, das einen schlicht sprachlos macht. Wenn diese Stadt einen erschlägt, reicht aber bereits eine kurze Fahrt mit einem preiswerten Hochgeschwindigkeitszug, und man steht inmitten idyllischen Landlebens in traditionellen Häuschen und findet sich mit dem Hausbesitzer bei einem Schälchen selbst gebrauten Reisweins auf einer 400 Jahre alten Veranda wieder.

Doch Korea ist nicht nur einfach schön. Das Land ist eine dynamische Kultur- und Wirtschaftsmacht mit offenen, herzlichen und flexiblen Menschen, die kein Blatt vor den Mund nehmen und das Leben in all seinen Extremen kennen – und zu nehmen wissen.

Oft habe ich mich gefragt, was für Ausländer den Zugang zu diesem einzigartigen Land erschweren könnte, denn dass sich viele auch noch nach Monaten fremd fühlen, ist kaum zu bestreiten. Inzwischen bin ich zur Überzeugung gekommen, dass es wohl eine Mischung aus Sprachbarriere und Herangehensweise sein könnte, die die kulturellen Unterschiede unüberwindbar erscheinen lässt. An Ersterem können Sie vermutlich auf die Schnelle wenig ändern, Zweiteres hingegen verspricht rascheren Erfolg.

Korea präsentiert sich auf den ersten Blick als moderne, hoch entwickelte Nation, teils stärker im amerikanischen Sinne verwestlicht als der deutschsprachige Raum und an vielen Ecken so betont und bewusst auf Hochglanz poliert, dass man kaum noch eine eigene, in unseren Augen asiatische Identität spürt. Wer jedoch die Augen aufmacht, merkt, dass auch jeanstragende, US-Serien schauende und bei McDonald's essende Koreaner vor allem eins sind: nicht westlich, sondern einfach koreanisch.

Und auch wenn Koreaner sich tief verbeugen, Reisrollen essen und Karaoke singen, sind sie vor allem eins: nicht asiatisch, sondern einfach koreanisch.

Damit für Sie dieses Adjektiv einen positiven Klang erhält und Sie es sich nicht unnötig schwer machen, gibt es den *Fettnäpfchenführer Korea*. Die Geschichten in diesem Buch zeigen die gröbsten Klippen auf und helfen Ihnen, diese im Alltag zu umschiffen – oder zumindest darauf gefasst zu sein.

Und vergessen Sie niemals: An den »Eigenarten der Koreaner« sind Sie zu mindestens 50 Prozent mitschuldig, denn eigenartig ist etwas ja nur, weil Sie es in dem Moment eigenartig finden. Im Übrigen werden Sie zumindest bei jungen Koreanern nicht selten auf Verständnis stoßen, viele kulturelle Eigenheiten finden auch sie inzwischen seltsam. Dabei ist es doch eigentlich schade, wenn sich alle Kulturen angleichen. Sollten Sie diese Eigenarten dennoch für allzu gewöhnungsbedürftig halten, können Sie sich heute auch in Korea den ganzen Tag von deutschem Fernsehen berieseln lassen, Eins-a-Steak essen gehen und abends in einem englischsprachigen Theaterverein »unter sich« bleiben. Ein solches Modell ist in Teilen der ausländischen Community durchaus verbreitet, aber ist es wirklich das, was Sie wollen? Da Sie dieses Buch gekauft haben, gehören Sie sicher nicht zu dieser Gruppe, sondern zu den Wissbegierigen, die offen sind für neue Erfahrungen. Herzlichen Glückwunsch, Ihnen werden sich vermutlich die zu Beginn dargestellten wunderbaren Seiten des »Landes der Hohen Schönheit« schneller erschließen.

Natürlich wurden für diesen Band viele verschiedene Phänomene beleuchtet, die eine einzelne Person wohl kaum alle so durchleben wird. Trotzdem lässt sich jede Episode auf einen so oder so ähnlich erlebten Hintergrund zurückführen. Sie würden sich wundern, wie viele der Episoden *nicht* erfunden sind, sondern höchstens etwas verdichtet aufbereitet wurden.

Diese Realitätsnähe bestätigt mir auch so mancher Leser; oft heißt es dann, man habe eine ähnliche oder sogar noch verwirrendere Situation erlebt. Am allermeisten freut es mich als Autor aber, dass insbesondere viele Koreaner, die das Buch gelesen haben, sich und ihr Land darin wiedergefunden haben. Ein größeres Lob kann es kaum geben.

Der Autor

Legende

Unsere Helden geraten im Laufe des Buches immer wieder in Situationen, in denen blitzschnelles Reagieren gefragt ist. Da sie diese Herausforderungen mal mehr und mal weniger gut meistern, gibt es verschiedene Abstufungen.

Aigu! Korea ist eines dieser Länder, dessen Menschen in kürzester Zeit von euphorisch auf tief betrübt umschalten können. Symptomatisch dafür ist das an jeder Ecke zu hörende »*Aigu!*«. Kaum übersetzbar, weil in zu vielen Situationen quasi universell anwendbar. Die Handybatterie leer? *Aigu!* Die Füße schmerzen vom vielen Laufen? *Aigu!* Das Kind ist hingefallen und hat sich verletzt? *Aigu!* Das Klagelied am Sarg des Geliebten? *Aiguuuu!*

Gwaenchana! Noch am ehesten mit dem bajuwarischen »*Passt scho!*« zu übersetzen, ist dies wohl eines der am häufigsten gebrauchten Wörter der koreanischen Sprache. Immer wenn irgendetwas nicht gerade super ist, aber auch keinen Weltuntergang darstellt, passt *gwaenchana.*

Olssigu! Wir waren der Meinung, das war spitze! Der Ausruf bedeutet in etwa »Recht so!« und ist heute insbesondere noch bei den traditionellen Ein-Mann-Opern, *pansori,* zu hören, wenn das Publikum besonders gelungene Teile des Vortrags mit einem emphatischen »*Olssigu!*« belohnt und so dem Sänger Anerkennung zollt. Leider erleben unsere Protagonisten nur wenige solcher Situationen.

PROLOG

KOREA? WARUM, WO UND WELCHES ÜBERHAUPT?

Wo sie Bomben bauen und Hunde essen

Für viele Europäer ist es bekanntlich schon schwierig genug, Chinesen und Japaner auseinanderzuhalten, und dann hat sich die Weltgeschichte erlaubt, da noch ein Völkchen dazwischenzusetzen, das zwar durchaus Einflüsse der großen Nachbarn aufgenommen hat, aber in seiner langen Geschichte immer eigenständig und unverwechselbar blieb. Das war nicht selbstverständlich, denn Chinesen und Japaner haben sich immer wieder dafür eingesetzt, es für die Westler einfacher zu machen, indem sie versuchten, das kleine, unbeugsame Völkchen in ihrer Mitte schlicht einzuverleiben und seine kulturelle Identität auszulöschen. Wie auch immer, das hat offensichtlich nicht funktioniert, nur hat davon außerhalb Asiens selten jemand etwas mitbekommen. So liegt der Bekanntheitsgrad der kleinen ostasiatischen Wirtschafts- und Kulturmacht denn auch bei uns in Mitteleuropa noch immer irgendwo zwischen Koriander und Chorea Huntington. Und wo Korea in die Schlagzeilen kommt, ist es meist der nördliche Teil, der für die Südkoreaner aber so etwas wie der zurückgebliebene Onkel ist, den man nicht unbedingt beim ersten Treffen präsentieren möchte (siehe Episode 39, Seite 245).

WIE ALT IST KOREA EIGENTLICH?

Koreaner sprechen gern von einer 5.000 Jahre alten Geschichte, wobei das aus mehreren Gründen unglücklich und wohl eher auf die Konkurrenz mit dem großen Nachbarn China zurückzuführen ist, der Ähnliches für sich in Anspruch nimmt. Der nationale Gründungsmythos der Koreaner spricht vom Jahr 2333 v. Chr. als Ausgangspunkt, wir befinden uns daher nach der Zeitrechnung *dangi* im Jahr 4345 der koreanischen Zivilisation. Historiker gehen realistisch davon aus, dass ein koreanischer Staat im eigentlichen Sinne des Wortes wohl »erst« knapp 2.000 Jahre alt ist. Die Vorfahren der heutigen Koreaner wiederum haben die Halbinsel aber wohl schon vor mindestens 10.000 Jahren besiedelt. Man kann sich also am besten darauf einigen, dass Korea »sehr« alt ist, auch wenn man nicht weiß, wie alt. Sicher ist jedenfalls, dass Koreaner seit Jahrhunderten gemeinsam in einem Staat (beziehungsweise seit einigen Jahrzehnten leider in zwei Staaten) leben und dies zu einer starken nationalen Identität geführt hat, die auch brutale Kolonialisierung durch die Japaner von 1910 bis 1945 nicht auslöschen konnte.

»Nord oder Süd?« war dann natürlich prompt die erste Frage, die Julia von ihrer besorgten Verwandtschaft gestellt bekam, als sie beim Geburtstagskaffee für Oma Hilde stolz offenbarte, dass sie sich für ein Austauschsemester an einer koreanischen Universität eingeschrieben hatte.

»Diese Stolperfußballer von Koreanern haben uns doch rausgehauen bei der WM in Russland, was willst du denn da!«, protestierte ein nicht gerade weit gereister Schwager, woraufhin sich auch schon Oma Hilde ins Gespräch einklinkte: »Julchen, die essen da Hunde, denk doch an deinen kleinen Berti, den würden die da essen!«

»Omi, das ist doch Quatsch. Es gibt doch in Deutschland auch Leute, die Pferd essen, und trotzdem gibt es auch Reiterhöfe.«

»Aber da regiert doch so ein dicker Diktator, der streitet sich mit den Amerikanern drum, wer den größeren Atomknopf hat, stand in der Zeitung.« Oma Hilde war kaum mehr zu beruhigen.

Dachte Hildes Julchen hingegen an dicke Koreaner, dann fiel ihr vor allem einmal Psy ein, der Sänger aus dem Youtube-Video, das um die Welt gegangen war. Aber zu koreanischer Popmusik und dann auch zu Filmen hatte sie ja schon viel früher gefunden. Die meisten ihrer Lieblingsgruppen waren inzwischen aus Korea. Klar, sie waren zuckersüß, schnulzig und irgendwie auch ein bisschen austauschbar, aber so wunderbar anders als alles, was sie bisher gesehen hatte. Sie war natürlich kein so richtig krasser Fan, der zu Konzerten durch ganz Europa reiste, aber Fernsehen tat sie meist auf dem Laptop – und zwar koreanische TV-Serien mit Untertiteln, Internet sei Dank. Als sich dann auch noch an der Uni eine koreanische Freundin fand, die Julia eine ganze Menge von Land und Leuten erzählte, war es vollends um sie geschehen. Es folgten kostspielige Besuche beim örtlichen Koreaner, die aufgrund der Schärfe des Essens regelmäßig in ausgebrannter Mundhöhle endeten – und Versuche, sich anhand von Liedtexten die fremde Sprache mit den vielen *eos* und *eus* (siehe Episode 5, Seite 41) anzueignen.

Als dann in einem Seminar an der Uni gefragt wurde, wer gerne einmal ein Austauschsemester in Korea machen möchte, war sie natürlich sofort Feuer und Flamme. Sofort sagte sie zu, und da außer ihr nicht allzu viele Studenten überhaupt etwas über Korea wussten, hatte sie schnell einen Platz an einer guten Uni sicher. Sorgen machte sie sich keine: Das, was sie in den Filmen gesehen hatte, konnte ja so falsch nicht sein. Und wenn doch, wollte sie das jetzt selbst herausfinden.

TEUERER GENUSS: KOREANISCHE RESTAURANTS IN DEUTSCHLAND

Es gibt inzwischen in allen größeren Städten im deutschsprachigen Raum koreanische Restaurants, natürlich mit unterschiedlichem Authentizitätsgrad. Grundregel: Je hipper die Nachbarschaft, desto größer die Kimchi-, Chicken- und Korean-BBQ-Dichte. Aber egal, ob Imbiss oder Hipsterschuppen, spätestens in Korea selbst fühlt man sich im Nachhinein betrogen: Dort kostet das exakt gleiche Gericht mit sieben Beilagen und kostenlosem Wasser dazu am Ende oft weniger als ein Drittel. Hoher Preis und sparsamer Gewürzeinsatz sind dann auch die Hauptfaktoren, die eine noch weitere Verbreitung der koreanischen Küche in Europa bislang verhindern. Und das, obwohl auch aufeinanderfolgende koreanische Regierungen den Kimchi-Kulturexport quasi zur Chefsache machten.

Bei Nico wiederum lief alles ganz anders. Weil sein Vater vor vielen Jahren schon einmal in Japan für sein Unternehmen tätig gewesen war, hatten Nico und seine Familie einige Zeit dort gelebt und ein paar Mal Korea besucht.

Auf den Fotos, die sich manchmal gemeinsam anschauten, sah man unter anderem Nico auf einer steinernen Empore, die zum Thronsaal eines Königspalastes in Seoul führt, einen steinernen Wächter reiten, der aussieht wie ein Tiger. Papa würde dann immer erläutern, dass das gar kein Tiger sei, sondern eigentlich eine mythische Figur, die noch am ehesten einer Giraffe ähnele, worauf Mama dann immer einwerfen würde, dass es doch in Korea gar keine Giraffen gäbe. Nico war das recht egal; er fand einfach schön, wie glücklich er damals aussah.

Die einzige direkte Erinnerung, die Nico noch an Korea hatte, war so ein Geruch in der Nase. Faulig irgendwie, nicht unangenehm, aber auch nicht eben verlockend. Dieser schien sogar am kleinen Tiger Hodori zu kleben, dem Maskottchen der Olympischen Spiele 1988, den ihm damals sein Vater von einer Geschäftsreise mitgebracht hatte. Und auch wenn die letzte Reise nach Korea schon viele Jahre zurücklag, erzählte der Vater auch heute noch fast allabendlich, wie »die Koreaner« seien: hart arbeitende, freundliche Menschen und vor allem immer noch mit viel Potenzial. Ganz anders als Deutschland. Korea sei jedes Mal neu, immer im Wandel, *the place to be* für alle, die was mit Wirtschaft machen. Es klang wie ein Befehl.

Als Nico dann kurz nach seinem Abschluss in BWL immer noch nicht in die Gänge kam, wurde das elterliche Drängen stärker. Der Vater beschloss, Nico müsse jetzt langsam mal Auslandserfahrung sammeln, so richtig Ausland. Nico hatte zwar in Maastricht studiert, war durchaus international geprägt und Asien an sich auch nicht abgeneigt, aber so recht begeistert war er von der Aussicht auf ein halbes Jahr Reisessen und sinnlose Überstunden nicht unbedingt. Denn das waren die Erinnerungen seiner Mutter an die Arbeit des Vaters in Japan: Selten war ihr Mann vor 22 Uhr zu Hause, oft noch später. Sie saß unterdessen mit dem kleinen Nico im Tokioter Großstadttrubel und konnte sich nicht verständigen. Jeder Gang zum Supermarkt ein Abenteuer. Asien, das kam für sie zumindest nicht mehr infrage.

Aber natürlich widersprach sie ihrem Mann nicht, denn der kannte sich ja am besten aus. Nach wenigen Telefonaten mit alten Kollegen hatte Papa seinem Sohnemann einen Praktikumsplatz bei einem angesehenen Unternehmen in Seoul besorgt. »Nach Hongkong oder Peking gehen sie heute doch alle«, kommentierte der Vater das Ergebnis knapp, und Sohnemann durfte immerhin noch formal zustimmen. Also ergab sich Nico wieder einmal in sein Schicksal und begann sich zu informieren. Im Internet fand er bald heraus, dass Seoul nicht nur wirtschaftlich und technologisch eine weltweit führende Metropole sei, sondern auch ein einzigartiges Nachtleben zu bieten habe. Insbesondere Zweiteres trug maßgeblich dazu bei, dass Nico sich sehr bald mit dem Gedanken, ein Wiederriechen mit dem fauligen Geruch seiner Kindheit zu feiern, anfreunden konnte. Da es schon in wenigen Wochen losgehen würde und er noch seine Studentenwohnung in Maastricht auflösen musste, hatte er aber kaum Zeit, sich in aller Tiefe vorzubereiten. Aber wie sagte Papa immer: »Arbeit ist Arbeit, Menschen sind Menschen, überall auf der Welt.«

1 DER FLUG

VÖLKERWANDERUNG INS FLUGZEUGHECK

Wenn gar nichts klappt, findet man selbst in einem Ei noch Knochen

Endlich ist der große Tag gekommen. Julia hat sich gründlich vorbereitet. Sie weiß auch schon, dass es an Bord vermutlich *bibimbap* geben wird, gemischten Reis mit Gemüse und Spiegelei obendrauf, dafür ist die koreanische Fluglinie bekannt, mit der sie fliegt.

Doch das Erlebnis beginnt schon auf dem Flughafen in Frankfurt, von wo aus Julias Direktflug nach Seoul startet, beziehungsweise nach Incheon, wie sie die Frau am Schalter korrigiert. Jaja, dass der Flughafen außerhalb der Stadt ist, das weiß sie selber. Gut, dass sie diese deutsche Detailversessenheit jetzt erst einmal hinter sich lassen kann. Weiter hinten in der Schlange erblickt Julia einige junge koreanische Individualreisende, die jedoch so uniformiert angezogen sind, dass sie schon wieder wie eine Gruppe erscheinen: die Damen dunkle Sonnenbrillen, betont lässige, aber hochwertige Freizeitkleidung, die Männer in Karohemden und mit Basecap tief ins Gesicht gezogen. Youtube hatte Recht, denkt Julia gerade, alle Koreaner sehen so aus wie die attraktiven Darsteller aus den Serien und Musikvideos, da wird sie plötzlich von hinten von etwas gerammt.

Sie hat sich noch nicht umgedreht, da hört man schon Kichern. Eine ältere Koreanerin, kaum 1,60 m groß, hat eine riesige Kiste mit Zwilling-Messern unbedacht manövriert und ist Julia mit dem Gepäckwagen direkt in die Hacken gefahren. Julia erschrickt bei dem Anblick. Ein Glück, dass die Messer gut verpackt sind und ihre Hacken keine direkte Bekanntschaft mit ihnen machen mussten. Weil die Dame offenbar kein Englisch spricht, lächelt sie verlegen, verbeugt sich leicht und versucht die Situation damit zu bereinigen. Julia ist verwirrt. Was will die Frau mit so vielen Messern? Gibt es in Korea etwa keine scharfen Schneidwerkzeuge zu kaufen?

KOREA SETZT AUF »MADE IN GERMANY«

Messer der Firma Zwilling, in Korea *ssangdungikal* genannt, sind ein beliebtes Mitbringsel für ältere Koreaner. Obwohl heute fast alles in gleicher Qualität auch in Korea selbst hergestellt wird, hält sich beständig das Image von deutscher Wertarbeit. Bei allen sensiblen Bereichen wie Babynahrung, Hygieneartikel oder Kochzubehör gelten deutsche Produkte grundsätzlich als überlegen, was sich Koreaner wiederum einiges kosten lassen. Man sieht daher oft die notorischen koreanischen Reisegruppen bei der Rückreise mit riesigen Kartons voller Haushaltswaren, was unbedarfte Beobachter zur Annahme verleitet, es gäbe so etwas in Korea nicht.

Auch deutsche Lebensmittel sind in Korea beliebt. Gut betuchte Koreaner lieben deutsche Bio-Kost aller Art, vom Müsli über Babymilch und eingelegte Gurken bis hin zu Dinkelschnitten und Karottensaft. Die Lebensmittelabteilungen der großen Kaufhausketten (Lotte, Hyundai, Shinsegae) bieten dementsprechend eine große Auswahl deutscher Produkte.

Nach diesem Erlebnis verläuft der Flug zunächst ereignislos: Nur die einzigartig freundliche Begrüßung durch die makellos schönen Stewardessen fällt Julia auf. Als sie sich nach einigen Stunden Flug die Füße vertreten will, ist sie erneut erstaunt. Anstatt sich irgendwie einzukuscheln, wie sie es vergeblich versucht hat, schlafen die meisten Koreaner einfach mit dem Kopf auf dem ausgeklappten Tisch vor sich. Julia fällt ein, dass sie das schon von ihrer koreanischstämmigen Freundin Sonya in Deutschland gehört hat. Koreaner hätten kein Problem, auch an unbequemen Orten einzuschlafen, weil aufgrund des anstrengenden Lebens jede freie Minute für ein Nickerchen genutzt werden müsse. Julia hat ungeachtet der Begründung diese Fähigkeit für beneidenswert gehalten, jetzt, wo sie es aber realiter sieht, zweifelt sie, ob sie sich je daran gewöhnen können würde – und will. Noch faszinierender ist für Julia allerdings, dass zwischendrin die anderen, die nicht schlafen, wie wild auf allerlei technischen Geräten in den unterschiedlichsten Formen rumhämmern. Koreaner machen sich ihr On-Board-Entertainment offenbar selbst. Im Flugzeug sieht es denn auch vor lauter Flackern aus wie in einer zwielichtigen Spielhölle. Die Klapptischschlafenden lassen sich davon aber ganz offensichtlich nicht aus dem Konzept bringen.

Obwohl der Geräuschpegel nicht allzu hoch ist, macht das ewige Geklicke und Geklacker Julia ganz kirre. Das Flugzeug auf dem Bildschirm, der anzeigt, wo man sich gerade befindet, kommt auch nicht recht voran: Seit Stunden scheint der Flieger über den Ural zu schweben. Sie kann jedenfalls nicht schlafen. Als sie im Heck des Flugzeugs ankommt, sieht sie die kleine Frau vom Flughafen wieder. Sie und ihre Reisegefährtinnen, allesamt recht rundliche Damen mit Korkenzieherlocken, sind völlig vertieft in Dehnübungen. Große kreisende Bewegungen gefolgt von gegenseitigem Hüftenklöppeln zur Entspannung. Julia ist fasziniert, auch davon, wie viele verschiedene Blumenmuster in Neontönen es offenbar in Korea zu kaufen gibt.

MODETRENDS GESTERN UND HEUTE

Korkenzieherlöckchen, nach dem englischen Wort für Dauerwelle, *perm*, auf Koreanisch *pama* genannt, sind eine kulturelle Ikone. Noch bis ins neue Jahrtausend hinein waren sie eine fast schon uniforme Frisur für alle verheirateten Frauen. Internationale Trends haben den Anblick dieser stahlwolleähnlichen Kurzhaarfrisuren leider mehr und mehr bedroht. Auf dem Land, bei sehr alten Damen und in Restaurantküchen sieht man sie jedoch noch öfter. Dort ist auch die für unsere Augen möglichst wilde Kombination von leuchtenden Farben und Mustern noch stark verbreitet. Bei den jüngeren Koreanern hingegen kommen die Trends inzwischen direkt aus Hollywood beziehungsweise aus Paris. Als »Paris Asiens« gilt Seoul nämlich inzwischen, vor allem deshalb, weil die Damen der Stadt sehr viel Modebewusstsein an den Tag legen und sich gerne schmücken. Denselben Damen begegnet man dann aber im Supermarkt um die Ecke im Schlabberlook mit ungekämmten Haaren und Hornbrille auf der Nase. Irgendwo muss man schließlich auch mal entspannen dürfen.

Plötzlich wird der Vorhang zur Bordküche aufgerissen und auf Koreanisch sagt eine der Stewardessen leise etwas zu den umstehenden Damen. Wie auf Kommando werden die Übungen eingestellt und Hals über Kopf schiebt sich ein Teil des bunten Damensportteams in die enge Bordküche, einige trippeln aber auch zu ihren Plätzen und bringen auf dem Rückweg ihre Familienmitglieder mit. Im Handumdrehen hat sich das Flugzeugheck in einen koreanischen Markt verwandelt und Julia überlegt kurz, ob eine solche Verschiebung der Fluggäste Auswirkungen auf das Gleichgewicht des Fliegers haben kann. Als die ersten mit Instant-Nudelsuppen – und strahlenden Gesichtern – aus dem Heck zurückkommen, versteht Julia langsam. Nach und nach erwacht die gesamte koreanische Gästeschar aus dem Tischschlaf, pardon, Tiefschlaf, und schlurft wie in Trance ins Heck.

Einer der älteren Herren hat wohl Julias Verwunderung registriert und bemerkt lässig: »*Germany castle very good! Germany food – oh no! Korean power only when eat Korean noodles!*«

Das ist also das Geheimnis des koreanischen Wirtschaftswunders. Die berühmten *ramyeon*-Nudeln, in Deutschland besser bekannt unter dem japanischen Namen *ramen,* hat Julia schon oft probiert. Sie stellt sich also in die Reihe und ein älterer Mann bemerkt zweifelnd: »*You eat ramyeon? Too spicy for westerner!*« Na danke, denkt Julia, was hält der denn von mir. Klar kann ich *ramyeon* essen, so scharf sind die ja nun wirklich nicht. Als sie ihren Becher Nudelsuppe und die Stäbchen bekommt, reißt sie, wie sie das von ihrer Freundin zu Hause kennt, den Deckel auf, splittet die Holzstäbchen entzwei, gießt das heiße Wasser darauf und wartet, bis die Nudeln ordentlich durchgeweicht sind. Eine der Korkenzieherlockenträgerinnen hält ihr plötzlich die Stäbchen vors Gesicht und redet wie wild auf sie ein. Schon klar, schon klar, ich kann mit Stäbchen essen, denkt sich Julia nur und hält es gar nicht für nötig, das Thema weiter zu erörtern. Plötzlich sackt das Flugzeug ab, ihr fällt dabei der Becher mit der Nudelsuppe aus der Hand und alles schwappt auf den Kabinenboden. Die Stewardessen sind zwar rasch da, um alles aufzuwischen, aber Julia ist außer sich vor Scham und Sorge, ob sich jemand etwas getan hat.

Aigu! – Oh weh!

Eine der ersten Fragen, die man in Korea gestellt bekommt, ist, ob man scharfes Essen vertrage und das koreanische Nationalgericht *kimchi,* scharf eingelegten Chinakohl, essen könne. Ebenso beliebt ist die Frage, ob man mit Stäbchen essen könne – Julias Reaktion nach zu urteilen, hat sie diese wohl schon in Deutschland einige Male von Koreanern zu hören bekommen. Manchmal lohnt es sich aber, hinzuhören und nicht zu schnell rückzuschließen. Die Dame wollte sich nämlich nicht nach Julias Stäbchenfertigkeiten erkundigen, sondern ihr erklären, dass man im wankenden Umfeld des

Flugzeugs, aber auch anderswo die Holzstäbchen, die noch halb zusammenstecken, nicht einfach auseinanderreißt, sondern sie als eine Art Verschluss zwischen Nudelbecherrand und Deckellasche einklemmt, sodass der Inhalt auch bei abrupten Stößen drinnen bleibt. Klingt nach einer Lappalie, aber wir haben ja soeben gesehen, wie sehr solche Kleinigkeiten helfen können. Immerhin wurde bei Julias erstem Test niemand verletzt.

2 DIE ANKUNFT

BEGRÜSSUNG DURCH OPA TASCHENDIEB

Gerade noch den Hund gekrault, wird der Besitzer von ihm gebissen

Auf eine weitere Portion Nudeln hat Julia nach dem Schock keine Lust mehr. Stattdessen wartet sie jetzt brav aufs Frühstück. Als dann am Morgen ein westliches Frühstück mit Brot und Butter serviert wird, lassen viele Koreaner das Tablett unberührt wieder zurückgehen. Julia versteht das nicht. Man geht doch ins Ausland, um etwas Neues zu probieren. Ihre Nudeln bekommen sie doch früh genug wieder und von den *ramyeon* sind sie bestimmt nicht noch so voll, dass sie jetzt kein Brot vertragen. Sie jedenfalls wird in Korea nicht ein einziges Mal etwas Deutsches essen. So, das wäre beschlossen!

Nach dem Frühstück geht dann auch alles ganz schnell. Direkt nach Peking beginnen schon die Landevorbereitungen, die *arrival cards* werden ausgeteilt, die alle Ausländer ausfüllen müssen, die nach Korea einreisen.

Ein Visum hätte Julia für die Einreise gar nicht gebraucht, sie hätte als EU-Bürgerin auch 90 Tage visumsfrei bleiben können, aber vorbildlich, wie sie nun mal ist, hat sie ihr Studienvisum bereits in Deutschland beantragt. Das erspart ihr die Umwandlung des Besuchsvisums in ein Studienvisum in Korea selbst, denn sie will ja an einem Uniaustausch teilnehmen, der ein ganzes Semester dauert.

GANZ OBEN: KOREANISCHE AIRLINES

Es gibt zwei international bekannte koreanische Fluglinien: Korean Air und Asiana. Wem welche besser gefällt, ist in etwa eine Frage wie Cola oder Pepsi. Jedenfalls sind beide preislich wie qualitativ im gehobenen Bereich anzusiedeln. Bis vor einigen Jahren war die einzige Direktverbindung nach Korea aus dem deutschsprachigen Raum eine tägliche Verbindung von Frankfurt nach Seoul. Inzwischen wird aus Deutschland jedoch auch ab München nach Korea geflogen, eine Verbindung von Berlin aus ist seit Längerem im Gespräch.

Wer als FlugbegleiterIn für eine der koreanischen Airlines arbeiten will, muss sich anstrengen. Wenn die großen Airlines zum Casting rufen, kommen Hunderte, ja, Tausende. Universitätsabschluss ist Einstellungsvoraussetzung. Makelloses Auftreten und exzellente Manieren sind Pflicht. Diese strenge Selektion hat dazu geführt, dass koreanische Airlines regelmäßig Preise bei internationalen Awards für Kabinenservice abräumen. Für die Gründerfamilie von Korean Air gelten solche Qualitätsstandards leider nicht; ihre Manieren sind ausweislich zahlloser Skandale, u.a. der berühmten »Erdnussaffäre«, inzwischen über Korea hinaus bekannt – eine echt *abgehobene* Familie!

Am Flughafen Incheon angekommen, ist Julia völlig überwältigt, wie blitzblank alles ist und vor allem, wie schnell und effizient hier gearbeitet wird. Kein Vergleich zu Frankfurt. In wenigen Minuten ist sie durch die Einreisekontrolle, dabei hat sie nicht einmal die Schlange für voll automatisierte Einreise benutzt, wie viele Koreaner das machen, die vorher ihren Pass dafür haben freischalten lassen.

Sie ist nun also in Korea. Der Beamte am Schalter hatte ihr noch ein »*Welcome to our country*« mit auf den Weg gegeben. Auch das hatte sie bereits vorher gehört: Koreaner untereinander sprechen von ihrem Land schlicht als *urinara*, »unserem Land« und nicht von Korea. Schwuppdiwupp hat sie ihr Gepäck, die Tür geht auf und da stehen lauter Koreaner. Ja, jetzt ist sie wirklich da, jetzt ist *urinara* auch ihr Land. Durch die helle Ankunftshalle sucht sie den Weg zur Flughafenbahn. Alles ist selbsterklärend und Julia in völliger Hochstimmung.

Schnell eine Fahrkarte am Automaten gelöst und schon geht es mit der topmodernen Flughafenbahn ins Zentrum. Am Inlandsflughafen in Gimpo steigt sie um in die normale Seouler U-Bahn; auch modern, aber total überfüllt. Und mit dem Gepäck eigentlich auch keine rechte Freude.

Um möglichst wenig im Weg zu stehen, stellt sich Julia dicht vor eine der Sitzreihen, doch oh Schreck! Der ältere Mann vor ihr zerrt an ihrer Tasche, reißt sie ihr förmlich weg. Sie zerrt zurück, doch der Mann packt sie nun am Arm, will sie zu sich hinunterziehen. Julia ist völlig schockiert, schreit auf, guckt den Mann böse an und wechselt sofort in einen anderen Waggon. Dabei hatte sie gehört, dass Korea so ein sicheres Land sei. Besonders schockiert ist sie aber davon, dass offenbar niemand von dem Vorfall Notiz genommen hat. Zumindest hat niemand eingegriffen, um ihr zu helfen. So schnell ist der gute Eindruck vom Flughafen wieder kaputt, da können die Beamten ihr noch tausend Mal ein Willkommen zusäuseln, wenn das gleich so losgeht! *Das* ist nun wirklich nicht *ihr* Land.

Aigu! – Oh weh!

Was Julia hier nicht bedacht hat: Der bei uns meist etwas despektierlich als asiatischer »Kollektivismus« bezeichnete Gemeinschaftssinn der Koreaner, der bei unseren Protagonisten noch mehrfach für Missverständnisse sorgen wird, hat auch seine guten Seiten, denn in Korea fühlen sich alle irgendwie zusammengehörig und füreinander verantwortlich, eben *urinara*. So war auch in der U-Bahn der ältere Mann natürlich kein Taschendieb und kein Belästiger. Sein Zerren war lediglich eine typische Geste des koreanischen Gebens und Nehmens: Im Gegenzug dafür, dass er als alter Mensch einen Sitzplatz in der überfüllten U-Bahn hat und die schwer bepackte Frau stehen muss, wollte er nur helfen, indem er zumindest ihre Tasche auf seinen Schoß nimmt. In Korea wurde da früher nicht groß gefragt, sondern beherzt zugegriffen. Der Mann wusste nicht, dass die Ausländerin die freundliche Geste falsch deutet. Er hat wohl gedacht, die junge Dame ziert sich aus Respekt vor dem Alter, ihm die Tasche aufzuladen, also wurde er etwas rabiater, um ihr die Entscheidung leichter zu machen.

3 IM MOTEL

GROSSSTADT-TARZAN VERDURSTET IM REGENWALD

Die kleinsten Chilischoten sind die schärfsten

Auch Nico ist inzwischen angekommen. Sein Flug war weniger ereignisreich. Viel mitbekommen hat er ohnehin nicht, denn die Nacht vor dem Abflug hatte er mit seinen Freunden feiernd verbracht, sodass ihm der Schädel noch jetzt ganz schön brummt. An den fauligen Geruch, auf den er eigentlich achten wollte, denkt er auch nicht mehr. Stattdessen steigt er gleich ins Deluxe-Taxi und lässt sich vom englischsprachigen Fahrer in das Viertel bringen, das ihm zuvor die freundliche Dame aus seinem Praktikumsbüro für eine erste Unterkunft empfohlen hat. Dabei muss er das Taxi nicht mal mit ausgestrecktem Arm und Handfläche nach unten heranwinken, wie es ihm sein Vater gesagt hat, denn die Taxen stehen auf dem Flughafen natürlich nur so Schlange. Die Dame aus dem Büro hat den Namen des Viertels auch gleich auf Koreanisch aufgeschrieben, sodass Nico nur auf die Silben zeigen muss: Sin-chon. Sie meinte damit das Universitätsviertel und zum Glück hat sich das der Taxifahrer beim Anblick des jungen Nico auch gleich gedacht.

TAXI IST (NICHT) GLEICH TAXI

Die schwarzen Taxis, Deluxe-Taxi, koreanisch *mobeom taeksi,* bieten laut übereinstimmender Meinung der Expats in Korea den gleichen Service wie normale Taxis, nur zu deutlich erhöhten Preisen – der Koreaneuling outet sich durch die Wahl eines solchen Taxis sofort als blutiger Anfänger. Die normalen Taxis waren früher metallic-grau, inzwischen werden sie in Seoul einheitlich lehmfarben eingetüncht, wenn sie neu zugelassen werden. Der Wandel wird also in wenigen Jahren vollzogen sein. Ob ein Taxi frei ist oder nicht, sieht man am LED-Display in der Frontscheibe, aber nur wenn man Koreanisch kann: *yeyak* heißt reserviert, *bin cha* heißt leeres Auto.

Als das Taxi ihn am U-Bahnhof Sinchon abgesetzt hat, fühlt sich Nico wie erschlagen: Eine sechsspurige Straße kreuzt sich mit einer achtspurigen, an allen Ecken Hochhäuser und ein Haufen Menschen, die er schon durch den reinen Umstand, dass er stillsteht, zu behindern scheint. Wo er asiatisches Marktgewusel erwartet hat, umweht ihn an den Glitzerfassaden ein Duft von Seife, Waffeln und Hamburgern.

Weil Nico etwas Geld sparen will, geht er die erste Nacht nicht wie von Papa empfohlen in ein nahes Luxushotel, dessen Schild schon aus der Ferne sichtbar ist, sondern er will ein Motel ausprobieren. Diese seien laut dem Online-Artikel, den er vor einiger Zeit überflogen hat, sauber, preiswert, modern – kurzum die perfekte Alternative zu den überteuerten Bettenburgen Seouls. Als er auf der Straße nach »Motel« fragt, schauen ihn jedoch alle verständnislos an. Ein Mädchen springt sogar mit deutlich angewidertem Blick zur Seite.

Nach etwas Suchen findet er endlich eines. Doch beim Betreten überkommt ihn ein leichter Schauer: Die Rezeption ist eingebunkert hinter einer Milchglasscheibe, in die eine winzige Durchreiche eingelassen ist. Eine ältere Frau schaut nur kurz durch das Loch und fragt trocken: »*Alone?*«, was Nico bejaht. Sodann zeigt die Dame mit ihren Fingern eine Vier. Nico versteht zunächst nicht recht, doch als sie auf einen Zettel »40.000 Won« schreibt, kapiert auch er, dass es offenbar im Vorhinein ans Bezahlen geht.

Dafür bekommt er dann auch einen Schlüssel und einen schicken Kulturbeutel überreicht, in dem zu seinem Erstaunen neben einer Zahnbürste und einem Einwegrasierer auch Kondome und Gleitcreme enthalten sind ...

Im Zimmer angekommen der nächste Schock: Das Bad mit riesiger runder Whirlpool-Badewanne ist nur durch eine Glasscheibe vom Schlafbereich abgetrennt. Je mehr er sich umschaut, desto unheimlicher wird ihm das Ganze. Wie er sich so auf seinem Bett mit Massagefunktion hinlegt, wird ihm klar, wo er hier gelandet ist. Und offenbar hat er ein Zimmer mit thematischer Ausrichtung »Urwald« erwischt. Mitten im Raum überragt eine künstliche Palme alles und einige Bambusstangen dienen als Kleiderhaken. Auch die Kuscheltiere, die in allen Ecken des Zimmers lauern und einen wahren Streichelzoo ergeben, huch, was macht denn der Pinguin im Regenwald, irritieren Nico zunächst ein wenig. Was mit der starken Liane, die quer durchs Zimmer hängt, von den Vorbenutzern schon so alles angestellt worden sein mag, möchte Nico sich dann gar nicht mehr ausmalen.

Na ja, bei dem Preis beschwert man sich besser nicht. Apropos Preis, da kommt er ins Grübeln. Wie viel sind 40.000 Won denn eigentlich? Am Rechner, der natürlich auch im Zimmer steht, schnell ins Internet gegangen und geschaut: aktueller Wechselkurs 1.300 Won und ein paar Zerquetschte, also knapp 31 Euro für ein großes Zimmer mit riesigem Fernseher und kostenlosem Internet. Durchaus in Ordnung. Länger als nötig will er diesen Computer aber auch nicht benutzen, denn was er so in der Favoritenleiste und auf dem Desktop an Seiten und Dateien entdeckt, lässt ihn über die hygienische Beschaffenheit der Tastatur ins Grübeln kommen.

HIGH-SPEED-WELTMEISTER

In allen Messungen der Internetgeschwindigkeit liegt Südkorea regelmäßig ganz weit vorne – meist auf Platz eins. Als in Deutschland noch viele Haushalte gar nicht am Netz waren oder mit Modem surften, war in Korea bereits flächendeckend Breitband verlegt. Die Spitzenposition hat man einem ambitionierten Plan der Regierung Kim Dae-jung zu verdanken. Dem Friedensnobelpreisträger, der im Ausland eher für seine Aussöhnung mit Nordkorea und seinen Kampf für Demokratisierung bekannt ist, galt das Internet als möglicher Ausweg aus der Asienkrise 1997. Während die Aussöhnung mit dem Norden durchaus unterschiedlich beurteilt wird, ist der Erfolg der Internetpolitik unbestritten.

Nico greift zu seiner Geldbörse und holt seine ersten Won heraus. Fasziniert betrachtet er das Geld mit den vielen Nullen, das er sich jetzt zum ersten Mal in Ruhe anschaut. Der gelbe Schein, mit 50.000 Won mehr als eine Nacht im Motel wert, zeigt eine strenge Dame mit ausgefallenem Haarknoten. Nicht gerade K-Pop-sexy. Der grüne Schein, der 10.000er: alter Mann drauf. Der braune, der 5.000er: noch älterer Mann drauf und hinten seltsamer Gemüsegarten mit allerlei Getier. Und auf dem blauen, 1.000er dann, genau: noch ein alter Mann.

Die Münzen enttäuschen ebenfalls mit der Motivwahl: alter Mann, Kranich und Pagode.

Nach der nur kurzen Entdeckerfreude bemerkt Nico, dass er verdammt Durst hat. Er traut sich aber nicht, die Getränke aus der Minibar zu nehmen. Zweimal läuft er vorbei. Tür auf, Tür zu. Und noch einmal schaut er. Schaut genau, ob nicht irgendwo eine Preisliste für Getränke rumliegt wie in normalen Hotels. Aber sich nach dem langen Flug noch in einen Supermarkt zu werfen? Das wäre auch zu viel des Guten. Hin- und hergerissen überlegt er eine ganze

Weile, die Kehle brennt immer mehr. Soll er vielleicht einfach das Leitungswasser trinken? Und warum stehen die Becher in einem Panzerschrank aus UV-Licht? Vielleicht wird ja damit das Wasser gereinigt, denn einen Wasserkocher kann er nirgends entdecken.

SHOPPINGPARADIES 24 – ÖFFNUNGSZEITEN

Kaufhäuser sind mit Ladenschluss um 19 oder 19:30 Uhr recht früh dran. Die meisten Supermärkte haben bis 22 oder 23 Uhr auf, die kleineren Kioske (bzw. »Convenience Stores«) sogar rund um die Uhr. Schnell muss hingegen sein, wer zu einer Bank möchte, denn diese machen oft bereits um 16:30 Uhr für den Publikumsverkehr zu.

Aigu! – Oh weh!

Es fing gut damit an, dass Nico einen Zettel mit der koreanischen Schreibweise seines Ziels dabei hatte, denn er wäre nicht der Erste gewesen, der nach Sinchon (»Neudorf«) gewollt hätte, aber in Sincheon (»Neuquell«) angekommen wäre, einem Wohnviertel am anderen Ende der Stadt. Weil das Problem mit ähnlichen Ortsnamen bzw. Aussprachen nicht nur Ausländern begegnet, wurde der Bahnhof Sincheon inzwischen sogar auf Druck der Bevölkerung umbenannt in Saenae, was auch »Neuquell« bedeutet, aber komplett anders klingt.

Nun aber zu den Fragen, die Nico sich kaum noch zu recherchieren traute – auf einige davon hätte er vermutlich auch im Netz auf die Schnelle keine Antwort gefunden. Der Reihe nach. Ja, man kann das Leitungswasser bedenkenlos trinken, wenn man nicht allzu empfindlich ist, es schmeckt nämlich extrem nach Chlor. Ansonsten ist es unbedenklich, auch wenn viele übervorsichtige Koreaner etwas anderes erzählen mögen. Jede Familie und jede öffentliche Institution hat eigene Wasserspender. Koreaner trinken meist auch in Deutschland kein Leitungswasser; das Gerücht hält sich unter Koreanern standhaft, dass Deutsche so viel Bier trinken, weil das Leitungswasser zu dreckig sei. Das führt dann im Umkehrschluss lustigerweise bei Deutschen zu dem Eindruck, dass das koreanische Leitungswasser extrem schmutzig sein muss – denn Koreaner trinken ja ums Verrecken kein Leitungswasser.

Bleiben wir beim Thema Flüssigkeiten. Bei der Minibar zurückhalten muss Nico sich nicht. Im Motel ist alles inklusive, sogar die Kekse, und niemand sagt etwas, wenn man auch noch das Feuerzeug, die Zahnbürste und alles andere mitgehen lässt. In besseren Motels findet man sogar oft noch eine kleine Snackbar mit Eis und Kaffee auf dem Flur. Dafür gibt es kein Frühstück, aber die meisten Gäste sind ja nur ein paar Stunden da und wollen bei ihrem persönlichen »walk of shame« nicht den anderen Gästen im Frühstücksraum begegnen ...

Hätte Nico noch ein bisschen genauer geguckt, hätte er sogar kleine Pins oder Speisekarten von Lieferservices entdecken können, die ihm frittiertes Hühnchen und andere Leckereien inklusive Getränke bis aufs Zimmer geliefert hätten. Und dass die Becher ultraviolett angestrahlt in einer Art Brutkasten ruhen, hat tatsächlich hygienische Gründe; das hält die Gläser trotz Mehrfachbenutzung zuverlässig steril und ermöglicht ungetrübten Trinkgenuss – wenn man sich denn mal trauen würde, den Brutkasten auch zu öffnen.

Ach so, dass die Damen komisch reagierten, als Nico sie nach einem Motel fragte, ist vielleicht jetzt auch verständlicher. Oder wie würden Sie reagieren, wenn Sie jemand fragt, ob Sie einen Ort kennen, an dem man in Ruhe die Briefmarkensammlung durchblättern kann? Kein Koreaner würde einen ausländischen Gast in einem Motel unterbringen, obwohl es tatsächlich die unkomplizierteste Art des Reisens ist, auf diese überall massenhaft anzutreffenden, oft strategisch günstig in Nähe des Haupt(bus)bahnhofs gelegenen Herbergen zurückzugreifen. Ohne vorher zu reservieren, kann man in Korea zu jeder Tages- und Nachtzeit eine moderne Unterkunft mit Internet und TV für um die 30 Euro finden. Wenn das kein Argument für das Motel ist. Natürlich nur, wenn man das Kopfkino ausschalten kann, was die Aktivitäten der Vorbenutzer angeht. Aber mal im Ernst: Wissen Sie, was in Ihrem schicken Hotelzimmer vorher schon für Orgien gefeiert wurden?

4 IM MOTEL II

NICO CHECKT DAS AUSCHECKEN NICHT

Nur weil die Elster von außen schwarz ist, muss sie von innen nicht auch schwarz sein

Um die Spannung zu nehmen: Ja, Nico hat sich tatsächlich durchgerungen, sich an der Minibar zu bedienen. Eine kleine Dose, die ein Erfrischungsgetränk vermuten ließ, deren Inhalt Nicos Gaumen zufolge aber nach abgestandenem, gezuckertem Abwaschwasser schmeckte.

Ob es nun an diesem unschönen ersten Erlebnis liegt oder doch eher am Jetlag, für Nico beginnt dieser Tag eins jedenfalls schon morgens um fünf, als er nach kurzem Schlaf senkrecht im Bett steht. Da er nicht wieder einschlafen kann, macht er, was Menschen in seinem Alter nun einmal tun: den Fernseher an. 150 Kanäle. Lauter bunte Leute, die wild lachen oder verrückte Spiele spielen. Da ist er, der berühmte »Starcraft«-Sender! Und noch einer! Die spielen tatsächlich Videospiele mit Live-Kommentar, diese verrückten Koreaner! Wusste er es doch. Nico fühlt sich ein wenig wie damals in Paris, als er dem ersten Franzosen mit einem Baguette unterm

Arm begegnete. Er zappt weiter: Angeln, Go-Spiel, ja, es gibt offensichtlich sogar einen Kanal für traditionelle Handarbeit. Das schmälert natürlich die Besonderheit des »Starcraft«-Kanals. Da er im Fernsehen aber außer einem Haufen amerikanischer TV-Serien mit Untertiteln, die er sowieso schon kennt, so ziemlich gar nichts versteht, beschließt er, mutig zu sein und sich raus aus dem Zimmerdschungel, rein in den Großstadtdschungel zu wagen. »Rein ins echte Leben«, wie sein Papa ihm immer auftrug.

DIE MEISTER DES »STARCRAFT«

Trotz des sehr *realen* Siegs gegen Deutschland 2018 wissen die Koreaner: In der *virtuellen* Welt kommen die Talente der Nation zum Tragen und nicht auf dem grünen Rasen. Onlinegamer rund um den Globus erstarren bei internationalen Turnieren in Ehrfurcht, wenn die mit hoch dotierten Sponsorenverträgen ausgestatteten südkoreanischen Gamer die Bühne betreten. In Seoul gibt es eigene Stadien nur für professionelle Computerspieler, die sogenannten *gosu* (Trommler – das heißt die, die den anderen richtig einheizen kann und den Ton angeben), während die meisten ausländischen Hobbysportler nur *chobo* (Anfänger) sind. Nachdem der Boom vor inzwischen 20 Jahren mit »Starcraft« begann, hat sich die koreanische Dominanz inzwischen auch auf andere Bereiche des E-Sports ausgeweitet. Die Neymars, Ronaldos und Mbappés der Onlinewelt sind allesamt Koreaner, auch wenn das Geld im Markt inzwischen aus China kommt.

Allzu abenteuerlustig will Nico nun doch nicht gleich sein, nur nicht verlaufen im asiatischen Chaos: Eine Kollegin, Jane Roh, will ihn schließlich bereits um zehn Uhr abholen und dann mit ihm zusammen ins Büro fahren. So viel Zeit hat er also nicht mehr.

Frisch geduscht, macht er sich zum Frühstück einen fürchterlich süßen Instant-Kaffee und isst einen nicht minder süßen Keks, auf dessen Verpackung »Choco Pie« steht und dessen Konsistenz ihn wieder einmal an die Grenzen des Bekannten stoßen lässt: Als er fertig ist, verlässt er sein Zimmer für einen Spaziergang und gibt – wie er das aus Hotels gewöhnt ist – an der Rezeption seinen Schlüssel ab. Sein Magen knurrt, während er die Straße entlangläuft. Zum Glück gibt es hier genug Läden. Mutig betritt Nico ein kleines, exotisch aussehendes Geschäft. Bei der Auswahl einer Stärkung geht er dafür lieber auf Nummer sicher und greift nach einer Bananenmilch. Erst an der Kasse merkt er, dass er sein koreanisches Geld vergessen hat. Als er der Verkäuferin Euros zeigt, lacht die ihn nur freundlich, aber bestimmt aus und winkt wild mit den Händen ab.

SÜSSE VERSUCHUNG AUF KOREANISCH

Sikhye heißt ein traditioneller Reispunsch, der in Dosen erhältlich ist und oft auch als Nachtischersatz in Restaurants gereicht wird: Die aufgequollenen Reiskörner schwimmen schon leicht gräulich in einer trüben Brühe. Früher sehr beliebt wegen seines hohen Nährwerts, ist *sikhye* heute ein Nostalgiegetränk.

Süßer Instant-Kaffee kommt in Korea ebenfalls langsam aus der Mode, auch weil es inzwischen an jeder Ecke Coffeeshops gibt. Auf dem Land wird er jedoch noch gern getrunken.

Ein Dauerbrenner ist hingegen Choco Pie – die begehrteste Süßigkeit mehrerer Generationen von Koreanern. Pappiger Kuchen mit einer Schicht pappigem Marshmallow in der Mitte, überzogen mit Schokolade. Kalorienbombe und Kulturexport der besonderen Sorte: Selbst im verfeindeten Nordkorea gilt er als bewundertes Symbol des Wohlstands des Südens.

Also zurück ins Motel, wo seine Won liegen, doch als er ankommt, ist die Rezeption verwaist. Aus einem der oberen Stockwerke sind Stimmen zu hören, Nico geht also die Treppe hoch und sieht im ersten Stock, wie die Rezeptionistin mit einem anderen Mann in sein

Hotelzimmer geht. Mit offenem Mund bleibt er auf dem Treppenabsatz stehen und beobachtet das Treiben eine Weile. Seelenruhig stopfen die beiden Nicos Klamotten und Wertsachen in seine Reisetasche und stellen sie vor die Tür. Na wartet! Empört stellt er die beiden auf Englisch zur Rede, doch die gucken ihn nur entgeistert an. Der Mann fragt ganz vorsichtig: »*You back?*«

Das ist doch nicht zu fassen, jetzt tut der Mann auch noch unschuldig. Mit einem schnellen Griff packt Nico seine Tasche, macht auf dem Absatz kehrt und verlässt das Motel. Die verzweifelten Rufe der Rezeptionistin ignoriert er.

Aigu! – Oh weh!

An seinem ersten Tag hat Nico wahrlich keine Glanzleistungen vollbracht. Zuerst hat er mal wieder vergessen, sich vorher richtig zu informieren: Wer in ein Stundenhotel geht, checkt schlicht aus, indem er seinen Schlüssel abgibt. Das ist das Zeichen, dass die Besitzer aufräumen können. Die Rezeptionistin und der Mann dürften perplex gewesen sein, die Tasche noch vorzufinden, also haben sie Nicos Sachen erst einmal zusammengepackt, für den Fall, dass ihm sein Fehler auffällt und er noch mal zurückkommt. Kriminelle Absichten hatten die beiden jedenfalls gewiss nicht.

Im Übrigen ist es ganz gut, dass Nico gleich zu Beginn festgestellt hat, dass man mit Euro in Korea nicht weiterkommt; sie werden im Gegensatz zu vielen Tourismusorten Südostasiens in Korea außer in Hotels und Banken eigentlich nirgends akzeptiert.

5 SPRACH-BARRIEREN

FRÄULEIN SOMMERSUSHI UND HERR NASE

Selbst der Hund in der Dorfschule kann nach drei Jahren lesen

Nach seinem unerfreulichen Erlebnis im Motel braucht Nico erst mal eine Verschnaufpause in vertrauter Umgebung. Bis zur nächsten amerikanischen Kaffeehauskette ist es bekanntlich nie weit, und schon nach wenigen Metern findet Nico, was er sucht. Natürlich gibt es kostenloses W-LAN und so vergeht eine Stunde ganz schnell. Plötzlich klingelt sein Telefon:

»Hallo, hier ist Jane«, meldet sich eine säuselnde Stimme auf Deutsch am anderen Ende.

»Ah ... Sie sprechen Deutsch! Das ist ja toll.«

»Ich habe eine schlechte Nachricht. Leider kann ich Sie nicht abholen, sondern wir müssen uns an einem U-Bahnhof in der Innenstadt treffen. Können Sie dahin kommen?«

»Ja, kein Problem. Ich bin ja kein Kleinkind!«

»Gut, ich schicke Ihnen die Infos per SMS.«

»In Ordnung.« Nico legt auf und schon vibriert sein Handy. Die SMS verwirrt aber mehr als sie hilft: Meeting Point: »Green Line, Euljiro-3-ga Stn.«

Wen könnte er um Rat fragen? Die Bedienung scheidet aus. Sie hat vorhin schon nicht verstanden, was er trinken wollte, und nach einigem Verhandeln hatten sie sich auf einen Americano geeinigt.

Also trinkt er seinen wässrigen Amerikanerkaffee zu Ende und verlässt das Café, um auf der Straße nach einem Opfer zu suchen. Eine junge Dame, die ihn gerade zufällig angeschaut hat, muss dran glauben. Nico geht schnellen Schrittes auf sie zu, sie versucht noch wegzuschauen, doch dann geht es los:

»*You know Eh-Ull-Yi-Ro-Three-Ga, Green Line?*«

»*Ye?*«

»E-Ull-Tschi-Ro-Three-Ga Station, Green Line, *choo choo*«, versucht es Nico nun, doch auch sein Körpereinsatz im Darstellen eines fahrenden Zugs führt zu keiner veränderten Reaktion.

»*Ne?*« Verwirrt wendet sich die Dame wieder ihrem Smartphone zu und dackelt weiter.

Als er die zweite Dame anspricht, springt diese sogar wie ein erschrockenes Häschen davon und kichert ihm noch »*No English, sorry*« zu.

Also beschließt er, doch im Café nachzufragen. Natürlich kennt keiner den U-Bahnhof. Endlich kommt ihm die Idee, dass der Fehler bei seiner Aussprache liegen könnte, und zeigt den Damen hinter der Theke schlicht die SMS, die ihm Jane geschickt hat.

»Aaaah! Üldschirosamga!«, entfährt es nun gleichzeitig den drei Damen, die sich über die SMS gebeugt haben. Auf eine Serviette schreiben sie ihm den Weg zum U-Bahnhof und wo er umsteigen muss, doch Nico ist noch immer nicht ganz sicher. Also holt die nächste ihren Tablet-PC hervor und zeigt ihm in 3-D den Weg zum Bahnhof.

Tatsächlich. Die Technik hat geholfen, Nico findet problemlos zum U-Bahnhof. Auch das Ticketkaufen ist gar kein Problem: Der Automat auf Englisch ist einfach zu bedienen, und über das T-Money-System hat sich Nico bereits im Internet informiert. Geld rein, Karte aufgeladen raus und dann an den Drehkreuzen auf den Sensor gelegt. Etwas komisch findet er es schon, dass er scheinbar der Einzige mit einer solchen Karte ist, während alle anderen das Portemonnaie auf den Sensor legen, aber egal. Auf jeden Fall ist er jetzt drin. Doch ätsch. Welche Richtung ist nun die richtige?

Die Stationsnamen sind zwar alle auch in Umschrift mit lateinischen Buchstaben angegeben, aber was nutzt das, wenn man mit diesen Bezeichnungen nichts anfangen kann: in die eine Richtung Hapjeong, Sindorim, Sadang, Seocho, Gangnam, in die andere Richtung City Hall, Euljiro-1-ga, Sindang, Wangsimni, Seongsu, Gangbyeon.

Moment. Euljiro, das stand doch in der SMS. Warum aber 1-ga? Egal, probieren geht über studieren.

Wenige Minuten später zeigt sich: Glück gehabt, nach Euljiro-1-ga kommt 3-ga, es war also die richtige Richtung.

UNTERWEGS MIT BUS, BAHN UND TAXI: KARTE STATT KLEINGELD

Im öffentlichen Verkehr läuft alles über das Bezahlsystem T-Money. Man lädt eine Karte auf und hält diese dann in Bus, Bahn und Taxi einfach gegen einen Sensor. Viele Kreditkarten in Korea haben eine integrierte T-Money-Card, sodass man einfach nur sein Portemonnaie auf den Sensor zu legen braucht und der Betrag wird bequem vom Bankkonto abgebucht. Zudem spart es gerade in Bussen enorm Zeit, wenn alle nur einmal den Sensor antippen, anstatt mit Kleingeld zu hantieren. Aufladbar ist die Karte nicht nur in U-Bahnhöfen, sondern auch in allen *Convenience Stores* (siehe Episode 18, Seite 113) und vielen anderen Läden. In der U-Bahn kommt man nur auf die Bahnsteige, wenn man den Sensor aktiviert hat. Schwarzfahren wird so zu einem Kunststück, da man unter den Augen des Bahnhofspersonals über Zäune oder unter Drehkreuzen hindurchmüsste. Aber beim Preis einer Fahrt von etwa einem Euro ist Schwarzfahren ohnehin den Aufwand kaum wert.

1-ga, 2-ga, 3-ga und so weiter sind Bezeichnungen für Kreuzungen großer Straßen. *Ro* ist die Bezeichnung für Straße. Die U-Bahn-Station Euljiro-3-ga ist also vom westlichen Beginn an die dritte große Kreuzung der Eulji-Straße, einer Hauptstraße des alten Zentrums in Seoul. Und Eulji war ein berühmter General, der vor Urzeiten die Chinesen hoch im Norden ordentlich ärgerte, aber das führt jetzt zu weit.

Mit nur geringer Verspätung kommt Nico am verabredeten Treffpunkt an, wo Jane schon auf ihn wartet: »Ah, da sind Sie ja! Sie haben sich wohl schnell zurechtgefunden. Sind schon ein richtiger Seouler.« Sie grinst ihn an. Nico ist beeindruckt: Die Frau ist groß, schlank, gepflegt mit einem gut sitzenden Trenchcoat und High Heels und wallenden schwarzen Haaren. Wenn das seine Betreuerin ist, steht einem angenehmen Praktikum nichts mehr im Wege.

»Nein, Seoul und ich, das dauert noch etwas. Sie sind, glaube ich, bisher das Beste, was ich hier gesehen habe«, bemerkt Nico in einer Art, die zumindest er charmant findet.

Jane lächelt höflich, bemerkt dann aber kühl: »Es heißt übrigens nicht Se-ul, das machen alle falsch.«

Autsch, die Offensive ging wohl ins Leere.

»Wie denn dann?«, fragt Nico nun, ernsthaft neugierig.

»Seoul, wie in Soul of Asia.«

»Ach so. Aber im Französischen wird es doch sogar mit Accent geschrieben: Séoul.«

Daraufhin zuckt Jane nur mit den Schultern: »Also eo ist ein offenes o und das eu wie ein Euljiro, das müssen Sie einfach wie ein kurzes deutsches ü aussprechen. Lassen Sie uns das mal testen.«

»Testen? Wollen wir nicht vielleicht erst einmal irgendwo reingehen und ... einen Kaffee trinken?«, fragt Nico nach.

»Ja, können wir machen. Aber gucken Sie, ich schreibe hier einen Städtenamen ... Daejeon. Wie würden Sie das aussprechen?« Während sie also zum nächsten Café laufen, hält Jane Nico das Display ihres Smartphones hin.

»Da-e-dschon.«

»Nein, Dädschon. Das ae wird zusammengezogen, so wie bei Chondä.«

»Wie bei was?«

»Der große Autokonzern, Chondä, Hyundai geschrieben.«

»Ach, Hi-un-dai!«

»Nein, Chondä, sag ich doch gerade.«

Inzwischen sind sie im Café angekommen. Wenn er Jane so zuhört, versteht Nico nun auch, warum das vorhin bei ihm mit dem Bestellen nicht geklappt hat: Aus Green Tea Vanilla Latte, wie es auf dem Menü über der Kasse hängt, wird in Janes Mund plötzlich ein *nokcha banillalatä* und aus einem Caramel Frappuccino *garamelpuraputschino.*

»Na, ich werde es wohl noch lernen«, sagt Nico halb zu sich und halb zu Jane, als sie sich hingesetzt haben. »Aber sag mal, wie kommt es, dass du Jane heißt? Und dass du so gut Deutsch sprichst?«

»Ich habe eine Zeit lang in Deutschland studiert. Und das mit dem Namen, ach, das hat keinen besonderen Grund. Ich fand den Namen einfach schön.« Jane ignoriert, dass Nico so schnell ins Duzen gewechselt ist.

»Wie jetzt, du hast den Namen ausgewählt?«, fragt Nico ungläubig.

»Ja klar, mein koreanischer Name ist Yunhee, Jane ist nur mein englischer Name.«

Jetzt wird Nico einiges klar. Das hat er schon oft gehört, dass sich Asiaten andere Namen geben, weil deren eigene für Westler zu schwierig auszusprechen seien. Aber Yunhee? Das geht doch.

»Yunhee, das klingt wie Juni, der deutsche Monat«, bemerkt Nico.

»Stimmt, das ist schön. Ich bin wie ein Sommerregen, so sagen Sie doch in Deutschland, oder?«, sagt Yunhee nun kichernd und zupft sich am Gürtel ihres Mantels.

»Aber dein Nachname? Roh? Das klingt nicht so schön. So wie roher Fisch.«

»Ha ha, ja, dann ist mein Name wohl Sommersushi. Nein, aber im Ernst, ich heiße eigentlich No.«

»Nein?«

»Nein, No.«

»Wie No? Wie *yes or no?*«

»Ja, No.«

»Also, dein Nachname wird Roh geschrieben, aber No ausgesprochen?«

»Ja, No.«

»Ach so.«

Jetzt müssen beide lachen.

»Du kannst mich ruhig auch duzen, wenn du magst.«

»Ja, also wenn Sie unbedingt wollen ... ich meine, also wenn *du* willst, dann mache ich das.«

»Und mein Name? Wird der so geschrieben, wie er gesprochen wird? Schreib mir bitte mal meinen Namen auf Koreanisch!«

»Ganz einfach, schau: Ni-ko«, tippt Yunhee jetzt in ihr Smartphone ein, wobei aus dem c in Nicos Namen ein k wird – im koreanischen Alphabet sind beide zu einem Buchstaben zusammengefasst.

»Und was bedeuten die Zeichen?«

»Ähm, na ja, Ni-ko, wie man es spricht ...«

»Nein, ich meine die asiatischen Zeichen haben doch immer so eine besondere Bedeutung ... so wie Sommersushi.«

Yunhee verdreht die Augen und seufzt leicht genervt, offenbar hat Nico etwas Falsches gesagt. Seltsam, vorhin fand sie den Sommersushi-Scherz doch selbst lustig. Frauen ...

»Nein, wir schreiben ganz normal wie im Alphabet, N und i sind eine Silbe, k und o sind die nächste, zwei Silben, Ni-ko. Fertig«, antwortet Yunhee mechanisch, als hätte sie diese Erklärung schon tausend Mal geben müssen.

»Und das bedeutet jetzt gar nichts?«, fragt Nico recht enttäuscht über die simple Auflösung.

»Nun ja, wenn man es wörtlich übersetzt, heißt dein Name ›deine Nase‹.« Jetzt muss Yunhee doch ein wenig lächeln.

»Das ist ja ähnlich doof wie roher Fisch«, gibt Nico schmunzelnd zurück.

»Ja, wenn ich Frau Sommersushi bin, bist du jetzt Herr Nase.« Yunhee kichert.

»Übrigens, unser Großkönig Sejong, der hat das Alphabet damals 1443 erfunden, und er meinte, dass ein dummer Mensch es in zehn Tagen schafft, Hangeul zu lernen, ein weiser Mann an nur einem Morgen. Wie lange wirst du wohl brauchen?«

»Puh, also heute Morgen schaffe ich es gerade noch, einen Kaffee zu halten. Aber lass uns das mit dem Lernen mal im Auge behalten. Vielleicht kannst du mir ja helfen.«

SOUL OF ASIA

Obwohl der beliebte, progressive Bürgermeister Seouls, Park Wonsoon, der bei den Kommunalwahlen 2018 als erster Amtsinhaber überhaupt zum zweiten Mal wiedergewählt wurde, inzwischen in einer seiner umstritteneren Entscheidungen das vielseitig interpretierbare »I Seoul U« zum offiziellen Slogan hat machen lassen, ist »Soul of Asia« weiterhin bekannt. Wer länger in Korea ist, wird merken, dass sich Stadtväter landauf und landab für keinen noch so üblen englischen Wortwitz zu schade sind. Kreativ ist man auch bei der Bezeichnung der Bewohner Seouls; diese nennen sich auf Englisch nämlich gerne »seoulites«, um zu unterstreichen, dass sie die Elite sind.

Aigu! – Oh weh!

Im Gespräch mit Yunhee ist Nico mit Anlauf in eines der größtmöglichen Fettnäpfchen schlechthin gelaufen. Nichts können Koreaner so wenig ab, wie mit China und Japan in einen Topf geworfen zu werden. Und auf wenig ist das koreanische Volk so stolz wie auf sein eigenes Alphabet Hangeul, das eben zu Silben und nicht zu Zeichen zusammengesetzt wird und eine ganz normale Lautschrift ist, von links nach rechts geschrieben, wie bei uns. Glücklicherweise ist Yunhee nicht besonders nachtragend und hat Verständnis für den ahnungslosen Westler. Vermutlich wird sie Nico noch einige Tipps zum Koreanischlernen geben, zum Beispiel zur Aussprache der garstigen Doppelkonsonanten am Wortanfang; bb, gg, dd. Und sie wird ihm sicher auch noch erklären, dass es keine Laute für v und f gibt, was auch aufklärt, warum aus dem Frappuccino puraputschino wurde und Vanilla zu banilla.

Aber lassen Sie sich nicht entmutigen: Beim Koreanischlernen hat man zu Anfang gleich ein paar Erfolgserlebnisse, denn im Gegensatz zum Chinesischen ist es keine Tonsprache, das heißt, auch bei ungenauer Aussprache wird man meist verstanden. Und zumindest Lesenlernen ist bei nur 24 Buchstaben wirklich ein Kinderspiel, da hatte Großkönig Sejong schon recht. Schwierig wird es erst, wenn die ganzen Höflichkeitsformen, -suffixe und -infixe hinzukommen. Aber da Nico ja gleich im Deutschen geblieben und mit Yunhee zum Duzen übergegangen ist, erübrigt sich dieses Problem wohl für ihn. Hätte er Yunhee übrigens im Koreanischen beim ersten Treffen geduzt, obwohl er nicht einmal ihr Alter oder ihre Position wusste, wäre das ebenfalls ein ziemlicher Fauxpas gewesen. Auch seine vermeintlich charmante Begrüßung kommt bei Koreanerinnen vermutlich nicht gut an, da sie als aufdringlich empfunden wird.

6 ZU GAST

HARTE LANDUNG IM BAROCK VON ANUSVILLE

Der Reiskuchen des anderen sieht immer größer aus

Julia ist die ersten Tage bei den Verwandten einer Studienkollegin aus Deutschland untergekommen, Sonya mit Namen. Deren Mutter war in den 70er-Jahren als Krankenschwester nach Deutschland gekommen, um durch Gastarbeit Devisen für ihre arme Familie zu verdienen. Im Zuge des Wirtschaftsaufschwungs in Korea war die Familie bald mindestens genauso wohlhabend wie Sonyas Mutter, aber deshalb zurückzugehen, fand sie dann auch nicht mehr attraktiv. In Deutschland hatte sie inzwischen Wurzeln geschlagen. Die Verbindung nach Korea blieb aber immer bestehen und die Verwandten sind bis heute dankbar für die Unterstützung in schwierigen Zeiten. So ist es auch gar kein Problem, dass Julia bei ihnen wohnt.

Eigentlich wollten alle ihren Gast gleich vom Flughafen abholen, aber Julia hatte darauf bestanden, dass sie den Weg zumindest vom Flughafen bis zur Endstation des Seouler U-Bahn-Netzes allein findet, auch wenn die Familie noch weiter östlich in einer der großen Vorstädte wohnt. Am U-Bahnhof angekommen, ist sie überwältigt: Die ganze Familie ist angerückt, begutachtet die Ausländerin gründlich und probiert, die vorhandenen zwei Brocken Englisch anzubringen. Allzu viel Kommunikation ist damit zwar nicht möglich, aber das wird schon werden.

Von der Endstation aus geht es mit dem Auto weiter. Julia hatte erwartet, dass dort dann auch die Stadt zu Ende sein würde, doch weit gefehlt. Es geht weiter, viele Kilometer vorbei an schier endlosen Hochhaussiedlungen – Hochhäuser und zwischendrin immer wieder Hügelchen und drumherum die Berge, Julia ist gleich ganz euphorisch. Schließlich biegen sie in eine der Apartmentsiedlungen ein und stehen vor einem riesigen Glaspalast. Ein Pförtner grüßt freundlich, leitet den Geländewagen ins sechste Untergeschoss der Tiefgarage, von wo aus der Aufzug die Familie in den Stock »FF« bringt.

Viel hat Julia bereits über die beengten Wohnverhältnisse der Asiaten gelernt; in Hongkong wohnen die Leute bekanntlich sogar in Käfigen. Ganz anders das, was sie hier erwartet: Nach dem Entree ein Schuhschrank, so groß wie anderswo die ganze Wohnung, und schließlich ein Wohnzimmer, in dem man auch Rockkonzerte veranstalten könnte. Und erst der Ausblick; von hier oben sieht man in der Ferne sogar den N Seoul Tower, das Wahrzeichen Seouls auf dem Berg Namsan. So schweift ihr Blick über die Unendlichkeit der Stadt. Genau genommen ist sie selbst schon wieder außerhalb, denn Sonyas Verwandte wohnen in einer der großen Satellitenstädte um Seoul, wenn auch in einer der schöneren. Doch da muss sie kurz lachen. Das baugleiche Apartment nebenan trägt doch tatsächlich den Namen »Anusville«. Es liegt ihr auf der Zunge, nach dem Ursprung dieses merkwürdigen Namens zu fragen, aber sie verkneift es sich dann doch lieber.

UNGLÜCK BRINGENDE UND VERUNGLÜCKTE NAMEN

Wie in anderen asiatischen Ländern auch gilt der vierte Stock in Korea als Unheil bringend, weil er ausgesprochen genauso klingt wie die Aussprache des chinesischen Zeichens für Tod. Deshalb lässt man ihn entweder ganz weg oder markiert ihn mit einem westlichen »F« wie *four.* Ganz abergläubische Hausbesitzer markieren dementsprechend den 44. Stock mit einem Doppel-F.

Die Bezeichnung »Anusville« ist dagegen weniger durchdacht. Es handelt sich vielmehr um eine unglückliche Lautschrift des typischen Apartmentnamens »Honours Ville« – solcherlei missglückte Versuchen von Weltgewandtheit findet man in Korea viele.

Außergewöhnlich erscheint Julia nicht nur die Größe der Wohnung, sondern auch die Einrichtung: Anstatt traditionelle asiatische Wohnkultur findet sie Gelsenkirchener Barock vor, so wie sich das wohl für die typische zu Wohlstand gekommene Familie gehört: handgestickte Ansichten europäischer Mittelalterstädte, gusseiserne Glöckchen und Fingerhüte, eine Kuckucksuhr, eine garantiert echt unechte alte Holztruhe und vielerlei mehr, was Julias Oma schon vor Langem mit den Worten »Das würde ich euch nicht mal vererben wollen« weggeschmissen hatte. Hier hätte Oma wohl ein Vermögen machen können, denkt sich Julia noch, da wird sie schon zum Essen gerufen.

Ihr fällt ein, dass sie ja extra Gastgeschenke aus Deutschland mitgebracht hat. Obwohl in der Wohnung bereits mehr europäischer Krempel steht als bei ihr zu Hause, hat sie typisch deutsche Mitbringsel mitgebracht. Darüber freut man sich in Korea immer, hat Julia vorher in Erfahrung gebracht. Sie holt die Tüte aus ihrer Reisetasche und überreicht sie, wie das in Asien so Sitte ist, dem ältesten Mitglied der Familie, also dem Großvater. Dieser schaut sich erst die Tüte an, lächelt Julia milde an, guckt dann aber nicht einmal rein. Er stellt die Tüte neben sich hin und bittet seine Tochter, sich bei Julia im Namen der Familie zu bedanken.

Julia ist ziemlich enttäuscht, dass ihre mit Liebe ausgewählten Geschenke nicht einmal begutachtet werden, aber davor hatte man sie ja bereits gewarnt. »Persönliche Geschenke sind bei Koreanern vergebene Liebesmüh«, hatte ihre koreanischstämmige Freundin Sonya in Deutschland sogar lakonisch bemerkt, als Julia ihr stolz erzählte, dass sie verschiedene selbst gebackene Kekssorten, eine Miniatur aus ihrer Heimatstadt und eine handgemalte Karte vorbereitet hatte. Letztlich hatte sie noch ein paar Haribo und Ritter Sport hineingepackt, doch auch die bleiben unangerührt.

Ein Gastgeschenk der ganz anderen Art scheint die Familie wiederum Julia gemacht zu haben. Als Zeichen ihrer Wertschätzung für den Gast und wohl auch als Zeichen, dass sie Energiesparen nicht nötig haben, hat die Familie die Klimaanlage in der ganzen Wohnung auf angenehme 17 Grad eingestellt. Doch Julia bekommt die extreme Klimaanlagenluft nicht. Als sich alle auf ihren Kitschthronen platziert haben, um mit dem Essen zu beginnen, fröstelt Julia bereits. Das Zittern ihrer Hände macht ihr das Hantieren mit den Stäbchen nicht gerade einfacher und jetzt läuft auch noch die Nase.

Als wohlerzogene Deutsche holt sie schnell ein Taschentuch hervor, bevor das Kribbeln in ihrer Nase übermächtig wird und sie volle Kraft anfängt zu niesen. Mit zur Seite gedrehtem Kopf säubert sie sich die gerötete Nase, steckt ihr Taschentuch weg und greift wieder zu den Stäbchen. Da bewegt auch der Großvater die Nase, allerdings nur zu einem Rümpfen derselben. Weil niemand mehr isst, will Julia höflich sein und hält ebenfalls inne. Muss wohl etwas Religiöses sein. Also steckt sie die Stäbchen in den Reis und wartet. Hungrig blickt sie über den Tisch und überlegt, aus welchem der vielen kleinen Schälchen, die aufgetischt wurden, sie wohl als Nächstes probiert. Doch die Familie macht keine Anstalten weiterzuessen. Stattdessen beginnt die Großmutter auf ihrem Barockstuhl jetzt, an ihren Füßen herumzuspielen, und stößt einmal laut auf. Da vergeht es Julia allerdings. Kurz darauf ziehen sich die älteren Herrschaften zurück und der Tisch wird abgedeckt.

Aigu! – Oh weh!

Die Völkerverständigung ist offensichtlich schon beim ersten Versuch auf beiden Seiten gründlich misslungen. Naseschnäuzen gilt in Korea als, gelinde gesagt, sehr unfein. Tatsächlich ist es nach koreanischem Verständnis besser, sich am Tisch geräuscharm die Nase hochzuziehen oder unauffällig mit einem Tuch die herunterlaufende Rotze abzuwischen, als laut zu schnauben. Wenn es gar nicht mehr anders geht, kann man auch kurz vom Tisch aufstehen und sich auf der Toilette die Nase putzen.

Das Besteck in Speisen zu stecken – das gilt für Stäbchen genauso wie für Suppenlöffel –, ist übrigens geradezu ein Klassiker der kulturellen Insensibilität. Dabei begehen gerade jüngere Koreaner diesen Fauxpas in lockerer Runde durchaus auch selbst einmal. Wie auch hier geschehen, sind es vor allem die älteren, noch sehr traditionell erzogenen Koreaner, die beim Anblick durchaus ärgerlich werden. Es ist nämlich eine rituelle Handlung, die bei der Ahnenzeremonie (siehe Episode 45, Seite 287) durchgeführt wird.

Die Geschenke waren wirklich gut gemeint, aber in Zeiten des Freihandelsabkommens mit der EU gibt es auch in Korea ausreichend deutsche Schokolade und Gummibärchen – also gar nicht erst unnötig anschleppen! Dass das Geschenk nicht ausgepackt wurde, lag aber nicht daran, sondern ist vielmehr eine Art, das Gesicht von Schenkendem und Beschenkten zu wahren: Wenn das Geschenk ausgepackt wird und unpassend ist, entsteht für beide Seiten eine unangenehme Situation, also lässt man es lieber gleich zu. So blieben auch die persönlichen Geschenke unbeachtet – vielleicht versteht ja später jemand den tieferen Sinn und schätzt es wert.

Dass Oma sich am Tisch an den Füßen spielt, war kein gezielter Affront und kann tatsächlich vorkommen, man sieht es ab und zu auch in Restaurants: Besonders bei älteren Menschen sollte sich der vermeintlich so wohlerzogene Europäer immer daran erinnern, dass Korea bis vor wenigen Jahrzehnten ein sehr traditionell geprägtes Entwicklungsland war; westliche Sitten haben noch nicht lange

Einzug gehalten. Genau diese rasante Entwicklung ist es, die oft zu kulturellen Missverständnissen nicht nur zwischen Koreanern und Ausländern führt, sondern auch zwischen Koreanern unterschiedlicher Generationen.

Kurzum, für Julia erscheint hier der Reiskuchen des anderen nicht größer als ihr eigener, das heißt, nach diesem Essen sieht für sie die Kultur des anderen nicht unbedingt verlockender aus als die eigene. So wie sich in Deutschland Leute einen Buddhakopf in den Garten stellen und die Koreaner Gelsenkirchener Barock ins Hochhaus, weil die jeweils andere Kultur erst einmal so exotisch, spannend und auch überlegen erscheint, kann es bei der tatsächlichen Begegnung mit diesem anderen Reiskuchen dann zu bitteren Enttäuschungen kommen. Nur weil man sich Buddha in den Garten holt, hat man eben noch lange keine Aura asiatischer Gelassenheit geschaffen, und nur weil man sich wuchtige deutsche Schränke ins Wohnzimmer stellt, ziehen noch lange keine Sitten des europäischen Hochadels mit ein.

7 IM BADEZIMMER

DIE FEUERTAUFE MIT BIDET

Einen Berg überwunden, wartet schon ein noch höherer

Nach einem kurzen Abendessen an ihrem ersten Tag in Korea sitzt Julia mit der Familie im Wohnzimmer am Boden um einen niedrigen Tisch. Man bringt seine Kenntnisse über Julias Heimat an: Das Land sei ja über viele Jahre hinweg Exportweltmeister gewesen, noch heute ein echter Motor der EU, und die Qualität sei auch weiterhin überaus gut. Wobei man das ja so nicht mehr sagen könne, seit all den Autoskandalen, wirft jetzt pflichtbewusst eilig der bei Hyundai angestellte Schwager ein. Julia muss und könnte sich in die hitzige Diskussion gar nicht einklinken, und so nutzt sie die Chance, sich kurz aufs Klo zu verabschieden. Die Tochter der Familie zeigt ihr den Weg durch das Antiquitäten-Gruselkabinett zum Bad, das Julia nun zügig ansteuert.

Dort angekommen, staunt sie nicht schlecht über die riesige, futuristische Toilette. Na ja, der Vorgang, den ich nun zu erledigen habe, verlangt nun wahrlich keine akademische Vorbildung, denkt sie und setzt sich.

TYPISCH DEUTSCHLAND

Die »Autobahn« ist in Korea ein feststehender Begriff. Und zwar ein Begriff von Freiheit. Hartnäckig hält sich das Vorurteil, in ganz Deutschland könne man auf der Autobahn überall so schnell fahren, wie man wolle. Stellen Sie sich also auf einige Fragen zu diesem Thema ein. Ebenfalls beliebt: deutsche Fußballer und Automarken. Das gute deutsche Image hat aber nicht nur durch die Fußball-WM 2018 etwas gelitten; seit VW mit den Abgaswerten manipuliert hat und BMWs sich spontan selbst entzündet haben, ist auch der Nimbus der deutschen Autos in Korea mächtig angekratzt.

Erleichtert erhebt sich Julia von der Toilette und will spülen, doch statt eines Knopfes findet sie eine komplexe Bedienfront. Mit ihrem spärlichen Koreanisch ist sie leider schnell am Ende. Über die Schüssel gebeugt, probiert sie einen Knopf nach dem anderen aus und – wie sollte es anders sein – sie erwischt prompt die Bidet-Funktion, sodass ihr in hohem Bogen ein Wasserstrahl mitten ins Gesicht spritzt. Erschrocken schreit sie auf, nein, genau genommen quiekt sie wie ein Schwein beim Schlachter, woraufhin die Familie sofort angerannt kommt. Trotz Notsituation schlüpft die Tochter, im Gegensatz zu Julia, zunächst in die rosafarbenen Badezimmerschlappen, nimmt sich dann der Bändigung des Hightech-Klos an und drückt auf den Knopf für die normale Spülung. Doch da kommt die ganze Brühe die Schüssel hoch, bis zum Rand.

»Oh, du hast ja das Klopapier ins Klo getan«, bemerkt die Tochter verwundert.

»Ja, natürlich, wohin denn sonst?« Julia ist den Tränen nah, so unangenehm ist ihr das alles. Die Tochter versucht sie zu trösten. »Ach, schon gut. Darum kümmert sich mein Bruder, geh nur wieder rein.«

Doch Julia ist nicht mehr nach Geselligkeit zumute. Zu viel hat sie in der kurzen Zeit schon erlebt, um sich jetzt noch weiteren Gefahren auszusetzen. Sie verabschiedet sich von der Familie und geht auf ihr Zimmer. Jetzt erst einmal lange schlafen – und sich dann so schnell wie möglich eine eigene Wohnung suchen.

APARTMENTREPUBLIK KOREA

Im Seouler Stadtgebiet, das sogar etwas kleiner ist als Berlin, wohnen gut zehn Millionen Menschen, in den Vorstädten drum herum noch einmal circa acht bis zehn Millionen. Je nach Planungsdatum der Satellitenstädte sind diese entweder richtig weitläufig und schick (Bundang, Gwacheon, Ilsan) oder schon etwas heruntergekommene Arbeiterschließfächer. Koreaner bezeichnen ihr Land oft scherzhaft als »Apartmentrepublik« *(apateu gonghwaguk)*. Jeder, der es sich leisten kann, zieht in diese für uns Mitteleuropäer anonym anmutenden Apartmentsiedlungen, die in jeder Großstadt das Bild prägen. In großen Städten leben 60 bis 80 Prozent der Bewohner in den Wohntürmen. Nicht selten ragt sogar neben einem Reisfeld in einem Provinznest ein Apartmenthochhaus von 20 Stockwerken in den Himmel. Diese Apartments sind sowohl Anlageobjekt als auch komfortable, mit allem modernen Schickschnack ausgestattete und vor allem großzügig geschnittene Wohnungen. Im krassen Gegensatz dazu gibt es in der kollektiven Psyche noch immer die Mondkieze *(daldongne)*, die Slums der Vergangenheit, die bis auf ganz wenige Ausnahmen inzwischen verschwunden oder neu hergerichtet sind. Der Name stammt daher, dass diese eiligst nach dem Koreakrieg von Flüchtlingen errichteten Siedlungen meist auf den bis dato unbebauten Hügeln lagen und man von dort aus den Mond so gut sehen konnte. Klingt romantischer als das Leben dort meist war.

Aigu! – Oh weh!

Es sind ja oft die einfachsten Dinge im Leben, die einem die größten und komplexesten Probleme bereiten können. Dazu kann in Korea auch ein Gang aufs WC gehören. Am besten ist es, von all den fantastischen Funktionen die Finger zu lassen und nur die Knöpfe zu bedienen, bei denen man sich ganz sicher ist. Oft haben auch die modernen Toiletten zusätzlich noch eine normale Spülung, sodass man die Elektronik umgehen kann. Toilettenpapier gehört in Korea nicht in die Toilette, sondern normalerweise in daneben bereitstehende Papiereimer. Das ist auch der Grund, warum die Seouler U-Bahn lange Zeit große Probleme damit hatte, die Gäste auf ihren Toiletten zum Umdenken, d. h. zur Entsorgung in der Toilettenschüssel, zu bringen: Insbesondere in der Anfangsphase ließ dies irritierte Fahrgäste zurück, die nicht mehr wussten, wohin mit dem Toilettenpapier.

Natürlich rächen sich auch nicht alle Toiletten des alten Systems sofort an den Ahnungslosen, die trotzdem Papier hineinwerfen, insofern hatte Julia auch verdammtes Pech, aber die meist sehr dünnen Rohre und der niedrige Wasserdruck lassen koreanische Klosetts, selbst neuere, sehr schnell verstopfen.

Ach so, die Hauslatschen aus Stoff hat Julia bei der Aktion natürlich auch noch besudelt. Dabei hätte sie die überhaupt nicht anhaben sollen. Ähnlich wie in Japan betritt man nämlich nicht mit den Straßenschuhen den Wohnraum; hierfür stehen Latschen im meist etwas abgesetzten Eingangsbereich bereit. Und mit den Latschen aus dem Wohnbereich geht man nicht aufs Klo, dafür stehen die Gummilatschen im Bad. Einige Familien treiben dieses Spiel ganz konsequent weiter, sodass es noch separate Veranda-Latschen gibt.

8 ZWEI WELTEN

KALTE SCHÖNHEIT TRIFFT HEISSBLÜTIGE GROSSMAMA

Mit einem Stein zwei Vögel erlegen

Noch vor Semesterbeginn gibt es für Julia eine Einführung an der Uni, wo sie unter anderem erfährt, dass sie sich beeilen muss, wenn sie einen Platz im Studentenwohnheim ergattern will, denn die Plätze seien heiß begehrt. Das versteht Julia nicht, denn der Spaß am Studieren ist doch, endlich auf eigenen Beinen zu stehen und sich seine eigene kleine Wohnung einzurichten. Als sie dann noch hört, dass man sich im Studentenwohnheim selbst die kleinen Zimmerchen mit anderen Ausländern teilen müsse, beschließt sie, sich lieber selbst auf die Suche zu machen. Aber wie?

Zu Julias Glück wird ihr gleich ein sogenannter Buddy zugeteilt, also ein koreanischer Mitstudent, der Neuankömmlingen beim Eingewöhnen helfen soll. Julias Buddy ist ein Germanistikstudent namens Sewon Kim beziehungsweise auf Koreanisch Kim Sewon, denn der Nachname kommt hier zuerst.

NACHNAMEN: DIE MÜLLER-MEIER-SCHMIDTS VON KOREA

Dass Sewon mit Nachnamen Kim heißt, ist keine große Überraschung: Es ist der mit Abstand häufigste Nachname in Korea, fast 19 Millionen Koreaner tragen ihn. Er leitet sich übrigens vom chinesischen Zeichen für Gold ab. Nimmt man Park und Lee noch dazu, hat man bereits knapp 30 der 50 Millionen Koreaner mit Nachnamen versorgt. Daneben sind häufige Nachnamen zum Beispiel Cho, Yun, Choi, Kang, Han, Jang, Shin, Lim, Ryu oder Jeong.

Julias sehr speziellem Bild von einem Koreaner, das geprägt ist durch die Schmachtfetzen, die sie sich tagein, tagaus angeguckt hat, entspricht unser Sewon so gar nicht, denn er ist nicht sonderlich hochgewachsen, nicht spindeldürr-muskulös-elfengleich, und außerdem hat er auch keinen Porsche und managt nicht halbtags den Konzern von Papi – sondern studiert eben Germanistik und führt Austauschstudentinnen über den Campus. Wenig glamourös das Ganze. Da er aber einige Jahre in Deutschland gelebt hat und mehr als passabel Deutsch spricht, hat er einen entscheidenden Vorteil: Er und Julia verstehen sich auf Anhieb. Julia ist über einen solchen Anschluss in der Ferne doch sehr erfreut. Jetzt kann kaum noch etwas schiefgehen.

Nach der Einführungsveranstaltung setzen sich die beiden erst einmal bei einem Kaffee zusammen.

»Ehrlich gesagt, ich bin froh, mit jemandem auf Deutsch reden zu können«, gesteht Julia.

»Ich finde es auch super, mein Deutsch mal wieder anzuwenden. In der Uni kommen wir ja kaum zum Reden.«

»Hast du nicht viel im Studium mit Deutsch zu tun?«

»Na ja, die Professoren interessiert es eigentlich wenig, ob man sprechen kann – es kommt hauptsächlich darauf an, so zu interpretieren, wie der Professor es hören will. Manchmal wünsche ich mir das deutsche Bildungssystem zurück.«

Julia lacht. »So was höre ich zum ersten Mal. Du scheinst also in Korea nicht allzu glücklich zu sein?«

»Was ist schon Glück! Wenn man in Deutschland aufgewachsen ist, kommt man mit diesem Konkurrenzdenken hier nicht so gut zurecht. Es gibt viel, worauf man achten muss. Da ist Deutschland doch entspannter.«

»Deutschland und entspannt? Das ist mir aber auch neu!«

»Aber es stimmt. Das Leben ist in Deutschland einfach viel ruhiger, alles läuft langsamer.«

»Dann magst du lieber wieder nach Deutschland?«, fragt Julia und fügt unbedacht hinzu: »Für Ausländer ist es sicher viel einfacher in Deutschland als hier. Was mir allein schon in den ersten Tagen passiert ist, da könnte man ein Buch drüber schreiben.«

»Machst du Witze? Als Deutsche wirst du hier doch auf Händen getragen! Deutschland hat vielleicht viele Ausländer, aber das heißt noch lange nicht, dass das Leben dort einfach ist als Ausländer. Es ist schon ganz gut, dass ich hier bin. Hier ist meine Heimat. Ich wünsche mir nur oft, dass die Koreaner etwas deutscher wären. Aber in Deutschland hätte ich mir gewünscht, dass die Deutschen etwas koreanischer wären. Mir hat mal in Deutschland jemand gesagt, das Land sei eine kalte Schöne. Korea ist eher schrumpelig, aber dafür heißblütig!«

»Aber ich dachte, Korea heißt Land der Hohen Schönheit.«

»Ha ha, ja, in der Dynastie danach hieß es auch Joseon, also Land der Morgenstille, aber spürst du davon etwas?«

»Bislang war ich morgens noch nicht früh genug wach, um das zu überprüfen. Egal, dann lass uns mal gleich richtig koreanisch-heißblütig an die Sache herangehen und mir eine Wohnung suchen, okay?«

»Ja, dafür bin ich da. Von mir aus können wir gleich morgen loslegen.«

»Super, und dann können wir morgen vielleicht zwei Fliegen mit einer Klappe schlagen und auch noch ein Bankkonto eröffnen.«

»Ja gerne. In Korea heißt diese Redensart übrigens ›zwei Vögel mit einem Stein erlegen‹.«

Gwaenchana! – Passabel!

Grundsätzlich ist dieses Gespräch ja ganz harmonisch abgelaufen und Julia konnte eine Menge lernen. Zwischendurch war sie aber aus doppelter Unwissenheit recht schnell mit ihrem Urteil, dass es als Ausländer in Korea schwerer sein muss als in Deutschland.

Die Geschichte der Einwanderung nach Korea ist eine kurze, sie hat erst mit dem Wohlstand des Landes und der Öffnung für die Welt in den 1990ern begonnen. Auch heute wird Dunkelhäutigen und dem großen Heer an Arbeitsmigranten aus Südostasien vielfach mit Ressentiments begegnet. Oft ist es aber nicht Rassismus, sondern schlicht Unwissenheit, wie man mit einem Ausländer umzugehen hat und wie das Leben im Ausland aussieht. Julia wiederum, als hellhäutige, westliche Ausländerin in Korea, noch dazu aus dem hoch entwickelten Deutschland, kann eher mit einem Bonus und einer *positiven* Diskriminierung rechnen. Was sie bislang an »Problemen« erlebt hat, ist nun wahrlich nichts, worüber sie sich allzu sehr beschweren kann. Vor tätlichen Übergriffen oder Beschimpfungen ist sie in Korea so gut wie sicher.

Trotz Willkommenskultur und Multikulti – Hunderte Erfahrungsberichte koreanischer Austauschstudenten in Deutschland zeigen, dass auch Asiaten in Deutschland längst nicht so normal begegnet wird, wie man sich das vorstellt: Schiefe Blicke, rassistische Beschimpfungen bis hin zu tätlichen Übergriffen sind auch heute in Deutschland – leider – keine Seltenheit. Auch Sewons Deutschlandbild scheint einige Kratzer abbekommen zu haben. Viele Koreaner kommen zum Studium nach Deutschland, weil es vergleichsweise wenig kostet und internationales Ansehen genießt. Selbst wenn sie nicht diskriminiert werden, sind sie dabei dann oft von der abweisenden, kalten Art der Deutschen und der Reguliertheit des Lebens regelrecht abgeschreckt. Andersherum kritisieren sie oft die Regellosigkeit und Oberflächlichkeit ihrer eigenen Landsleute, wenn sie zurückkehren: Wer beide Systeme gut kennt, ist mit keinem richtig zufrieden.

Auch viele Auslandskoreaner *(gyopo)* schweben zwischen den Welten, ohne sich wirklich irgendwo heimisch zu fühlen. Gleichzeitig ist es eine ungemeine Bereicherung, beide Arten des Lebens kennengelernt zu haben, da es immer wieder anregt, über scheinbar selbstverständliche Dinge nachzudenken. Gleichzeitig muss man auch verstehen, dass viele Koreaner, obwohl sie nach Innen die Fehler ihres Landes sehr gut kennen und es auch schonungslos, geradezu brutal kritisieren, vor Ausländern vor solcher Kritik zurückschrecken und lieber ein manchmal überhöht positives Bild zeichnen. Man fällt ja auch nicht beim ersten Date mit den dunklen Seiten seiner Familiengeschichte durch die Tür. Je mehr Gemeinsamkeiten das Gegenüber mit einem selbst findet, desto offener wird man über die Unterschiede sprechen können.

9 DAS EINLEBEN

ALIEN IN DER SARDINENBÜCHSE

Auf einem Baum nach Fleisch suchen

Julia und Sewon treffen sich am nächsten Morgen vor dem Haupttor der Uni, um den Schlachtplan für Julias Wohnungssuche auszuarbeiten. Julia schildert gerade ausführlich, wie sie sich ihre Traumwohnung vorstellt, da wird sie von Sewon jäh auf den Boden der Tatsachen geholt.

»Wie viel wolltest du denn ausgeben?«

»So 200 Euro im Monat, dachte ich.«

Sewon schüttelt den Kopf. »Nein, ich meine, wie viel Kaution.«

»Na ja, drei Monatsmieten halt.«

»So selbstverständlich ist das hier nicht. Wir haben in Korea ein anderes Mietsystem oder vielmehr zwei Systeme, *jeonse* und *wolse.* Bei *jeonse* zahlt man einen hohen Betrag als Kaution, mehr als die Hälfte des Wohnungswertes, dafür aber eine geringe Monatsmiete. Bei *wolse* zahlt man eine niedrige Kaution und höhere Mieten.«

»Oh, das wusste ich nicht. Dann kommt wohl nur *wolse* für mich infrage.«

»Gut, dann lass uns mal schauen, was der Immobilienmakler zu bieten hat.«

Auf dem Weg zum Maklerbüro malt sich Julia bereits jedes Detail ihrer neuen Bleibe aus. Voller Spannung betritt sie zusammen mit Sewon das Büro des Immobilienmaklers, der sie begrüßt, indem er kurz von seinem Computerbildschirm aufschaut und schüchtern »*Hello*« sagt. Auf Koreanisch stellt Sewon ihm Julia vor, erklärt ihm, dass sie gerade angekommen sei und eine Wohnung suche.

»Kein Problem. Wenn sie schon registriert ist und ein Konto hat?« Der Makler blickt Julia fragend an.

Autsch! Da haben beide nicht dran gedacht und Julia hat sich schlicht auf Sewon verlassen. Aber nur weil Sewon Buddy ist und die deutsche Gründlichkeit am eigenen Leib erfahren hat, heißt das noch lange nicht, dass er sich mit den ganzen Formalitäten auskennen muss. Da hilft jetzt nur dranbleiben und durchbeißen.

Also geht es zur Bank, um ein Konto zu eröffnen. Da wollten sie ja sowieso im Laufe des Tages noch hin. Die betont freundliche Mitarbeiterin erklärt gleich das nächste Problem: Julia ist nicht registriert und hat keinen Wohnsitz.

»Ich wollte ja einen Wohnsitz ...«, setzt Julia an, realisiert dann aber, dass das wohl nichts bringen wird.

Waren Makler und Bank noch in der Nähe, ist die Ausländerbehörde etwas weiter entfernt. So lernt Julia das Seouler U-Bahn-Netz besser kennen. Besonders fallen ihr in den U-Bahnen die vielen verschiedenen Plakate auf; mal geht es um Nasenkorrekturen, mal darum, Spione anzuzeigen, und mal wird auch einfach nur ein besonders schmackhaftes Curry angepriesen. Dank Sewons Erklärungen und dem Sitzplatz, den sie diesmal haben, vergeht die Fahrt wie im Flug.

Bei der Ausländerbehörde dann das nächste Problem: Julia habe kein Konto und keinen Wohnsitz und außerdem habe sie vergessen, ihre Studienbescheinigung mitzubringen. Julia will schon gar nicht mehr mit der Dame argumentieren, da interveniert Sewon: »Moment mal, Julia. Ihr Deutschen seid zu, wie nennt ihr das noch gleich? Obrigkeitshörig?«

»Warum? Es war doch mein Fehler, müssen wir eben zurück zur Uni und die Studienbescheinigung holen.«

»In Korea ist es egal, ob es dein Fehler war oder nicht. Man findet eine Lösung. Wir sagen immer: In Korea gibt es nichts, was auf Anhieb geht. Aber es gibt auch nichts, was nicht geht. Wir sind das Land der begrenzten Unmöglichkeiten.«

Obwohl sie das eigentlich ganz witzig fand, ist ihr gerade nicht nach lachen zumute: »Was schlägst du also vor?«

»Es gibt zwei Vorgehensweisen: lieb sein, auf die schleimige Tour. Alternativ ginge es auf die herrische Art mit viel Schreien und Zetern. Was willst du?«

»Liebe Tour, natürlich.«

»Na gut, guck zu.«

Sewon geht zum Schalter. Ein paar Verbeugungen und lange Diskussion, ein wenig Lachen und Sewon ist wieder zurück.

»Du hast zwar eigentlich nicht mal eine Wartenummer, sollst aber kurz hinter die Absperrung gehen, zum Computer der Dame. Dann loggst du dich schnell auf ihrem Computer ein, gehst in dein Mailfach, und dann machen wir ein Screenshot vom dem Login-Bildschirm. Das gilt dann erst einmal als Studienbescheinigung. Den Rest schickst du dann per Fax nach.«

»Brauchen die kein Original? Ich kann das ja dann mitnehmen, wenn ich die Aufenthaltsgenehmigung abhole, oder?«

»Ist schon in Ordnung. Es wird wohl das letzte Mal sein, dass du diese Behörde von innen gesehen hast: Die Registrierungskarte wird dir per Post zugeschickt. Sollte in drei bis vier Tagen da sein. Ich hab einfach mal meine Adresse angegeben. Und beim nächsten Mal melden wir unser Kommen vorher elektronisch an, dann bekommen wir einen Timeslot und müssen uns nicht so reindrängeln.«

DIE EINTRITTSKARTE ZU ALLEM

Wer ein Konto eröffnen oder sich länger als 90 Tage in Korea aufhalten möchte, braucht eine *waegugindeungnokjeung*, eine Ausländerregistrierungskarte. Diese kleine Scheckkarte, auch unter ihrem englischen Namen *alien registration card* bekannt, trägt ein Foto und eine besondere Nummer, deren erste sechs Ziffern das Geburtsdatum darstellen und deren letzte sieben den Zugangscode zum koreanischen Leben vervollständigen. Schon die Registrierung auf vielen Internetseiten macht die Nummer erforderlich, ebenso wird sie bei praktisch jedem Vertragsschluss verlangt. Das System, das ebenso für die Inländer gilt, dort jedoch einfach Bürgerregistrierung heißt, steht heftig in der Kritik. Insbesondere, weil man durch einfaches Hacken der Nummer Zugang zu allen wichtigen Daten einer Person bekommt. Die Gefahr des gläsernen Bürgers ist auch in Korea mehr und mehr Thema.

Julia ist ganz baff. Deshalb gilt Deutschland also im Ausland als bürokratisch. Völlig undenkbar, dass sich in Deutschland ein Beamter in die Karten beziehungsweise seinen eigenen Computer schauen lassen würde, um einem Ausländer in der Ausländerbehörde zu helfen. Jetzt merkt auch sie, wie unbedacht ihr Kommentar gegenüber Sewon war; sie wird hier ja quasi auf Rosen gebettet! Doch bevor sie überhaupt ihr Glück richtig fassen kann, hat Sewon sie schon bei der Hand gefasst: »Los, los, jetzt gleich zur Bank und zum Immobilienbüro. Mit der vorläufigen Bestätigung können wir schon mal loslegen.«

Bei der Bank der nächste Schreck: Es ist 16:34 Uhr, die Bank hat seit 16:30 Uhr zu. Unter dem bereits halb geschlossenen Gitter lässt der Wachmann Julia und Sewon noch in die Filiale. Dort meckert niemand, dass sie zu spät seien. Stattdessen werden Julia noch ein Gerstentee und ein paar Bonbons angeboten. Sie hat den Pappbecher mit Tee noch gar nicht ausgetrunken, da hat sie schon ihre Kontoeröffnungsbestätigung in der Hand.

»Warum machen eigentlich Banken so früh zu, wenn der Rest des Landes im 24-Stunden-Betrieb ist?«, fragt Julia jetzt, da alles geregelt ist.

»Gute Frage. Habe ich mir noch nie gestellt. Du erweiterst heute richtig meinen Horizont.«

Weiter geht es, zurück zum Immobilienmakler. Der ist gerade nicht da, aber die Tür steht offen. Also setzen sich beide auf die Couch und warten. Sewon geht zum Heißwasserspender hinter dem Schreibtisch des Maklers und macht sich einen Instant-Kaffee. Dann nimmt er sich vom Schreibtisch noch einen Zettel und etwas zu schreiben und notiert die Eckdaten, die sie für die Wohnungssuche brauchen.

»Sollten wir nicht zumindest warten, bis er wiederkommt, bevor wir es uns hier so gemütlich machen?«, fragt Julia vorsichtig, als sie Sewons Machenschaften beobachtet. »Ach, Quatsch. Das ist schon in Ordnung. Hier in Korea jedenfalls«, antwortet Sewon beiläufig. Julia hat die Spitze verstanden.

Wenige Minuten später kommt der Makler tatsächlich wieder reingeschlurft. Ohne große Umschweife kommt Sewon zum Punkt und gibt Julias Vorstellungen von einer Wohnung wieder. Daraufhin zischt der Makler nur einmal kurz einen konzentrierten Luftstrahl zwischen den Zähnen hervor, was auf Koreanisch so viel heißt wie »Was hat diese dahergelaufene Westlerin eigentlich für Vorstellungen von der aktuellen Lage am Seouler Immobilienmarkt?«.

Schon nach einigen kurzen Besichtigungen in der Umgebung, die Julia zeigen, in welcher Liga man mit ihren finanziellen Möglichkeiten spielt, hat sie sich von ihren Wunschvorstellungen verabschiedet. Man einigt sich schließlich auf eine kleine Einzimmerwohnung, immerhin ganz in Uninähe und erst vor zwei Jahren gebaut.

»Das ist wichtig«, sagt Sewon, »das verstehst du, wenn du dir ältere Wohnungen anschaust. Koreaner pflegen ihre Schuhkartonwohnungen nicht sonderlich, musst du wissen. Das liegt unter anderem daran, dass es keine Endabnahme gibt. Besenreine Übergabe ist so ein Konzept, das habe ich erst in Deutschland gelernt.«

Julia ist inzwischen sowieso alles egal, Hauptsache, vier Wände für sich. Je kleiner die Wohnung, desto mehr spart sie bei der Einrichtung. Am Ende bezahlt sie für 20 Quadratmeter gut 350 Euro im Monat – und das bei einer Kaution von fast 2.000 Euro. *Aigu!*

»Sei froh«, sagt Sewon, »viele Koreaner müssen bis zur Ehe bei ihren Eltern wohnen, weil die Mieten so hoch sind. Oder sie ziehen in ein winziges *hasukjib* oder *gosiwon* an der Uni und fristen da ihr Dasein.«

»In ein was?«

»Ein *hasukjip* ist so was wie ein privates Wohnheim, meist in einem großen Einfamilienhaus. Eine Frau kümmert sich um den Haushalt und vermietet freie Zimmer an Studenten. Dort gibt es Essen und die Wäsche wird gewaschen, aber man ist auf Gedeih und Verderb vom Wohlwollen der Vermieterin abhängig und hat so gut wie keine Privatsphäre.«

»Na dann wohl doch lieber das Zweite.«

»Ein *gosiwon*? Wir nennen das oft auch einfach Wohn*sarg*, denn größer sind die Zimmer dort kaum. Es ist so eng, dass man nicht mal seinen Koffer drin unterbekommt. Die ganz modernen haben wenigstens ein eigenes Klo, aber es gibt auch noch welche, da ist so wenig Platz, dass man das Bett als Schreibtischstuhl nimmt. Und ein Fenster kostet auch extra. Ich glaub, ich muss dir nicht sagen, wie es da mit Privatsphäre aussieht: Man kann zwar abschließen, aber dann wird es oft so heiß, dass man kaum atmen kann. Im Endeffekt stehen doch überall die Türen auf und man bekommt buchstäblich jeden Furz des anderen mit.«

In diesem Moment ist Julia nicht nur sprachlos, sondern beschließt zudem, sich über ihre 20 Quadratmeter ehrlich und ernsthaft zu freuen und das Geld, das sie ausgegeben hat, nicht als rausgeschmissen zu betrachten, sondern als Investition in ihr Wohlergehen oder »welbing«, wie der Koreaner als Modewort sagt. Scherzhaft sagt sie noch zu Sewon, dass sie sich ja einen Untermieter in ihr Zimmer nehmen könnte, um Miete zu sparen. Doch diesen Versuch eines Witzes versteht selbst Sewon mit seiner Deutschlanderfahrung nicht.

JUNGES WOHNEN 1: *WOLLUM*

Einzimmerwohnungen heißen auf Koreanisch *wollum*, was die koreanische Aussprache von *one room* ist. Genau das ist es dann auch: Nur das Bad ist abgetrennt, die Küchenzeile steht meist auch noch in diesem einen Raum. Wohnen hat für junge Menschen allgemein einen ganz anderen Stellenwert in Korea als in Deutschland. Erst später, wenn man eine Familie gründet, zieht man in ein großes Apartment. Vorher spart man so viel wie möglich am Wohnen, um die hohe Kaution beziehungsweise den Kaufpreis für ein gutes Apartment zusammenzubekommen. Denn für junge Koreaner spielt sich das Leben ohnehin meist draußen ab.

Gwaenchana! – Passabel!

Es sieht zunächst aus, als wären Sewon und Julia recht unbedacht und ungeplant vorgegangen, aber viel mehr Planung ist gar nicht drin: Wer was verlangt und wer was unbedingt für etwas haben möchte, das ist zwar gesetzlich festgelegt, aber ebenso wie bei Öffnungszeiten sind in Korea – ganz ohne Korruption und sonstige Gefälligkeiten – Entgegenkommen und Kulanz grundsätzlich an der Tagesordnung. Gleichzeitig ist man auf die effiziente Bürokratie in Korea durchaus sehr stolz, hebt man sich doch auch dadurch vom insgesamt zwar touristisch reizvollen, aber eher chaotischen Südostasien ab, das für Koreaner so etwas wie der Balkan Asiens ist. Tatsächlich funktioniert die koreanische Bürokratie dank konsequenter Digitalisierung auch sehr effizient, ohne dass man immer auf jeden Buchstaben der Vorschriften schaut. Selbst in Korea, in dem Bürokraten schon Jahrhunderte vor Max Weber in schwierigsten Staatsprüfungen mit allen Wassern gewaschen wurden und das in der Moderne seine Verwaltung als eines der ersten Länder weltweit komplett auf standardisiertes E-Government umgestellt hat, findet man immer wieder nette Beamte, die mal fünfe gerade sein lassen. *Jeong*, Zuneigung, ist im Alltag viel wichtiger als *beop*, das

Gesetz. Der Ton macht dabei die Musik. Wie Sewon schon richtig bemerkte, sind zwei Wege erfolgversprechend: lieb oder cholerisch. Das Erste appelliert an die persönliche Bindung, das Zweite an den Respekt vor Hierarchien und Autoritäten.

Eine Mischung aus Vertrauen des Maklers gegenüber dem Mitkoreaner und Autorität als Kunde ist es dann auch, was Sewons Verhalten im Maklerbüro erklärt: Als Kunde darf er sich sozusagen alles erlauben und sich ganz wie zu Hause fühlen. Da in Korea bis heute die Kriminalitätsrate niedrig ist, lässt der Makler auch ganz natürlich die Tür offen stehen, selbst wenn er gerade nicht da ist. Viele Koreaner beklagen, dass dieses noch aus der bäuerlichen Gesellschaft stammende Vertrauen durch Verstädterung und die damit einhergehende Anonymisierung schwindet; es ist jedoch ohne Frage noch immer stark.

10 DER ERSTE EINDRUCK

OHNE KARTE HAT MAN SCHLECHTE KARTEN

Ob eine Pflanze Früchte tragen wird, weiß man schon im März

Der erste richtige Arbeitstag für Nico in der Firma. Der erste Eindruck ist überall wichtig, in Korea aber besonders. Eine Visitenkarte sollten selbst Studenten vorweisen können oder sich zumindest damit entschuldigen, dass man »gerade seine letzte vergeben hat«. Das hat Nico in seinem Koreaforum zwar auch gelesen, aber es für recht affig gehalten. Gerade er als Westler will nicht von Anfang an so auffallen und sich wichtiger machen, als er ist, indem er überall mit seinen Praktikanten-Visitenkarten rumwedelt. Seine E-Mail-Adresse steht ohnehin im Verteiler der Firma.

Als Yunhee also mit ihm durch die einzelnen Abteilungen geht und ihn vorstellt, versucht sich Nico in Understatement – denn dieses wird ja bekanntlich in Asien hochgeschätzt. In der Abteilung für Marketing Nordamerika angekommen, wird er natürlich sogleich nach Visitenkarten gefragt, worauf er in absoluter Bescheidenheit vor versammelter Mannschaft antwortet, er sei ja nur der Praktikant in der Firma und nicht wichtig genug für eine eigene Visitenkarte. Einige der meist noch sehr jungen Mitarbeiter der Abteilung räuspern sich, Hände wandern flink in Hosentaschen.

Mit geröteten Wangen führt Yunhee Nico weiter durch die Gänge. Freundlich versucht sie, ihn auf seinen Fauxpas hinzuweisen. »Du, Nico, die jüngeren Mitarbeiter, die waren oft in den USA zum Studium und kennen sich mit Westlern ganz gut aus. Die Älteren waren aber meist noch nie für längere Zeit im Ausland. Versuch in den nächsten Abteilungen einfach, möglichst wenig selbst zu machen, und lass sie reden.«

»Okay.« Sich umblickend schreitet Nico voran durch die endlosen Gänge des Großraumbüros, in dem die Abteilungen nur durch hohe Raumteiler abgetrennt sind, und saugt die neuen Eindrücke in sich auf.

»Das Team für Finanzen ist wohl gerade im Meeting. Dann gehen wir erst einmal zum Abteilungsleiter, das heißt auf Koreanisch *bujang*. Dann hängt man noch ein *nim* an, das ist höflicher. Also *bujangnim*, so kannst du ihn anreden, dann freut er sich bestimmt.«

»*Pudschangnim.*«

»Ja, schon ganz gut. Das reicht auf jeden Fall.«

Als Nico in das abgetrennte Büro des *bujangnim* am Ende des Großraumbüros geführt wird, heißt der Abteilungsleiter ihn freundlich willkommen und überreicht ihm seine Karte. Nico greift mit der rechten Hand nach der Karte, sieht sofort, dass sie auf Koreanisch ist, und steckt sie in die Hosentasche. Das freundliche Lächeln des Abteilungsleiters wird von Naserümpfen abgelöst.

»Was war noch gleich Ihr Name?«, fragt Nico jetzt auf Englisch.

»*Yes ... Nice to meet you.*«

»*Name?*«, fragt Nico jetzt betont langsam sprechend.

»*Look name card*«, sagt der *bujangnim* knapp.

»*Sorry, I can only read little Korean*«, antwortet Nico.

»Dafür gibt es ja die Rückseite«, grummelt der Vorgesetzte nun auf Koreanisch zu Yunhee, schon sichtlich peinlich berührt. Yunhee beschließt, dem Treiben ein Ende zu setzen. Sie bedankt sich in

Nicos Namen für die Begrüßung und verspricht, dass er sein Bestes geben werde. Für den Abteilungsleiter ist das Treffen offenbar beendet. Ohne Nico und Yunhee eines weiteren Blickes zu würdigen, vergräbt er sich in seinen Unterlagen.

»Goodbye, bujanim!«, ruft Nico noch im Rausgehen, ohne sich verbeugt zu haben. Als er sich an der Tür ein letztes Mal zum Abteilungsleiter umdreht, stellt er erstaunt fest, dass dieser sich das Lachen verkneifen muss.

Den Rest des Vormittags ist Nico damit beschäftigt, mit Yunhee Stück für Stück durchzugehen, was er alles falsch gemacht hat.

Aigu! – Oh weh!

Beim Thema Visitenkarten hätte Nico den Forenbeiträgen vertrauen sollen. Sein Understatement, das locker rüberkommen und seine große Kulturkompetenz unter Beweis stellen sollte, lässt ihn doch gleich wieder als Elefant im Porzellanladen erscheinen. Denn die anderen Praktikanten und Auszubildenden können ihm nun natürlich schlecht ihre Visitenkarten überreichen und lassen sie daher peinlich berührt verschwinden. Bei ihnen hat Nico schon jetzt das *chemyeon,* das Gesicht, verloren. Das ist in Korea ebenso unschön wie in anderen asiatischen Ländern. Allerdings wird die Bedeutung dieses Konzepts im Westen oft überhöht dargestellt. Wahr ist, dass Asiaten sehr viel Wert darauf legen, andere nicht vor den Kopf zu stoßen oder ihre Mitmenschen peinlichen Situationen auszusetzen. Aber mal ehrlich: Das sollten wir doch im Westen eigentlich auch machen, wenn wir nicht völlig allein durchs Leben gehen wollen.

Myeongham, Visitenkarten, sind wörtlich das Behältnis des Namens. Stellen Sie sich vor, Sie würden die ganze Persönlichkeit des Gegenübers mit dieser Karte in die Hände bekommen. Da fänden Sie es ja auch nicht nett, wenn man »Sie« gleich zerknüllt in die Hosentasche steckt. Es ist übrigens nicht nur wichtig, *dass* man eine Visitenkarte überreicht, sondern auch, *wie*: Übergeben und Entgegennehmen immer, wirklich immer, mit beiden Händen. Die Eins mit

Sternchen bekommt derjenige, der beim Betrachten der Karte noch etwas theatralisch Staunen und Bewunderung für den Inhalt und damit die Person zeigt In der Regel sind Visitenkarten zweiseitig beschriftet, eine Seite in Hangeul, eine in Englisch. Lassen Sie sich im Übrigen nicht von den wohlklingenden Titeln irritieren: Ein *daeri*, also ein Assistant Manager, ist ein normaler Sachbearbeiter, und selbst der Chef einer Drei-Mann-Firma lässt sich auf Visitenkarten als *CEO* oder *President* bezeichnen.

Auch das Verbeugen ist in Korea wichtig, auch wenn es nicht so strikte Winkelregelungen gibt wie bei den Japanern. In Korea genügt es im Normalfall zur Begrüßung und zum Abschied leicht den Oberkörper zu neigen und zu nicken. Nur bei deutlich Höhergestellten (Firmenchefs, Professoren, hohe Würdenträger) legt man die Hände mit den Innenseiten an die eigenen Oberschenkel und macht eine sogenannte *baeggop insa,* eine Bauchnabelverbeugung, das heißt, der Kopf geht bis auf normale Bauchhöhe herunter. Verbeugen Sie sich nicht vor Kindern. Das ist zwar kein Fauxpas, dürfte aber von den Kindern selbst und allen Umstehenden mit Belustigung zur Kenntnis genommen werden. Händeschütteln ist noch immer nicht allzu üblich, wenn, dann wird dabei die gebende Hand von der freien Hand unterstützt und nicht allzu fest zugedrückt. Eine leicht angedeutete Verbeugung komplettiert den formvollendeten Händedruck.

Wie Yunhee richtig erklärt hat, heißt Abteilungsleiter in Korea *bujangnim,* nicht *bujanim,* wie Nico ihn verabschiedet hat. Über diesen Fehler musste jedoch selbst der verärgerte Vorgesetzte lachen. Nico hat sich zwar bemüht, den koreanischen Titel richtig auszusprechen, dabei ist ihm aber eine halbe Silbe verloren gegangen. Heraus kam nicht »Herr Abteilungsleiter«, sondern »Herr Krösus«.

11 DAS GESCHÄFTSESSEN

KREBSZUZELN MIT DEM CHEF

Der Karpfen, der aus dem Teich springt, wird von der Keule erschlagen

Der Chef von Nicos Arbeitsgruppe, Internationales Marketing, war während Nicos erstem Rundgang durch die Firma bei einem Außentermin, hat aber im Vorhinein dafür gesorgt, dass alle zusammen zum Mittagessen gehen, damit Nico in lockerer Atmosphäre etwas von sich erzählen kann und das Kennenlernen nicht so steif verläuft. Natürlich sind der Lockerheit aber auch hier enge Grenzen gesetzt: Wirklich alle gehen gemeinsam, und zwar in das Lieblingsrestaurant des Chefs. Trotzdem freut sich Nico auf diese Gelegenheit und möchte sie gleich nutzen, um bei den Kollegen einen Stein ins Brett zu kriegen.

Tatsächlich ist die Stimmung zunächst gut. Der Fauxpas des Vormittags ist bei den Kollegen wohl längst vergessen und der Chef, der ohnehin davon nichts mitbekommen und zudem lange Jahre im Ausland gearbeitet hat, parliert in akzentfreiem Englisch mit Nico, als gäbe es kein Morgen. Befreites Lachen erfüllt den lauten Gastraum des Restaurants.

Als der Chef kurz zum Telefonieren rausgeht, ist Nico wieder mit seinen Kollegen allein. Da er keine Ahnung hat, worüber sie reden könnten, kommt zunächst kein Gespräch zustande. Ein Kollege beschaut sich Nicos Uhr und spricht ihn vorsichtig an: »Eine tolle Uhr hast du da. Sehr teuer bestimmt.«

»Nein, gar nicht. Ich finde übrigens deine Krawatte super. Ich hab die schon am U-Bahnhof gesehen, da werden die ja verkauft. Das sind diese, die man nicht binden muss, oder? Und wie die glitzert! Superlustig, in Deutschland wäre das unmöglich, so was ins Büro anzuziehen, da sind wir viel konservativer. Genauso wie Sportsocken zum Anzug. Finde ich super, dass das hier so locker ist mit der Kleiderordnung.«

Stille. Eisige Stille. Na gut, denkt Nico, schnell irgendwas tun, um die Stimmung zu lockern. Weil alle offenbar noch nichts bestellt haben, will Nico nun eine Kellnerin herbeiwinken, doch diese reagieren kaum auf sein zaghaftes Handheben.

»*Yogiyooooo«,* ruft jetzt einer der Kollegen quer durchs Restaurant.

»Man muss schon auf sich aufmerksam machen, gerade zur Mittagszeit«, erklärt ein anderer.

»*Menyu juseyo*«, sagt Nico, Speisekarte bitte.

Doch die Kellnerin guckt nur zu den koreanischen Kollegen, die ihr bedeuten, dass man Nicos Wunsch ruhig ignorieren könne. Wieder erklärt einer der Kollegen: »Der Chef hat vorhin schon telefonisch bestellt.«

»Wie, für alle das Gleiche?«

»Ja, natürlich.«

»Und wenn jemand das nicht mag, was bestellt wurde?«

Achselzucken. Da kommt eine ganze Armee von Kellnerinnen und stellt lauter kleine Schälchen auf den Tisch. Schließlich ist auf den breiten Tischen alles bedeckt mit lauter Kleinigkeiten.

»Hier, probier schon mal die Beilagen, wenn du Hunger hast. Das sind *banchan,* wir essen sie zu jeder Mahlzeit.«

Doch Nico hat mit der Wahl wirklich eine Qual: Alle Schälchen mit Beilagen, die vor ihm stehen, sind knallrot: scharf eingelegter Rettich, scharf eingelegter Kohl, scharf eingelegtes ... was auch immer das sein mag, was da so aussieht wie Würmer.

»Das da ist nicht scharf«, versuchen die Kollegen wieder zu helfen.

»Diese Fische? Da sind ja noch die Augen dran. Das esse ich nicht!«, sagt Nico nun entrüstet.

»Das da auch, das ist nicht scharf! *Ganjang gejang.* Eine Delikatesse!«

»Der Krebs? Aber der ist ja in der Schale, wie soll man das denn mit Stäbchen essen?!«

»Hier, da wo das Fleisch und die Eier aus dem Panzer quellen, ansetzen«, erläutert einer der Mitesser am Beispiel und zuzelt in fast schon bajuwarischer Manier das Innenleben des in einer Sojasauce-Marinade eingelegten Schalentiers aus.

VOLLER TISCH: *BANCHAN* (BEILAGEN)

Ein Essen ohne *banchan* ist für einen Koreaner kaum vorstellbar. Selbst im billigsten Schnellrestaurant wird man zumindest zwei Schälchen mit gelbem Rettich *(danmuji)* und dem eingelegten Chinakohl *kimchi* erhalten. Bei richtigen Festessen können gerne auch einmal 30 bis 40 verschiedene Beilagen auf den Tisch kommen. *Namul* sind Beilagen aus Kräutern, Pflanzenblättern und Wurzeln, im Geschmack dem deutschen Gaumen im Allgemeinen am zuträglichsten. Die von Nico verschmähten Fische sind eine für uns ungewöhnliche, aber oft servierte Beilage: *myeolchi,* getrocknete und oft etwas süßlich angemachte winzig kleine Sardellen, die gar nicht nach Fisch, sondern eher nussig schmecken. Auf jeden Fall lohnt es, sich zu überwinden.

Nico hat nach den Beilagen schon kaum noch Lust auf das Hauptgericht. Und wie erwartet, das Hauptgericht ist nicht unbedingt sein Fall. *Sundaeguk,* eine deftige Suppe mit Blutwurst und allem Möglichem anderen, was Nico nicht wirklich identifizieren kann.

»Das ist von der Backe vom Schwein, es ist aber auch Fett drin und vielleicht ein paar Innereien, viel Kollagen, ist gut für die Haut«, erläutert der inzwischen zurückgekehrte Chef auf den fragenden Ausdruck in Nicos Gesicht hin.

Nein, Kulturkompetenz hin oder her. Man muss nicht alles mitmachen. »Gibt es nichts anderes?«, fragt Nico ganz freundlich.

»Ich wollte nur testen, wie weit Sie gehen«, sagt der Chef betont laut lachend, ohne dass man ihm ansieht, ob er es ernst meint oder nur sein Gesicht wahren will. Er bestellt noch schnell etwas nach. Und tatsächlich, nach wenigen Minuten kommt etwas, womit auch Nico arbeiten kann: ein Eintopf mit Bohnenpaste, Zucchini und Tofu namens *doenjang jjigae,* dazu gebratene Teigtaschen, *mandu* genannt, und *gimbap,* eine Reisrolle, gefüllt mit Gemüse.

Nico ist erleichtert, als er die vertraute Reisrolle entdeckt. »Oh, es gibt auch in Korea Sushi!«, ruft er erfreut. Und fügt noch ehrlich interessiert an: »Ist das in der Kolonialzeit nach Korea gekommen?«

Nach diesem Ausruf wird Nico den Rest des Essens nur noch freundlich angelächelt. Am Ende gibt es dann *ddeok,* süße Reisküchlein. Ein Kollege grinst breit und verkündet höhnisch: »Wo ihm das Sushi schon so geschmeckt hat, geben wir dem Nico am besten noch einen Reiskuchen mehr.« Nico bedankt sich artig, doch die anderen schweigen betreten.

Der Nachmittag ist dann recht ereignislos. Nicos einziges Projekt für diesen Tag ist in einer halben Stunde zur Zufriedenheit der anderen erledigt. Auch Nicos Kollegen surfen nur im Internet und schlurfen durchs Büro; scheinbar ist die Arbeitswut der Koreaner wohl doch nur ein Vorurteil gewesen. Bloße Anwesenheit und echte Produktivität sind eben zwei komplett verschiedene Dinge, sieht sich Nico bestätigt. Also gibt es keinen Grund, unnötig länger zu bleiben. Um zehn vor sechs ist der Computer aus, und als Nico um Punkt sechs nach Hause gehen will, rufen ihm die Kollegen *»Sugo haesseoyo!«* zu.

Yunhee, die gerade ihr Abendessen in die Firma bestellt, weil sie weiß, dass sie mit ihrem Projekt noch einige Stunden zubringen wird, erklärt auf Nicos verwunderten Blick hin wieder einmal bereitwillig: »Das heißt wörtlich ›Du hast viel gelitten‹, aber so kann man das nicht übersetzen, hat mein Deutschprof immer gesagt. ›Gute Arbeit‹ oder eben ›Hast dir den Feierabend verdient‹, so was heißt das.«

»Also, ich wünsche dir trotzdem, dass du wenig leidest! Tschüss, Yunhee, bis morgen!«

Um zehn nach sechs ist es auf den Straßen erstaunlich leer. Nur wenige Bürolichter sind jetzt schon aus. Selbst im Bus geht es noch nicht zu wie in einem Sardinenschwarm. Jetzt fühlt sich Nico doch etwas schuldig; den ganzen Tag den Betrieb aufgehalten und jetzt als Erster raus.

Aigu! – Oh weh!

Nein, es gibt wirklich nichts zu rütteln – auch diese Chance hat Nico wieder mal vergeigt. Das zeigt sich auch daran, dass der oberwitzige Kollege ihm einen zweiten Reiskuchen gegeben hat. Das war nicht etwa Nettigkeit, sondern basierte auf dem bekannten Sprichwort »Wen man nicht mag, dem gibt man einen Reiskuchen mehr«, was so viel bedeutet wie: Man sollte sich gerade mit den Leuten gut stellen, die man am wenigsten leiden kann.

Der zweite Reiskuchen war allerdings auch einigermaßen verdient: Schon die Bemerkung über die Kleidung des männlichen Kollegen war nicht nett. Westliches Stilempfinden ist auch in Korea ein Statusmerkmal, und Männer investieren, wenn sie es sich leisten können, hohe Summen in teure Anzüge und Accessoires. Und spätestens nach den ersten Auslandsdienstreisen werden die Kollegen selbst merken, dass Sportsocken in Europa nicht zum Anzug gehören.

Dass Nico die Speisen ablehnt, die ihm nicht zusagen, ist durchaus in Ordnung. Koreaner lieben ihre Küche, aber sind sich dessen bewusst, dass manches gewöhnungsbedürftig ist. Gerade was die Schärfe von Speisen angeht, sind Koreaner sensibilisiert und zeigen sich sogar verwundert, wenn man diese ohne Probleme erträgt. Das führt dann oft zu dem etwas ungewöhnlichen Lob: »Sie vertragen scharfes Essen aber sehr gut.« Egal wie scharf oder ungewöhnlich, einmal probieren wäre trotzdem der Stimmung zuträglich, und man sollte sich mit allzu detaillierten und abwertenden Kommentaren über die Ungewöhnlichkeit des Aufgetischten zurückhalten. Es gilt die Faustregeln: Fast alles in der koreanischen Küche schmeckt besser als es riecht und ausschaut.

Und zu Nicos Sushi-Sakrileg: Es ist schlicht müßig, darüber zu diskutieren, welches der asiatischen Völker als Erstes auf die Idee gekommen ist, beim Fischen Algenblätter, Reis und irgendetwas anderes zu kombinieren. Klar ist, dass Sushi im Ausland am bekanntesten ist, aber auch die anderen Völker ähnliche Gerichte haben, in Korea eben *gimbap.* Aber dazu in Episode 17 (siehe Seite 108) noch mehr. Vergleiche mit anderen asiatischen Ländern, noch dazu solche, bei denen man »verliert«, weil wie hier zum Beispiel Sushi im Ausland bekannter ist, hören Koreaner äußerst ungern. Der Verweis auf die schmerzliche Kolonialzeit, als die stolze koreanische Nation durch den immer als weniger entwickelt betrachteten japanischen Nachbarn unterdrückt wurde, hat dem Fass endgültig den Boden ausgeschlagen. Dass Nico dann beim typisch koreanischen Bürospiel »Wer geht als Letzter, um den besten Eindruck zu machen« gar nicht erst mitspielt, indem er sich schlicht an die vertraglich geregelte Arbeitszeit hält, das dürften die Kollegen dann schon fast erwartet haben.

12 DIE GRUNDAUS-STATTUNG

WER KEINEN KUCHEN HAT, KANN BROT ESSEN

Je ärmer der Mensch, desto eher leistet er sich ein Ziegeldach

Anders als Julia hat Nico keine Probleme, eine Wohnung zu finden. Die Firma, bei der er sein Praktikum macht, hat eigens einen Kollegen abgestellt, der vorher die Immobilienbüros abgeklappert hat, um sich einen Überblick zu verschaffen. Er heißt Donghun Lee. Wie wir gelernt haben, ist sein Vorname also Donghun. Donghun sieht so aus, wie die K-Drama-Boys, nach denen Julia so schmachtet: Er ist größer als Nico, trägt offenbar immer einen gut sitzenden Anzug – mit selbst gebundener Krawatte und echten Anzugsocken – und hat eine verdammt teure Uhr um. Ein Hauch Parfüm umweht ihn, und beim genauen Hinsehen erkennt man etwas Abdeckstift auf den Augenringen.

Bei Donghun hat Nico noch mal eine Chance auf einen Neuanfang.

»Du hast großes Glück, dass ich den Markt hier so genau kenne, ich habe einige tolle Sachen in der Nähe entdeckt«, begrüßt ihn Donghun dann auch mit breitem amerikanischem Akzent. »Ehrlich, ich beneide euch Deutsche manchmal schon. Bei euch wohnt man richtig lange in einer Wohnung, richtet sie hübsch ein und zieht dann nicht mehr um. Für uns, gerade für uns junge Männer, ist die Wohnung eigentlich nur der Ort, wo unser Bett steht. Und unser Laptop mit den wichtigen Ordnern, wenn du verstehst, was ich meine. Ha ha.«

»Ähm, ja ... und wo steht dein Bett? Es tut mir übrigens total leid, dass du jetzt hier Nanny für mich spielen und mir Wohnungen raussuchen musst.«

»Ach was«, Donghun winkt ab, »es ist ganz nett, mal aus dem Alltagstrott in der Firma herauszukommen. Immerhin komme ich so heute mal für ein paar Stunden vor die Tür. Zu deiner Frage, ich wohne in Bucheon, das ist anderthalb Stunden von hier entfernt.«

»Wie bitte? Dann fährst du jeden Tag anderthalb Stunden hin und dann wieder zurück?«

»Ja, aber nicht mehr lange. Bald heirate ich und dann kaufen uns meine Eltern ein Apartment in Seoul. Wir haben innerlich schon alles mit Ikea-Möbeln eingerichtet. Meine Frau ist da seit der Eröffnung Stammkundin, also in Gedanken. Im Moment haben wir ja noch nicht genug Platz. Nach der Hochzeit aber hat das Leiden endlich ein Ende.«

»Komisch, in Deutschland halten viele die Hochzeit für den Anfang vom Leiden. Und Ikea kommt uns nicht ins Haus, sagt mein Papa immer.«

Man könnte jetzt förmlich den charakteristischen Western-Dornenstrauch durchs Bild fliegen sehen, so wenig hat Donghun mitbekommen, dass Nico hier gleich einen doppelten Witz zu machen versuchte. An der Wohnung angekommen, staunt Nico nicht schlecht: Die Firma bezahlt ein schickes kleines *officetel* nahe an der Firma, direkt im Zentrum. Nico kann sogar zur Firma laufen. Ein wenig schlechtes Gewissen hat er schon, wenn er bedenkt, dass

Donghun seit Jahren bei der Firma arbeitet und trotzdem täglich stundenlang hin- und herfahren muss. Dank des Einsatzes seiner Firmenkollegen kann ihm Donghun zudem bereits die fertige Ausländerregistrierungskarte (siehe Episode 9, Seite 64) überreichen. »Wow, jetzt bin ich ein *legal alien.*«

JUNGES WOHNEN 2: *OFFICETEL*

Ursprünglich dem Wortsinn nach als »Büro mit Wohnraum« konzipiert, haben sich diese kleinen Studios längst zu einem beliebten Wohnkonzept für die junge, unverheiratete arbeitende Mittelschicht entwickelt. Die Wohnungen bestehen meist aus einem großen, hellen Raum mit Küchenzeile, Einbauschränken und einem modernen Bad. Oft ist der Schlafbereich durch eine Art Hängeboden, der über eine kleine Stiege erreichbar ist, abgetrennt. Andere wiederum haben Schiebetüren oder dünne Wände zwischen Wohnküche und Schlaf-Arbeitsbereich. Auch wenn die Ausstattung stark nach Lage und Baujahr variiert, findet man sie meist in zentralen Lagen und sie bieten einen Pförtner und Wachmann im Haus, was für Vielbeschäftigte sinnvoll ist.

Nico steht nun in seiner kleinen, aber modernen Wohnung. Ein paar Kleinigkeiten braucht er schon noch. Nur wo bekommt man die her? Sollte er Donghun jetzt noch mal belästigen und fragen, wo der ominöse Ikea ist? Nerven wir doch zur Abwechslung mal wieder Yunhee, beschließt Nico und ruft sie an.

Diese empfiehlt ihm sofort Daiso.

»D-A-I-S-O geschrieben.«

»Also Däso? So wie bei Hyundai?«

»Nein, Da-i-so.«

»Du merkst aber schon, dass das mit den Ausspracheregeln nicht wirklich logisch ist, oder?«

»Mag sein. Du, ich muss dann jetzt auch weiterarbeiten«, antwortet Yunhee schlicht. Oh weh, stimmt ja, Yunhee arbeitet ja zwischendurch noch und ist nicht nur für Diskussionen mit ihm zuständig. Donghun wird wohl auch nicht auf dem Weg nach Hause sein, sondern noch mal in der Firma vorbeischauen. Nico dagegen hat den Rest des Tages frei und macht sich daher gleich auf zur Shoppingtour.

Tatsächlich findet Nico den Daiso. Teller, Tassen, Töpfe, Tapeten, Badelatschen, Mülleimer, Sticker, Teebeutel, Kleiderbügel. Hier gibt es wirklich alles. Das meiste billiger Plastikplunder, aber für seine Zwecke genau richtig. Die paar Monate, die er hier ist, wird das Billigzeug wohl durchhalten. Mit vier vollen Tüten macht sich Nico auf den Weg nach Hause. Einrichten macht ganz schön hungrig, bemerkt er bei einem Blick in den leeren Kühlschrank. Er hatte gehofft, dass der Kühlschrank vielleicht wie im Motel schon aufgefüllt wäre, aber so weit geht die koreanische Gastfreundschaft dann wohl doch nicht.

Überhaupt, Nico findet die koreanische Küche ja ganz lecker, aber immer nur Reis und Suppe, das macht ihn auf Dauer nicht zufrieden. Und morgens möchte er mal eine zünftigere Mahlzeit zu sich nehmen als Cornflakes. Denn darauf beschränkt sich das Angebot an westlichen Frühstücksutensilien im kleinen Supermarkt um die Ecke.

Nico will aber Brot, gutes Brot. Deutsches Brot eben. Mutig hatte Nico schon am ersten Tag zu etwas an der Kasse im Café gegriffen, was zumindest auf der Packung nach Brötchen ausschaute, und tatsächlich hatte ihm Yunhee bestätigt, dass darauf *bbang*, also Brot, stand. Als er das Brot dann aus der Verpackung nahm, war es jedoch ein Reinfall; obwohl er es wie beschrieben noch einmal erhitzt hatte, war es total labbrig, verzuckert und enthielt auch noch eine klebrige Füllung.

DER DEUTSCHE UND SEIN BROT

Brot ist in Korea eher eine Nachspeise. In den kleinen koreanischen Supermärkten gibt es zwar eine Vielzahl an Teigwaren, meist sind diese aber sehr süß und oft gefüllt mit Marmelade, Vanillecreme oder anderen süßen Freuden. Es geht allerdings noch exotischer: *Jjimbbang* (gedämpftes Brot) wird mit Zutaten gefüllt, die man sonst eher auf einer Pizza vermuten würde, mit Kürbis, Fleisch oder süßlicher roter Bohnenpaste, und ist gerade im kalten Winter ein beliebter Snack, hat aber mit unserem Brot wenig zu tun. Übrigens: Das koreanische Wort für Brot kommt tatsächlich vom romanischen *pain/pane.*

Also nutzt Nico den angebrochenen Tag, um etwas Internetrecherche zu betreiben. Denn wie das in Korea so ist, kam noch am Tag des Einzugs der Mann von der Telefongesellschaft und installierte Nico Kabelfernsehen und Internet.

Im Netz heißt es, die großen Discounter seien billig und es gebe dort auch eine Vielzahl westlicher Produkte.

Kurz darauf macht er sich auf den Weg zu einem Riesensupermarkt in der Stadt, vier Stockwerke, unendliches Warenangebot. Noch hat er kein Gefühl für die Beträge in Won, also kauft er ein, wie er das gewohnt ist: ein gutes Brot, etwas Salami und Käse, drei Flaschen Mineralwasser, etwas deutsches Bier, etwas Salatsauce, frisches Obst und Salat, ein bisschen Fleisch, ein paar Nudeln und was man sonst so noch braucht. Sogar sein heiß geliebtes Bio-Müsli aus Deutschland bekommt er hier. Ein echter Rausch, Freihandelsabkommen sei Dank. Doch dann der Schock an der Kasse: 99.000 Won ... Er kommt ins Grübeln, bezahlt erst mal und rechnet dann noch mal nach: Knappe 80 Euro für ein paar Lebensmittel? Die spinnen wohl! Gekauft ist gekauft, aber noch einmal passiert ihm das bestimmt nicht.

Gwaenchana! – Passabel!

Solange man nicht gerade mit dem fürstlichen Gehalt einer großen Firma ausgestattet ist, sollte man versuchen, sich seine westlichen

Essgewohnheiten so gut zu verkneifen wie möglich, beziehungsweise einmal in sich gehen und fragen, was einem am wichtigsten ist. Beim Einkaufen sollte man einfach versuchen, möglichst koreanisch zu bleiben, denn koreanische Zutaten sind vergleichsweise preiswert, alles, was nicht gängig ist, ist sehr teuer. Es gibt – nicht nur aufgrund verschiedener Freihandelsabkommen (mit der EU schon seit 2011, als erstes Land in Asien) – in Korea alles, es ist nur eine Frage des Geldbeutels und des richtigen Suchens. Ab sofort wird Nico am besten auf den traditionellen Markt gehen, um Obst, Gemüse, Fleisch etc. zu kaufen (siehe Episode 14, Seite 94), und sich nur noch manchmal importierte Waren aus Deutschland gönnen.

Nicos Witz übers Heiraten kam aus verschiedenen Gründen nicht bei Donghun an. Koreaner sind grundsätzlich auf ein harmonisches Miteinander bedacht und vermeiden in der Regel spitze Bemerkungen. Zynischer, sarkastischer Humor ist ihnen daher oft fremd. Hinzu kommt, dass selbst für viele junge Koreaner das Erwachsenen-Leben mit der Ehe erst richtig beginnt und sie sich daher aufs Heiraten freuen: darauf, endlich ernst genommen zu werden.

13 DIE WILLKOMMENSFEIER

WIE DAS HÜHNCHEN ZU NICO FLATTERT

Wie ein Krebs, der die Augen schließt

Am nächsten Morgen erzählt Nico von seinem neuen *officetel,* woraufhin die anderen voller Neid sind.

»Wenn du so ein tolles Zuhause gefunden hast, musst du jetzt aber auch ein *jipdeuri* machen!«, meint Donghun. Sofort rufen alle im Chor: »*Jipdeuri!* Genau!«

»Ein was?«

»*Housewarming,* wenn man irgendwo einzieht, muss man alle Freunde einladen.«

»Ach so, ja, okay! Warum nicht gleich heute Abend, ist doch schließlich Freitag? So um neun vielleicht?«

Also ist es beschlossen. Heute Abend kommt die Horde aus dem Büro vorbei. Dann lernt Nico auch alle gleich besser kennen.

Tatsächlich stehen um kurz nach neun Uhr abends schon die ersten Gäste auf der Matte und überreichen Nico zum Einzug Geschenke. Duschgel und Seife kann Nico ja noch verstehen, auch wenn er das als Geschenk unter Männern nicht wirklich kennt, aber als Donghun ihm strahlend zwei Paletten Klopapier überreicht, guckt Nico doch nicht schlecht. Will Donghun ihn im wahrsten Sinne des Wortes verarschen?

»Das ist Tradition so. Frag nicht, warum. So genau weiß das eigentlich niemand. Nimm es einfach.«

Am Ende sind ein Dutzend Leute da, um mit Nico zu feiern. Jetzt ist es ihm richtig peinlich, dass er so knauserig war: Die leckeren deutschen Sachen vom zu klein geratenen Großeinkauf sind ruck, zuck weg und ansonsten hat er schlicht zu wenig da, um die Meute zu verköstigen. Selbst seine geliebten Cornflakes hat er schon als Knabberbeilage zum Alkohol, koreanisch *anju,* verfüttert. Donghun versucht gute Miene zu machen: »Wir hätten dir vielleicht sagen sollen, was für gefräßige Kollegen wir sind, aber das konnte auch keiner ahnen, dass hier heute alle so schnell futtern, wie ein Krebs die Augen schließt!«

IMMER AN DIE ELEKTROLYTE DENKEN

Anju gehören so elementar zu einem koreanischen Gelage, dass in vielen Bars, natürlich auch aus Umsatzgründen, der reine Verzehr von Alkohol nicht gestattet wird und man mindestens ein Gericht von der *anju*-Karte bestellen muss, was extrem blöd ist, wenn man nach dem Abendessen noch einen trinken geht und schon wieder essen muss. *Anju* ist übrigens ein weiter Begriff: Von Fruchtpunsch und Blattsalat über Erdnüsse und Frittiertes bis hin zu Schweinefleischpfanne kann alles *anju* sein.

Jetzt ist aber nicht nur die Beilage, sondern auch der Kraftstoff selbst ausgegangen. Das bleibt nicht lange unbemerkt. Die Ersten verabschieden sich schon ohne Worte nach draußen – Nico denkt zunächst, sie sind nur eine rauchen – doch nach einigen Minuten sind sie wieder da, mit Alkoholnachschub. Offensichtlich traut sich niemand, Nico direkt auf den Missstand beim Essen hinzuweisen. Da ergreift Donghun die Initiative und ruft in die Runde: »So, wollen wir was bestellen? Ich hätte ja Lust auf Pizza oder so was.«

Alle halten das für eine gute Idee, inklusive Nico, denn dadurch lässt sich die Situation wunderbar bereinigen – dass er da nicht von selbst drauf gekommen ist.

»Aber wo können wir denn um diese Uhrzeit bestellen?«, fragt Nico besorgt, denn die Uhr zeigt bereits kurz nach zwölf. In Deutschland wäre jetzt wahrscheinlich Schicht im Schacht.

»An der Tür hängen bestimmt schon Werbezettel«, sagt Donghun und geht gucken Tatsächlich! Ein 24-Stunden-Laden für scharfe Eintöpfe, einer für Sushi, also das japanische, nicht *gimbap* (siehe Episode 11, Seite 76), ein kleiner Supermarkt mit Lieferservice, ein Schlüsseldienst und zwei Lieferanten für frittiertes Hühnchen hängen schon an der Tür. Also deren Werbezettel. Und das, obwohl Nico gerade erst eingezogen ist.

»Hühnchen?« Alles bejaht die Frage und Donghun wählt schon die Nummer. Doch da fällt ihm etwas auf.

»Wo sind wir hier eigentlich?«

»Gute Frage.«

»Hol mal deinen Vertrag.«

»Okay, da steht es: Seoul-si, Jung-gu, Ojang-dong. Ich ruf dann mal an.«

ADRESSEN ENTZIFFERN

Adressangaben folgen einem festen Muster. In »Seoul-si, Jung-gu, Ojang-dong« steht *-si* für »Stadt«, in dem Fall Seoul, *-gu* bezeichnet den Bezirk, hier Jung (Zentrum), *-dong* das Viertel, hier Ojang. Auf dem Land gibt es zudem *-gun* (Kreis), *-eup* (Gemeinde) und *-ri* (Dorf). Da man die Adresse natürlich auch in Korea ständig benötigt, sollte man sich zumindest diese paar Wörter merken, auch wenn man mit der Sprache ansonsten auf Kriegsfuß bleibt.

Tatsächlich. Nur 20 Minuten später steht Hühnchen in verschiedenen Varianten auf dem Tisch: klassisch, scharf, reispaniert, mit Honigbutter, mit Knoblauch, mit Curry, der Auswahl sind jetzt keine Grenzen mehr gesetzt. Dazu Stäbchen, Rettich und sogar Cola inklusive. Bier haben sie extra dazu bestellt, da muss man nicht noch mal vor die Tür. Besorgt fragen Nicos Kollegen: »Sollen wir etwas dazugeben? Hühnchen ist ja inzwischen unbezahlbar seit den Arbeitsmarktreformen.« Aber so viel hat Nico schon gelernt: Ein kleiner Hühnerstall ist in Korea immer noch billiger als eine Käseplatte – und andere Leute einladen sowieso Ehrensache.

Für das Essen unterbrechen die anderen Anwesenden sogar ihre Partie Go-Stop, ein anderer Kollege hatte die Karten von der letzten Bierholtour im Supermarkt mitgebracht. Als sie beginnen wollten, hatten sie Nico nach einer Decke gefragt, was dieser zunächst nicht verstand und – man lernt ja dazu – daraus schloss, dass die Koreaner offenbar frieren und die Heizung hochdrehte, was dann die Koreaner wiederum nicht verstanden. Doch bei allen Missverständnissen: Frittiertes Hühnchen ist völkerverbindend, Nico mampft zufrieden sein süßes Knoblauchhühnchen. Ja, er ist angekommen. Mit Leib und Seele.

KAMPF DER BLUMEN

Go-Stop ist ein Spiel, das mit Hwatu-Karten gespielt wird. Hwatu bedeutet »Kampf der Blumen«. Wie sich unschwer erraten lässt, sind auf den Karten Blumen abgebildet, es gibt insgesamt 48 verschiedene Karten in zwölf verschiedenen Serien, jede für einen Monat mit der dazugehörigen typischen Flora – zum Beispiel Pflaumenblüte im Februar und Herbstlaub im August. Ursprünglich wohl aus Japan stammend, sind die Karten in leicht abgewandelter Form inzwischen in Korea eine eigenständige Kulturikone. Zum Go-Stop-Spielen braucht man eine abdämpfende Unterlage, denn die kleinen, harten Karten werden geradezu aufeinander geschmettert. Ohne weiche Decke drunter springen die Karten in alle Richtungen.

Gwaenchana! – Passabel!

Ein wirklich guter Gastgeber hätte sicher mehr Mühe darauf verwandt, einen guten Eindruck auf seine Gäste zu machen, und reichlich aufgetischt, »dass sich der Bauchnabel nach außen wölbt«. Koreaner sind solche Nachlässigkeiten von Ausländern aber durchaus gewohnt. Man gibt überproportional viel Geld für gemeinsames Essen aus, was den Stellenwert von geselligem Beisammensein insgesamt zeigt. Da Nico selbst noch jung ist und nicht in einem besonderen Hierarchieverhältnis zu seinen Bekannten steht, macht es aber nichts, dass er keine elaborierten Speisen vorbereitet hat. Zur Erreichung des gemeinsamen Ziels eines lustigen Abends trägt dann eben pragmatisch jeder eine Kleinigkeit bei, wie in der Episode gesehen. Und das ist auch organisatorisch gar kein Problem, denn in Korea kann man fast alles fast jederzeit liefern lassen. Dass man dafür auch ein Heer von schlechtbezahlten Jobbern in der Dienstleistungsbranche braucht, erkannte auch Präsident Moon, der seit 2017 amtiert. Sein Versprechen, genau solche Arbeitnehmer durch Mindestlohnerhöhungen zu stärken, ließ ihn auf einer Welle der Popularität schwimmen. Als dann die Unternehmen die Lohnerhöhungen an die Konsumenten weitergaben und das Liefer-Hühnchen plötzlich teuer wurde, ebbte diese Welle rasch ab.

Fürs Liefernlassen braucht man keine große Ortskenntnis, denn wenn man irgendwo einzieht, hängen wie gesehen meist schon buchdicke Hefte an der Tür, in der nach Kategorien geordnet (frittiertes Hühnchen, chinesisch, koreanisch, Sushi, Fischgerichte, Eintöpfe etc.) die Restaurants mit Lieferservice der Umgebung gesammelt sind. Praktischerweise haben diese Heftchen oft einen Magneten, damit man sie griffbereit an den Kühlschrank hängen kann. Und natürlich gibt es auch in Korea eine ganze Menge verschiedener Lieferdienst-Apps, bei denen man die Bewertungen der anderen Kunden sieht, sich mit einem Klick den Anruf erspart und auch gleich online bezahlt. Der bekannteste, auch wegen seiner immer wieder sehr kreativen Werbekampagnen, ist *baedal-ui minjok* (»Volk des Liefernlassens«), der schon im Namen das Allzeitverfügbarkeits-Anspruchsdenken und die Lieferdienstwütigkeit der Koreaner auf die Schippe nimmt. Und ja, Sie haben es erraten: Viele der Bestell-Apps, die es ja auch in Deutschland inzwischen zur Genüge gibt, haben sich in der Start-up-Phase ein Vorbild an den koreanischen Diensten genommen.

Private Gelage, wie hier beschrieben, können übrigens bis in den frühen Morgen dauern, vielleicht verlagert man sie dann auch zwischendurch aus der Wohnung in einen Karaokeschuppen oder eine andere Kneipe. Während es okay ist, wenn die Freunde erst später eintrudeln – 15 bis 30 Minuten sind schon fast normal –, wäre es ein großer Fauxpas, Freunde rauszuschmeißen, nur weil man als Hausherr selbst müde wird. Dass der Gastgeber ein kleines Nickerchen macht oder sich kurz zurückzieht, ist hingegen recht akzeptiert. Wohlgemerkt unter jungen Leuten und guten Freunden – Einladungen nach Hause im formaleren Rahmen sind erstens viel seltener, zweitens wird hier Pünktlichkeit verlangt und drittens werden sie meist nicht allzu lange dauern.

14 AUF DEM MARKT

WER NICHT ARBEITET, ISST AUCH NICHT!

Nur keinen Kürbis aufgesetzt bekommen

Nicht nur Nico sammelt Erfahrungen beim Einkaufen (siehe Episode 12, Seite 94), auch Julia macht Begegnungen mit der koreanischen Warenwelt. Vom Bus aus hatte sie gesehen, dass es nur eine Station von ihrer Wohnung entfernt eine große traditionelle Markthalle gibt, also läuft sie am Wochenende einfach mal los. Sie ist noch gar nicht richtig in dem überdachten Gassengewirr des Marktgebäudes angekommen, da schlagen ihr schon kaum einzuordnende Gerüche entgegen. Am großen Eingangstor: alte Omis, die ihre paar Kräuter verkaufen, hackebeilschwingende Fischverkäufer und alle möglichen Würzsaucen und Teile von Tieren, die Julia noch nie gesehen zu haben meint. Je tiefer sie eindringt, desto mehr nimmt sie einen leicht modrigen, in der Hauptsache aber von Knoblauch dominierten Grundduft wahr, der immer wieder von anderen Noten überspielt wird. Auch wenn es so gar nichts mit dem sterilen Image Koreas zu tun hat, das sie über die Popkultur eingefüttert bekommen hat, gefällt ihr das emsige Treiben. »Wie viel kostet das?«, »Das ist aber teuer!« und Ähnliches beherrscht Julia inzwischen sehr gut und innerhalb kürzester Zeit hat sie lauter schwarze Plastiktüten mit leckeren Beilagen, Tofu, Gemüse und Obst zusammengekauft. Alles superfrisch und preiswerter als im Supermarkt. Die Marktfrauen sind so begeistert davon, dass Julia Beträge auf Koreanisch sagen kann, dass sie eifrig Rabatte gewähren oder hier und da noch einen Apfel oder ein paar Gramm kostenlos dazugeben. Julia ist völlig überwältigt von der Herzlichkeit der Damen und ganz gerührt.

TRADITIONELLE MÄRKTE

Die sogenannten traditionellen Märkte (*jaerae sijang*) haben auf den ersten Blick wenig Traditionelles, sind sie doch meist überdachte Ladenzeilen, die inzwischen oft sogar eigene Parkhäuser haben und allerlei Dienstleistungen anbieten, die man auch aus Supermärkten kennt. Dies ist eine Reaktion auf das Sterben der wirklich alten Märkte, die es so eigentlich nur noch auf dem Land gibt. Diese temporären Märkte, früher eine Institution des koreanischen Lebens, nach der sich der Lebensrhythmus richtete, gelten heute als schmutzig, unübersichtlich und unpraktisch – kein Wunder, in einem Land, in dem man sich sogar Klopapier vom Supermarkt um die Ecke per Internet liefern lässt. Der Reiz der Märkte liegt heute vor allem darin, dass man hier noch das Leben der einfachen Koreaner erleben kann, wie es vor 20, 30 Jahren für fast alle aussah.

Inzwischen ist Julia schon zweimal durch die Hallen gewandert. Wirklich brauchen tut sie nichts mehr, in Gedanken kocht sie sich schon ein leckeres Süppchen aus den vielen Zutaten, die sie gekauft hat, aber mit jeder Runde entdeckt sie neue Gerüche und Eindrücke. Doch jedes Mal, wenn sie an der kleinen, buckligen Oma mit dem verrunzelten Gesicht und den rauen Händen vorbeikommt, blutet ihr richtig das Herz. So viel Herzlichkeit und Menschlichkeit schlägt ihr als Ausländerin entgegen und um diese bemitleidenswerte alte Frau kümmert sich niemand. Die Oma bietet nur ein paar Kräuter an, die für die Suppe gar nicht benötigt werden, aber wie gerne würde sie der armen alten Frau helfen. Also nimmt sie allen Mut zusammen, lächelt die Oma an, greift nach ihrer Hand und legt einen 10.000-Won-Schein hinein. Stolz sagt sie auf Koreanisch »Bleiben Sie gesund«, das hatte sie sich von anderen Kunden abgehört. Wieder eine gute Tat, Julia ist zufrieden. Da richtet sich die Oma plötzlich empört auf und ein Höllengezeter bricht los. Beherzt steckt sie den Schein in Julias Jackentasche zurück. Begleitet wird das von leicht schlagenden Bewegungen auf den Oberarm und einem koreanischen Klagelied in breitestem Dialekt, was Julia natürlich nicht versteht.

Aigu! – Oh weh!

Der Weg zur Hölle ist gepflastert mit guten Absichten, heißt es so schön. Hätte Julia der Alten wirklich helfen wollen, hätte sie ihr die Kräuter abkaufen müssen, auch wenn sie damit rein gar nichts anfangen kann. Ein Trick dabei ist, einfach nicht zu handeln und den erstgenannten Preis zu akzeptieren. Auch akzeptabel ist es, leicht aufzurunden mit der zwar etwas herablassend klingenden, aber nicht böse gemeinten Bemerkung, man habe die Hände so voll, dass man das Kleingeld nicht annehmen könne. Ein »unverdienter« 10.000er ist aber geradezu eine Beleidigung für jede stolze Koreanerin. »Wer nicht arbeitet, soll auch nicht essen!«, so die Moral der älteren Koreaner, die Krieg, Armut und Wiederaufbau mitgemacht haben. Für Geld muss man immer eine Gegenleistung erbringen. Vom Staat erwartet man keine Almosen und von Ausländern erst Recht nicht. Das sieht man auch im Straßenbild. Die wenigen Bettler, die es in Korea gibt, verkaufen fast alle zumindest eine Kleinigkeit, seien es Kaugummis, Bonbons oder Ähnliches. Diese sind dann zwar oft doppelt bis dreifach so teuer wie am Kiosk um die Ecke, wo sie meist auch vom Bettler gekauft wurden, aber so bleibt das Gesicht des Armen gewahrt: Er hat für sein Essen gearbeitet, einen Dienst erbracht und mag er noch so klein sein.

Es gibt ein unendliches Repertoire an Geschichten, in denen Menschen in den schweren Zeiten sprichwörtlich lieber verhungert sind, als um Almosen zu bitten. Auch heute noch hört man von Rentnern, die schwere Krankheiten verschweigen, um ihren Kindern nicht zur Last zu fallen. Selbst wenn die Regierung Leistungen anbietet, verweigern viele Rentner Angaben, weil sie nicht als Bittsteller gelten wollen. Dementsprechend sind auch die am wenigsten Abgesicherten diejenigen, die sich am wenigsten beklagen.

Ein weiterer Aspekt, den Julia kaum bei ihrer Aktion bedenken konnte: Vor allem für ältere Frauen sind die Märkte neben Kirchengemeinden o. Ä. eine der wenigen Möglichkeiten, in regelmäßigem Kontakt mit der Umwelt zu bleiben. Die Märkte erfüllen wie seit Jahrhunderten die Funktion eines sozialen Dreh- und Angelpunkts: Die Generation, die Facebook und Instagram noch nicht verinnerlicht hat, trifft Freunde dort, erfährt die neuesten Gerüchte und Geschichten, und irgendetwas passiert immer. Vielleicht war die Alte also trotz ärmlicher Ausstattung auch einfach nur hier, um unter Menschen zu sein.

15 IM KAUFHAUS

DIE LEIDEN DER JUNGEN JULIA BEI LOTTE

Wie der Ostwind durchs Pferdeohr pfeift

Als Julia am nächsten Tag Sewon trifft, erzählt sie ihm von der alten Frau auf dem Markt, die sich partout kein Geld von Julia schenken lassen wollte. Sewon klärt sie wie gewöhnlich ruhig und ausführlich auf.

Jetzt wird Julia so einiges klar und sie fühlt sich leicht beschämt: »Das ist ja wie bei Goethe ... der Geist, der Gutes will und Böses schafft«, sinniert sie vor sich hin.

»Ich glaube, koreanische Marktomas hatte Goethe nicht im Sinn, als er den *Faust* geschrieben hat. Aber du hast schon recht, mit dir gehen wir besser zu Lotte, da passiert dir so was nicht«, lacht Sewon.

»Lotte? Ist das auch eine Bekannte von dir?«, fragt Julia unschuldig.

»Erst *Faust* zitieren und dann kennst du Lotte nicht? Unglaublich!«, entfährt es Sewon unweigerlich. Kaum hat sich Julia versehen, sitzen die beiden schon in der U-Bahn Richtung Zentrum. Als sie wieder aussteigen, fühlt sie sich wie erschlagen: Lotte Hotel Hauptflügel und neuer Flügel, Lotte-Kaufhaus, Lotteria Fast Food, Lotte Young Plaza, Lotte Avenuel. Überall Lotte, egal wohin man schaut.

»Alles schaffen wir sowieso nicht«, sagt Sewon. »Gibt es etwas, was du dringend brauchst? Sie haben eine Menge deutscher Produkte in der Lebensmittelabteilung.«

Im Gegensatz zu Nico schaut Julia vor dem Kauf aufs Preisetikett, was den Einkauf rasch zusammenschrumpfen lässt: Acht Euro für ein Glas Bio-Rotkohl – Julia erinnert sich, dass sie sich schon im Flugzeug geschworen hat, hier in Korea nichts Deutsches zu essen. Stattdessen geht es jetzt weiter zum Tempel für alle jungen Koreanerinnen: in die Taschenabteilung des Lotte-Kaufhauses. Des normalen. In die Luxusvariante Lotte Avenuel daneben brauche man als Normalsterblicher gar nicht erst reinschauen, befindet Sewon. Julia, die sich in Deutschland nie viel aus Accessoires gemacht hat, will jetzt endlich eine echte Koreanerin werden und auf ihr Äußeres achten. Mit ihrer alten Tasche erntet sie bei den schicken Seoulerinnen jedenfalls höchstens Mitleid. Das Exemplar, das es ihr angetan hat, kostet aber umgerechnet über 120 Euro. Sewon findet auch, dass das viel zu viel sei für eine Tasche aus koreanischer Produktion. Im Internet finde man die gleichen Modelle oft deutlich preiswerter, zum Beispiel bei Auction oder Gmarket, den koreanischen Alternativen zu Ebay und Amazon.

MODE AUS DEM AUSLAND – JE TEURER, DESTO BESSER

Was Markenkleidung und Accessoires angeht, gibt es klare Abstufungen: Bestimmte italienische und französische Marken werden in Korea so teuer wie nirgends verkauft. Grund dafür: Wenn die Hersteller in Korea die Preise senken, gehen die Verkaufszahlen runter – die Taschen dürfen schließlich nicht zu gewöhnlich sein. Erst wenn die Luxustasche richtig teuer ist, ist sie ein echtes Statussymbol. Was die wenigsten überhaupt wissen: Die deutsche Modemarke MCM ist inzwischen in koreanischem Besitz. Das hat dem Image der Marke insbesondere in Korea selbst paradoxerweise geschadet. Der ursprünglich italienische Konzern Fila, der sich ebenfalls inzwischen in koreanischem Besitz befindet, lud sogar extra US-Sternchen Paris Hilton als exklusives Werbemodel nach Korea ein, um die Marke nur nicht zu koreanisch erscheinen zu lassen.

Sewon will schon weitergehen, da fängt Julia an, mit der Verkäuferin zu verhandeln: »Ich gebe Ihnen 100.000.«

Die Verkäuferin blickt Julia irritiert an, antwortet dann jedoch sehr gefasst: »Sehr verehrte Kundin, der Preis dieser hochwertigen Importtasche beträgt regulär 149.900 Won.«

»130.000 Won«, bietet Julia jetzt und lässt sich auch von Sewons Arm, der sich vorsichtig in ihre Seite bohrt, nicht irritieren.

»Sehr verehrte Kundin, bitte verstehen Sie doch, dass wir derzeit außer für unsere Premiumkunden keinerlei zusätzliche Rabattangebote gewähren können.«

Jetzt nickt Sewon der Verkäuferin freundlich zu und zieht Julia dann doch ebenso freundlich, aber bestimmt vom Verkaufsstand weg.

»Ach, Julia, was machst du denn schon wieder?«

»Ich denke, man feilscht in Korea. Auf dem Markt gestern ging das ganz super.«

»Aber wir sind doch hier nicht auf dem Bauernmarkt. Willst du die Tasche wirklich haben?«

»Ja natürlich.«

»Gut, dann zeige ich dir mal, wie das im Kaufhaus geht.«

Gemeinsam gehen sie wieder zur Verkäuferin.

»Welche Rabattkarten akzeptieren Sie, gibt es die Möglichkeit von Mehrfachrabatten? Und gibt es auch Rabatte für Mehrfachkäufe? Gelten Rabattcoupons? Wie sehen die Konditionen für Ratenzahlung aus? Erhalten Ausländer *tax refund?* Sind Premiumkarten übertragbar?«

Julia ist verdutzt ob des nicht versiegenden Redeschwalls von Sewon. Aber als sie mit ihm an die Kasse geht und er sein Portemonnaie ausleert und einige glitzernde Karten hervorzieht, purzeln die Preise tatsächlich.

Von Karte zu Karte, die durch den Schlitz gezogen wird, geht es tiefer. Am Ende steht nicht 149.900 auf der Anzeige, sondern 108.760.

»Wow«, drückt Julia ihre Anerkennung aus und Sewon grinst. »Siehst du, auch in Kaufhäusern wird gefeilscht, nur sehr viel stilvoller und geordneter.« Und als wolle er Julia beweisen, dass er recht hat, setzt er jetzt zum K.-o.-Schlag an. Lächelnd und mit süßholzraspelnder Stimme säuselt er der Verkäuferin entgegen: »Sagen Sie mal, wie sieht es eigentlich mit dem Mitarbeiterrabatt aus ...«

»Nun, da ... ja, na gut.«

Die Kassiererin holt ihre Mitarbeiterkarte hervor und noch einmal sinkt der Preis um stolze zehn Prozent. »Nur weil Sie so freundlich fragen und Ihre Freundin die Tasche so unbedingt haben möchte.«

Die TV-Serien haben also doch nicht gelogen, Koreaner sind wahre Romantiker, denkt sich Julia und schaut Sewon in dem Moment tatsächlich ein wenig verliebt an.

Aigu! – Oh weh!

Auch hier ist die Situation dank Sewons beherztem Eingreifen gerettet worden, aber wenn man im Kaufhaus anfängt zu feilschen, kann man sich tatsächlich ganz schön blamieren. Als die Verkäuferin Julia darauf hinweisen wollte, war es zunächst, als blase ein Ostwind durch Julias Pferdeohr, das heißt, sie stellte auf Durchzug, sie war gar nicht offen für die freundlichen Hinweise. Dabei ist es eigentlich ganz einfach. Auf traditionellen Märkten und auch an vielen Souvenirständen kann man handeln, insbesondere auf den großen Märkten Seouls, Namdaemun und Dongdaemun (Südtor- und Osttormarkt), und in einfachen Einkaufspassagen wird Feilschen geradezu erwartet. Wobei die Spannen zwischen erstem und letztem Angebot meist niedriger liegen als in Südostasien. Vielversprechend ist Feilschen in Korea insbesondere, wenn man größere Mengen abnimmt. Oft gibt es als Dankeschön auch statt eines Rabatts noch ein preiswertes anderes Produkt dazu (zum Beispiel Socken, wenn man Schuhe kauft, ein Postkartenset, wenn man traditionelle Souvenirs kauft etc.). In allen Supermärkten und Kaufhäusern hingegen gelten feste Preise – hier bleiben nur die überall reichlich eingesetzten Kunden- und Rabattkarten, die Sewon aus seinem Portemonnaie zauberte. Koreaner sind

Meister des Punktesammelns und der Treueprogramme. Zudem hat jeder Koreaner eine Vielzahl an Kreditkarten, um die jeweils an diesen Anbieter gebundenen speziellen Rabatte für bestimmte Läden, Reisen, Kulturveranstaltungen etc. abzugreifen.

16 DER UNI-ALLTAG

STUMME ZEUGIN, EINDRINGLING, AUSSENSEITERIN UND REBELLIN

Die Axt, der man vertraut, schlägt in den Fuß

Auch für Julia geht nun langsam der Ernst des Lebens los. Die erste Uni-Woche war noch recht locker, aber jetzt läuft der Betrieb wie in Deutschland: Man rennt von Kurs zu Kurs und hat nur wenig Zeit, dazwischen neue Leute kennenzulernen. In Deutschland war das kein Problem, denn da kannte sie ja alle. Überraschenderweise ist sie die einzige Westlerin, die »Theorie der Koreanischen Welle« belegt hat. Dementsprechend desillusioniert besucht Julia nun ihre erste Stunde zum Thema Hallyu – und wundert sich sogleich über die Einführung des Professors. Die Koreanische Welle habe nahezu alle Länder der Welt erfasst, überall sei die Kultur Koreas inzwischen bekannt. Auf seine Frage in die Runde, was die Studenten, insbesondere die ausländischen, von Hallyu mitbekommen haben, meldet sich Julia und sagt offen, dass man das doch etwas einschränken müsse. In

Deutschland seien es vielleicht ein paar Zehntausend Fans, die sich für koreanische Filme, Serien und Musik interessieren. Am populärsten im Mainstream seien dabei noch die Filme von Kim Ki-duk und Park Chan-wook. Neugierig darauf, was ihre Kommilitonen zu dem Thema berichten, wartet Julia auf weitere Wortmeldungen, doch stattdessen wird die Fragerunde abrupt beendet. Ohne auf Julias Einwurf einzugehen, beginnt der Professor nun einen Vortrag vom Blatt abzulesen. Als eine Studentin ihr – ebenfalls vorgelesenes – Referat beginnt, ist Julia schon fast eingeschlafen.

HALLYU: DIE KOREANISCHE WELLE

Bezeichnet die Beliebtheit koreanischer Popkultur im Ausland, vor allem in Asien, aber auch darüber hinaus. So sind südkoreanische TV-Serien auch im arabischen Raum und in Südamerika fester Bestandteil des TV-Programms. Koreanische Musik erfreut sich nicht erst seit dem Erfolg von Psys *Gangnam Style* weltweiter Fans. Insofern ist es kaum verwunderlich, dass das Phänomen inzwischen an koreanischen Universitäten in den Lehrplan aufgenommen wurde. Man ist selbst verwundert und ergründet, woran der Erfolg liegt. Das wohl beste Ergebnis dieser Ergründungen hat die Journalistin Euny Hong mit *The Birth of Korean Cool* geliefert. In diesem Buch erläutert sie die erfolgreiche Kombination von Staat, Unternehmen und Unterhaltungsindustrie, die Korea inmitten von Wirtschafts- und Identitätskrise zu einem der angesagtesten Länder der Welt gemacht hat. Den Gegenpunkt zum Produkt Hallyu setzt das koreanische Festivalkino: international auch erfolgreich, zu Hause aber geradezu verachtet, denn es widmet sich all dem, was in K-Dramen ausgespart bleibt, nämlich der brutalen – und das ist wörtlich zu nehmen – sozialen Realität in Korea. Dabei sind die Kritiker der zuckerwattesüßen K-Drama-Welt offenbar selbst nicht als Vorbilder geeignet: Kim Ki-duk z. B. stand im Zentrum der MeToo-Debatte in Korea, weil einige Schauspielerinnen seinen brutalen und sexualisierten Stil, in Wort und Tat, bei Dreharbeiten heftig kritisiert haben.

Auch der zweite, formal englischsprachige Kurs zu traditioneller koreanischer Kultur ist eine Enttäuschung. Überraschenderweise ist Julia die einzige Ausländerin. Dabei sollte man doch meinen, dass sich gerade Ausländer für die Kultur Koreas interessieren, findet Julia. Die koreanischen Kursteilnehmer und die Professorin sind da anscheinend anderer Meinung. Mehrmals wird Julia gefragt, ob sie ganz sicher sei, dass sie diesen Kurs belegen wolle. »Absolut sicher«, antwortet Julia voller Vorfreude. Damit ist die Diskussion beendet und die Stunde beginnt – zunächst auf Englisch. Doch bereits nach kurzer Zeit wechselt die Professorin ins Koreanische und Julia versteht überhaupt nichts mehr.

»Warum bieten sie den Kurs dann überhaupt für ausländische Studenten an?«, beschwert sich Julia bei Sewon, den sie nach der Stunde auf dem Gang trifft.

»Den Kurs haben sie wohl nachträglich ins Programm aufgenommen, um die Auswahl für die Austauschstudenten auf dem Papier zu erhöhen. Das machen sie oft.«

Offenbar habe man nicht bedacht, dass sich tatsächlich Ausländer in den Kurs verirren könnten. Julia ist frustriert und beschließt, den Kurs doch nicht zu nehmen.

Auch der dritte Kurs läuft nicht so, wie Julia sich das vorgestellt hat. Da sie ein paar Vorkenntnisse in Koreanisch hat, darf sie gleich in Stufe zwei des Sprachkurses beginnen, wo außer einer Ägypterin und einer Russin eigentlich alle Asiaten sind. Im Unterricht fragen die Studenten dann nach Bedeutungen von bestimmten Vokabeln und die Lehrerin malt daraufhin ständig irgendwelche chinesischen Zeichen an, ohne sie weiter zu erklären. Die Akzente der Ägypterin und der Russin sind für Julia wiederum völlig unverständlich, weshalb sie auch mit diesen keine Kommunikation zustande bekommt. Und die Chinesen und Japaner bilden sowieso schon jeweils ihre eigenen Grüppchen, bevor der Unterricht überhaupt begonnen hat.

Es ist gerade erst Mittagszeit, doch Julia hat den Tag schon innerlich abgeschrieben. Da kommt auch noch eine SMS von der wissenschaftlichen Mitarbeiterin des Hallyu-Kurses: »Heute Mittagessen mit Professor anlässlich des Lehrertages. Bitte alle um 12:15 Uhr am Haupttor.«

Jetzt ist es 12:02 Uhr. Warum hat man das nicht früher angesagt, der Lehrertag ist ja sicher nicht überraschend gekommen? Und überhaupt, Lehrertag? Was ist das denn für eine sozialistische Zwangsveranstaltung!? Na, so weit kommt es noch! Erst was von Globalisierung erzählen und dann nicht verstehen, dass Ausländer nicht auf Befehl Männchen machen.

»Müssen wir da alle hin?«, ist die ehrliche Rück-SMS von Julia, woraufhin gleich erneut eine Antwort folgt:

»Wenn du schon etwas vorhast, kann man wohl nichts machen.«

»Na, dann habe ich wohl jetzt irgendetwas anderes vor«, denkt sich Julia und beschließt, nicht mehr zu antworten.

Aigu! – Oh weh!

Mit dieser einen Entscheidung könnte sich Julia in dem Kurs ein ganzes Semester Probleme eingeheimst haben. Professoren sind in Korea eine Mischung aus Übervater und Halbgott, zumindest aber so deutlich über Studenten angesiedelt, dass diese quasi 24 Stunden täglich zur Verfügung zu stehen haben. Bei Austauschstudenten ist das nicht so streng, aber wenn ein Student eine Bitte seines *jido gyosu,* des Leitprofessors, eine Art professoraler Betreuer für einen Studenten in akademischen Fragen, abschlägt, dann kann das böses Blut geben. Aber auch Julias »Schwänzen« des Mittagessens dürfte schon als grobe Respektlosigkeit gelten. Ein Student hat schlicht nicht zu beurteilen, ob der Professor das Mittagessen rechtzeitig angesetzt hat oder nicht, und ein Student *kann* auch gar nichts Wichtigeres vorhaben als ein Essen mit einem Professor. Und das auch noch am Lehrertag, wo selbst unhöfliche Menschen etwas Zuneigung zu ihren Mentoren heucheln. Dieser Tag ist übrigens ebenso wenig sozialistisch wie der Tag des Kindes, der Tag der Eltern oder der Tag des Baumes. Es gibt eine Menge solcher Gedenktage, die auf den ersten Blick recht antiquiert anmuten. Der Tag des Baumes zum Beispiel hat aber einen ernsten Hintergrund: Nach dem Koreakrieg war das Land kahl gebombt und leer geholzt; erst in den 70ern begann eine groß angelegte Aufforstungskampagne, die das heutige üppige Grün der vielen Berge des Landes ermöglichte. Wenn Julia diese Tage überflüssig findet, dann wohl auch, weil sie so erfolgreich waren: Auch der Lehrertag hatte die Bewandtnis, den schlecht bezahlten Lehrern in den 50ern und 60ern durch Spenden der Eltern zumindest Hunger zu ersparen.

Inzwischen haben sich die Universitäten zwar modernisiert und für Ausländer geöffnet, Frontalunterricht ist aber noch immer eher die Regel. Überhaupt, wie Julia schmerzlich feststellen muss, ist der Universitätsbetrieb trotz rührender Betreuung durch Sewon als Buddy und ordentlichem Ausländerstipendium auf koreanische Studenten ausgerichtet und nimmt wenig Rücksicht auf die Gäste, was Professorin und Mitstudenten im Kurs zu traditioneller koreanischer Kultur Julia durch die Blume mitteilten wollten: Im Vorlesungsverzeichnis steht zwar, der Kurs sei auf Englisch, aber wegen einer Zugereisten wird sich jetzt nicht der Rest des Kurses ein Semester auf Englisch abmühen.

17 SMALL TALK

MIT BARBIE IN DIE HÖHLE DER TIGERINNEN

Ein Wort mit Knochen

Nachdem Julia die Einladung ihres Professors so schmählich ignoriert hat (siehe Vorkapitel, Seite 103), schlendert sie allein zur Mensa und stellt sich in die Schlange.

Ihr macht das Alleinsein ja nichts aus, und es ist allemal angenehmer als Small Talk mit dem Professor, dessen Unterricht sie ohnehin stark verbesserungswürdig findet. In Gedanken versunken, taucht plötzlich neben ihr eine Mitstudentin aus einem vierten Kurs, Koreanische Politik, auf, der bislang noch der vielversprechendste war.

»Hey, du, Julia, oder?«

»Ja, hallo. Wer warst du noch mal?«

»Hyeyoung aus dem Politikkurs. Lass uns doch mal etwas essen gehen.«

Julia denkt sich, eine Verbündete im Kurs kann nicht schlecht sein, und will gleich einen Termin ausmachen.

»Schade, ich glaube, da kann ich jetzt gar nicht fest zusagen. Ich bin zurzeit etwas beschäftigt. Heute warte ich auch auf eine Freundin, aber wenn wir dann beide mal Zeit haben, dann lade ich dich zu einem leckeren Essen ein, ja?«, weicht Hyeyoung jetzt plötzlich aus und lenkt das Thema auf Julias Aussehen.

»Du hast schöne Augen und deine Haut ist so rein«, sagt sie.

Überrascht und verlegen will sich Julia gleich revanchieren und versucht sich ebenfalls an einem Kompliment: »Dafür hätte ich gern so tolle lange Haare wie du.«

Hyeyoung hat das gar nicht mitbekommen, denn in diesem Moment bekommt sie eine SMS. Ihre Freundin hat ihr abgesagt. Also schlägt sie Julia vor, doch zusammen zu essen.

»Das dauert hier in der Mensa ewig. Lass uns einfach schnell zu Gimbap Cheonguk gehen.«

Auch wenn Julia keine Ahnung hat, was das ist, ist sie für eine Abwechslung zum Mensaessen zu haben.

GIMBAP CHEONGUK (REISRÖLLCHENPARADIES)

Das koreanische Pendant zu amerikanischen Fast-Food-Ketten. Obwohl viele gesundheitsbewusste Koreaner inzwischen einen Bogen um die äußerst preiswerte Kette und ihre Dutzenden Ableger (deren bekanntester ist Kimgane, »bei Kims«) machen, sind sie für viele doch noch immer alltäglicher Begleiter. Im Mittelpunkt stehen dabei natürlich die mit vielen verschiedenen Zutaten wie Thunfisch, Rindfleisch, Surimi etc. gefüllten Reisröllchen – da diese frisch zubereitet werden, sind sie im Gegensatz zum Rest der Speisekarte der Kette mit all ihren Geschmacksverstärkern und Fertigprodukten eine gesunde Zwischenmahlzeit und auch für Ausflüge sehr beliebt. Manche Ausländer tippen immer wieder wild auf ein anderes Kästchen der umfangreichen Notizzettel-Bestell-Speisekarten, um die ganze Palette während ihres Aufenthalts kennenzulernen.

Während Julia damit beschäftigt ist, unter den Dutzenden Spezialitäten auf der notizblockähnlichen Speisekarte etwas zu finden, was vegetarisch sein könnte, spürt sie die Blicke der drei fröhlichen Damen aus der Küche. Sie starren sie regelrecht an, was Julia furchtbar unangenehm ist. Jetzt beginnen sie auch noch, über sie zu reden. Julia versteht zwar nichts, aber dass es um sie geht, ist aufgrund der

Blicke, die immer wieder in ihre Richtung wandern, unübersehbar. Auch Hyeyoung kann sich das Grinsen nicht mehr verkneifen. Plötzlich fangen die drei von der Tankstelle an, laut zu lachen. Jetzt reicht es Julia, sie fragt Hyeyoung, was denn los sei.

»Ach, nichts Besonderes. Sie finden nur, na ja, wie soll ich sagen ... ach, das ist zu peinlich.«

»Was denn nun?«

»Na ja, sie meinen, dass Westlerinnen halt sehr, na ja, kräftig gebaut seien.«

Julia hatte nie Probleme mit ihrem Gewicht. Niemals. In der Schule hat sie Hockey gespielt, dabei hat sie vielleicht etwas muskulöse Beine bekommen, aber kräftig gebaut?

Julia ist sprachlos, versucht sich aber trotzdem an der Bestellung. Die Reisröllchen sind alle mit dem berüchtigten *ham*-Formfleisch zubereitet, was Julia als Vegetarierin nicht essen kann. Also bittet sie die Rolle ohne Fleisch zu machen. Die Rolle kommt natürlich mit *ham*. Ebenso natürlich beschwert sich Julia.

»Ich hatte doch vegetarisch bestellt. Ohne Fleisch!«

Doch die Bedienung sieht sie nur verständnislos an: »Das ist doch kein Fleisch, das ist *ham*.«

Julia hat schon viel von diesem unseligen Kulturimport aus den USA gehört, der in etwa so naturnah ist wie das gute alte Formfleisch in den Spaghetti Carbonara vom Drei-Euro-Italiener zu Hause, aber sie ist sich sehr sicher, dass auch in diesen Schlachtabfällen noch Fleisch enthalten ist. Als sie die Bedienung darauf hinweist, sagt diese lapidar, man könne den *ham* doch einfach rausnehmen. Jetzt schweigt Julia wirklich nur noch.

KOREAS FRAUENPOWER: DIE *AJUMMA* (TANTCHEN)

Die *ajumma* in ihrem Lauf halten weder Julia noch Nico auf. *Ajumma* ist der allgemeine Begriff für höchst aktive Damen mittleren Alters, natürlich verheiratet, aber so auf eigenen Beinen stehend, dass es ihren Ehemännern ganz angst und bange ist. Männliches Gegenstück wäre der *ajeossi*, »Onkelchen«, der wird aber nicht ganz für voll genommen. Nicht wenige sehen im resoluten Wesen der *ajummas*, halb Mensch, halb Tiger, das Geheimnis hinter Koreas Wirtschaftserfolg. Sie haben mit harter Arbeit und zähem Willen ihre Kinder auf Universitäten gebracht, sich aus dem Nichts Restaurantbetriebe erarbeitet und ihre nichtsnutzigen Männer zu Karrieren angetrieben. Politisch wie moralisch sind sie meist stockkonservativ, ihr Horizont reicht oft nicht über die eigene Familie und die Kundschaft hinaus, aber sie haben ein Herz aus Gold und eine Zunge, für die man einen Waffenschein braucht.

Dann kommen auch noch die anderen beiden Tantchen aus der Küche wieder: Sie servieren: Würstchenscheiben in Ketchup und Maissalat mit Mayonnaise.

»Hier, das gibt es normalerweise nicht, haben wir extra für dich gemacht, Mädchen! Ihr Westler esst doch so gern Würstchen.«

Julia hält das zunächst für einen schlechten Witz. Machen sich diese Frauen einen Spaß daraus, sie zu verspotten? Aber so, wie die drei Damen jetzt vor ihr stehen und mit erwartungsvollen Blicken Julias Urteil erwarten, wird ihr klar, dass sie es wohl doch nur gut mit ihr meinten. Eine seltsame Art der Freundlichkeit haben die Koreaner, stellt Julia fest, isst zumindest ein paar Stückchen aus dem Maissalat und sagt, es schmecke ganz wie zu Hause.

Aigu! – Oh weh!

Julia glaubt zwar, ihr löbliches Opfer, die Mayo-Mais-Verkostung, habe ihr kulturelle Punkte eingebracht, aber das rettet den Tag nun auch nicht mehr. Nicht nur hat sie bei dem Essen, wo ihre Anwesenheit wirklich vonnöten gewesen wäre, nämlich beim Professor, geschwänzt. Sie hat auch noch versucht, ein Essen festzumachen, obwohl Hyeyoungs Frage nur eine Höflichkeitsformel à la »*Nice to meet you«* war. Damit wollte die Mitstudentin Julia nämlich vielleicht schlicht aufmuntern, im Sinne von »Du wirst nicht immer alleine essen müssen, es finden sich bestimmt noch Freunde ... irgendwo.« Auf diese Floskel hin tatsächlich einen festen Termin ausmachen zu wollen, ist ungefähr so fehl am Platze wie auf die Frage »Wie geht es dir?« in allen Details von seinem Hüftleiden zu palavern.

Das Kompliment über ihre schöne Haut sollte Julia nicht überbewerten. Solche Nettigkeiten sind in Korea einfach üblich, und da man als Westler häufig für dick gehalten wird, lässt sich noch am ehesten etwas Positives über die meist reine Haut der Besucher aus dem Westen sagen. Überhaupt wird im Koreanischen beim Small Talk vieles versucht zu verpacken und möglichst indirekt auszudrücken. Ein Kompliment ist also oft ein trojanisches Pferd beziehungsweise, auf Koreanisch ausgedrückt, ein Wort mit Knochen. Dass Hyeyoung dann doch noch mit Julia essen geht, ist der Absage der anderen Freundin geschuldet, aber ihre Entscheidung für das Reisröllchenparadies zeigt auch noch einmal ganz deutlich, dass Hyeyoung nicht mehr Zeit als nötig mit Julia verbringen möchte – schnell rein, schnell raus und preiswert.

So hat Julia aber immerhin gleich einmal Kontakt zu Vertreterinnen der berüchtigten Spezies der *ajummas* gehabt und gelernt, dass gegen diese geballte Kraft kein Kraut gewachsen ist. Kraut wäre ihr wohl auch lieber gewesen als Mayo-Mais, aber Vegetarier haben in Korea nicht nur beim Reisröllchenparadies Probleme. Obwohl in der sehr gemüsereichen koreanischen Küche selten viel Fleisch verwendet wird, gibt es nur wenige Gerichte, die ganz ohne Fleisch oder Fisch auskommen. Geheimtipp für alle Vegetarier ist die Tempelküche, denn da wird streng darauf Wert gelegt, dass kein Tier sterben musste, um das Essen zuzubereiten. Und es gibt da auch deutlich schmackhaftere Dinge, als wir in Episode 32 (siehe Seite 194) kennenlernen werden.

18 DER AUSFLUG

ANKOMMEN IST DAS ZIEL DES WEGFAHRENS

Auch das Geumgang-Gebirge besichtigt man nicht auf leeren Magen

Julia fährt mit ihren Studienkollegen zu einem zweitägigen Ausflug aufs Land oder wie man auf Koreanisch sagt: *il-bak-i-il* (eine Nacht, zwei Tage). Ein bisschen Bammel hat sie schon. Weder Sewon dabei noch jemand anderes, den sie gut kennt, alles neue Gesichter, denn bislang hat sie an der Uni wenig echte Bekanntschaften machen können. Das wird jetzt wohl die Feuerprobe. Eigentlich wollte sie gar nicht mit, aber Sewon hat sie mit Engelszungen davon überzeugt, dass sie sich nicht wegen ein paar negativer Erfahrungen am Anfang ausschließen darf. Über den Trip selbst weiß sie ansonsten bislang nur, dass es ein »MT« sei.

Im Internet hat sie gelesen, dass dies die Abkürzung für *Membership Training* ist, und jetzt zittert sie vor lauter Angst, dass sie zwei Tage lang ein stinklangweiliges Seminar über sich ergehen lassen muss, in dem man sich gegenseitig zu Höchstleistungen motiviert. Für den Fall der Fälle, dass es etwas Freizeit gibt, hat sie sich aber trotzdem vorbereitet, sich über alle Sehenswürdigkeiten der Umgebung informiert, Busfahrpläne bis ins letzte Dorf ausgedruckt und schließlich ihre Kamera-Ausrüstung fachgerecht gepackt.

Dann ist es so weit. In aller Herrgottsfrühe trifft man sich am Campus, wo bereits ein vom Studentenkomitee gemieteter Reisebus wartet. Julia hofft, im Bus etwas Schlaf nachholen zu können, denn das Seminar wird sicher anstrengend. Doch dann staunt sie nicht schlecht, als sie sieht, wie ihre koreanischen Studienkollegen am verabredeten Treffpunkt ankommen: Strohhut, Sandalen, eine leichte Tasche. Die Organisatoren des Ganzen sind dafür umso schwerer bepackt. Doch statt Seminarmaterialien sieht Julia nur Kühlboxen, Grills, riesige Plastikschläuche mit Knabberzeug und ganze Paletten *soju.*

»Ich dachte, wir machen *Membership Training?*«, fragt Julia auf die Fresspakete schauend.

»Ja klar, ist das nicht genug Alkohol? Wenn es nicht reicht, können wir in einen *Convenience Store* gehen.«

IMMER IN DER NÄHE: DER CONVENIENCE STORE *(PYEONUIJEOM)*

Eigentlich überall anzutreffen und dann meist auch noch 24 Stunden geöffnet. In etwa von der Funktion gleichbedeutend mit Tankstellenshops im deutschsprachigen Raum, nur nicht so teuer. In Seoul gibt es eigentlich an jeder Ecke mindestens zwei oder drei. Scherzhaft sagt man, dass jede Gemeinde in Korea mindestens einen Coffeeshop, einen *Convenience Store* und ein *PC-bang* habe. Polizei, Arzt und Feuerwehr hingegen sind optionale Infrastruktur.

»Oder magst du die Marke nicht? Wir haben jetzt zwar Cheoumcheoreom gekauft, aber wenn du lieber Chamiseul magst, auch kein Problem, können wir kaufen!«

»Wir haben für euch Mädchen auch extra Fresh und Frucht*soju* mit Apfel, Zitrone oder Grapefruit gekauft!«, wirft ein anderer ein.

»Aha. Völlig egal. Ich habe noch nie *soju* getrunken.«

Betretenes Schweigen. Dann Lachen. Dann wieder Schweigen, als klar wird, dass Julia es ernst meint.

EIN PROSIT AUF DEN *SOJU*

Soju ist das soziale Schmiermittel der Wahl in allen Lagen, vom ersten Treffen in der Universität über das Berufsleben und im wahrsten Sinne des Wortes bis zur Bahre. In vielen Supermärkten ist *soju* preiswerter zu haben als Mineralwasser, vor allem aber günstiger als jeder andere Schnaps. Es gibt ihn in zahlreichen Varianten. Kenner schätzen den wirklich hochwertigen (und hochprozentigen) traditionellen *soju* aus der Region Andong. Die Wahl der Marke ist tatsächlich eine wichtige Glaubensfrage für viele. Chamiseul (»Echter Tau«) und Cheoumcheoreom (»Wie beim ersten Mal«) haben beide je nach Variante zwischen 18 und 20 Prozent Alkohol und sind die beliebtesten Marken. Fresh ist eine weitere Variante, die Werbestrategen erfunden haben, um Frauen zu ködern. Er schmeckt genauso, hat aber nur noch 17,2 Prozent Alkohol.

Auf geht es, der Bus ruckelt los. Kaum hat man das Mauttor am Stadtrand Seouls passiert, erschallt plötzlich eine Fanfare durch den ganzen Bus. Der Studentensprecher holt ein Mikrofon hervor; dies ist ab sofort ein echter Partybus. Aus der Decke kommen Bildschirme gefahren und die Karaokemaschine dudelt ein Lied der bekannten Gruppe DJ Doc. Nach Freiwilligen suchend, wandert das Mikrofon nun durch die Reihen. Da haben wohl die Partykönige das Ruder in die Hand genommen. Der ganze Bus ist begeistert und schon ertönen die ersten schrägen Stimmen. Julia ist um diese Zeit noch nicht nach Feiern zumute. Und überhaupt, so ganz ohne angetüdelt zu sein, kann sie nicht singen. Sie lässt lieber den anderen den Vortritt. Die machen denn auch fleißig Gebrauch von der Chance und geben einen nach dem anderen zum Besten. Selbst die stillsten Mäuschen trällern tapfer mit. So vergeht die Fahrt wie im Flug – für die anderen. Julia versucht krampfhaft ein paar Minuten Schlaf zu bekommen, was aber natürlich unmöglich ist bei einer Horde tanzender Mittzwanziger in einem fahrenden Bus.

Als sie schließlich in einem netten kleinen Dorf, in einem Tal gelegen, ankommen, ist Julia wieder in ihrem Element: Sie steht inmitten wunderschöner Natur, vor der Herberge fließt sogar ein kleiner Bach entlang des Wanderwegs. Sie legt nur kurz ihre Sachen ab und fragt den Studentenvertreter, wie das Programm nun aussehe.

»Jetzt wird erst einmal das Essen vorbereitet. Da drüben spielen die Jungs Fußball. Und heute Abend trinken wir dann auf unsere Gemeinschaft.«

»Na dann habe ich ja etwas Freizeit«, denkt sich Julia.

Während die anderen Mädchen in dem großen Schlafsaal sich umziehen und für den Abend schick machen, geht Julia schnurstracks zum Bergbach hinunter und setzt sich auf einen großen Felsen, der mitten im Wasser thront. Sie lässt die zauberhafte Szenerie auf sich wirken.

Das Plätschern, die Wolken, die vorbeiziehen, die Vögel, die im Tal hin und her fliegen. Auf dem Berg drüben ein traditioneller Pavillon, und sogar einen kleinen Wasserfall meint sie auszumachen. Jetzt versteht sie, warum die Mutter ihrer koreanischen Freundin in Deutschland von ihrer Heimat immer als *geumsugangsan,* »Berge und Flüsse wie Gold und Seide«, sprach. Etwas geschwollen poetisch, aber absolut zutreffend, wie Julia findet. Ab und an kommen ein paar Wanderer auf dem Weg vorbei, heben ihre Wanderstöcke und grüßen freundlich mit einem kurzen *»Hello«*.

Es könnte ewig so weitergehen, so entspannt, doch da kommen plötzlich fünf Mädels aus ihrer Gruppe hektisch die Böschung herabgerannt. Irgendetwas muss passiert sein, da ist sich Julia sicher.

Ganz aufgeregt fragen die Mitstudentinnen: »Stimmt irgendwas nicht? Geht es dir nicht gut?«

»Alles in Ordnung. Ich wollte nur kurz allein sein«, sagt Julia.

»Haben wir etwas falsch gemacht? Magst du unsere Gruppe nicht?«

»Nein, ich wäre gleich zurückgekommen, ich wollte nur mal zwei Minuten Luft schnappen.«

»Wollte niemand mit dir mitgehen? Du kannst uns jederzeit fragen, gar kein Problem.«

»Danke, das ist nett von euch. Aber ich wollte nur einen Moment allein sein. Manchmal braucht man einfach ein paar Minuten für sich, oder nicht?«

»Haha, die koreanische Bedeutung von Deutschland ist tatsächlich richtig – allein sein ist euer Nationalsport«, bemerkt jetzt eine der Mitstudentinnen etwas pikiert, dass wegen Julias seltsamem Verhalten die ganze Gruppe in Aufruhr versetzt wurde.

Jetzt kommt auch der Studentensprecher dazu und nimmt Julia etwas zur Seite. Er kann zwar kaum Englisch, doch er versucht es mit einfachen Worten: *»MT. Is Membership Training. We group. Aaaalll together«,* sagt er und macht dabei eine allumfassende Handbewegung.

Okay, Julia wird versuchen, sich von jetzt an etwas zu integrieren, auch wenn sie auf Ringelpiez mit Anfassen keine Lust hat. Da ist es wieder, das leidige Vorurteil vom Kollektivismus der Asiaten, das manchmal eben doch zutrifft. Sie hilft also beim Befeuern des Grills und als das Schweinefleisch fertig ist, wird sie Zeuge eines historischen Augenblicks. Sie erhält ihr erstes *ssam* von einem Koreaner. Nein, kein Küsschen, aber in der koreanischen Kultur mindestens ebenso liebenswürdig: ein in ein Salatblatt mit etwas Sauce eingewickeltes Stück Schweinebauch! Mund auf und happs! Den Vegetarismus hat sie ohnehin schon aufgegeben.

»Me seonbae, you hubae«, beschließt nun der bullige Typ, der sich als Studentensprecher vorgestellt und soeben das Salatpäckchen in ihrem Mund versenkt hat. Da geht es schon weiter auf der Eskalationsstufe. Julia wird gezeigt, wie man einem Älteren respektvoll den *soju* einschenkt, und zwar mit beiden Händen an der Flasche.

»Love shot!«, kichern jetzt alle wie auf Kommando.

Julia ergibt sich in ihr Schicksal. Sie hat heute schon genug Außenseiterin gespielt, also lässt sie über sich ergehen, wie der Bulle nun auch noch ihre beiden Arme ineinander verhakt und dann zum Trinken ansetzt, was sie ihm nachmacht. Jetzt kommen plötzlich alle auf die Idee, es ihm nachmachen zu wollen. Julia weiß gar nicht, wie ihr geschieht, und in Nullkommanichts ist sie ganz schön angetüdelt. Da kommt auch schon, erneut wie aus dem Nichts, die Karaokemaschine zum Einsatz. Der Song ihres Lieblingsrappers G-Dragon! Jetzt traut sie sich doch! »*Na ddaeme mot sara? Jangnan hanya? Na jangnan anya …*« (Meinetwegen kommt ihr nicht klar? Macht ihr Witze? Ich bin schon ziemlich cool drauf.)

»Wow, Julia, du singst so gut.«

»Krass, wie schnell sie lesen kann!«

»Dein Koreanisch ist perfekt, ja du bist schon ziemlich cool drauf«, grölt jetzt die Menge. Sie hat gerade richtig losgelegt und gibt ein Medley all ihrer koreanischen Lieblingssongs, da beginnt der *soju* in die andere Richtung zu wirken. Sie wird ganz schläfrig und müde, aber zufrieden kuschelt sie sich inmitten ihrer neu gewonnenen Freunde ein. Eine der Mitstudentinnen streichelt ihr über die Haare und deckt sie dann zu.

GEMEINSAM STUDIERT SICH'S LEICHTER

Seonbae und *hubae* sind respektvolle Anreden im Universitätsumfeld. *Seonbae* sind diejenigen, die schon länger an der Uni sind, *hubae* diejenigen, die nachgekommen sind. Die *seonbae* kümmern sich darum, dass sich die *hubae* gut einleben, und diese zollen dafür den Erfahrenen Respekt.

Erst *aigu,* oh weh, dann doch noch *olssigu,* olé!

Arme Julia, konnte man zu Beginn denken. Ganz allein unter Fremden. Und die erste Chance, sich zu integrieren, hat sie leider vertan: Das Karaokesingen im Bus hatte durchaus seinen Sinn, nämlich die Reisegemeinschaft zusammenzuschweißen, am besten schon vor der Ankunft, denn auch für Ausflüge gilt in Korea, dass alles schnell-schnell gehen muss. Es kommt nicht darauf an, gut zu singen, sondern darauf, sich zu überwinden, der Gruppe eine gute Show zu bieten und mitzumachen. Diesen Schweinehund ist Julia bis zum Abend nicht losgeworden. Aber immerhin ist sie ihn dann überhaupt losgeworden, denn der Effekt war ja durchschlagend. Schade! Hätte sie von sich aus gleich dazu beigetragen, das Eis zu brechen – und dies nicht erst dem *soju* überlassen –, der Ausflug hätte für sie noch viel spannender werden können und sie hätte vielleicht auch noch mehr davon mitbekommen.

Deutschland heißt auf Koreanisch *dogil* und beruht auf zwei chinesischen Zeichen, deren ersteres »allein, einsam« bedeutet. Ob es daran liegt, dass die Koreaner das deutsche Wesen von alters her so einschätzen, ist nicht überliefert. Dass Koreaner Westler jedoch schon immer für sehr individualisiert und eigenbrötlerisch halten, ist hingegen gut dokumentiert. Unter den Westlern wiederum gelten die Deutschen als diejenigen, die besonders gern alles alleine erledigen, sich schlecht in Gruppen einfügen und überhaupt allgemein Gruppenaktivitäten nicht hochschätzen, das ist insbesondere im koreanischen Geschäftsumfeld bekannt. »Zeit für sich haben« ist in Korea allenfalls eine modische Neuheit, aber in einer Gesellschaft, die auf Gruppenzugehörigkeiten basiert, noch lange kein Anrecht oder der Normalfall.

19 DAS GESCHÄFTS-ESSEN

NACH FEIERABEND DIE HÄNDE IN DEN SCHOSS LEGEN

Das Äußere sieht man mit den Augen, das Innere durch den Alkohol

Heute macht Nico das erste Mal bei einem Firmenbesäufnis nach Feierabend mit. Er hat viel von diesen berüchtigten *hoesik* gehört, die in ganz Ostasien verbreitet sind, und ist deshalb sehr gespannt darauf, wie weit die vielen Gerüchte, die munter in den Foren ausgetauscht wurden, zutreffen. Sie wissen schon, *diese* Gerüchte, die meist leicht bekleidete Damen beinhalten. Was hat sich Nico die Finger im Forum wundgetippt, um mehr zu dem Thema herauszufinden, natürlich nur, um gut vorbereitet zu sein und die Angebote empört zurückweisen zu können.

Der Abend beginnt ruhig, aber hochklassig mit einem guten Essen am berühmten Seouler Fischmarkt Noryangjin: Zunächst marschiert die gesamte Belegschaft über den Markt, vorneweg natürlich die Chefs, die von einem Tank zum anderen laufen und scheinbar fachkundig die noch lebendigen Fische betrachten. Ab und zu wird kurz verhandelt, ein paar Scheine wechseln den Besitzer, der Fisch landet auf dem Block und sein Leben wird mit behänden Schnitten ausgehaucht. Ein paar Minuten später liegt dann alles ansehnlich zubereitet auf einem Teller, der eingepackt und den Chefs von den Untergebenen hinterhergetragen wird.

Als man sich den vielen um die Gunst der Einkaufenden werbenden Restaurantbesitzern widersetzt hat und ins Stammlokal der Chefs eingekehrt ist, kommt Nico erst recht ins Staunen. Vor ihnen zappelt ein scheinbar lebendiger Tintenfisch auf einem Teller; gräulich, schleimig, widerlich. Wird das etwa wieder so ein Tag, an dem Nico nichts zu essen bekommt?

GEFÄHRLICHER TINTENFISCH – *SANNAKJI*

Der sogenannte *sannakji* ist natürlich nicht mehr lebendig: Er wird in der Küche in Stückchen zerschnitten, dann leicht in Sesamöl gewendet und direkt serviert: Dadurch zuckt und zappelt er noch und saugt sich beim Essen an der Zunge fest. Es gibt immer wieder Horrormeldungen über Todesfälle, die aber meist ähnlich übertrieben sind wie im Falle des japanischen Fugu-Fisches, den es übrigens auch in Korea gibt, hier heißt er *bogeo*.

Oh nein, denn da kommen schon das gebratene Lachsfilet und die gedämpften Riesengarnelen. Reinlegen könnte sich Nico in das Zeug, so lecker und frisch ist alles.

Er puhlt gerade eine Riesengarnele so groß wie eine Aubergine auseinander, da erhebt sich plötzlich der Chef aus der Runde. Yunhee übersetzt.

»Schön, dass wir jetzt auch endlich einen Deutschen bei uns im Team haben. Das erinnert mich an ein Lied aus meiner Kindheit.«

Und er setzt tatsächlich, ohne mit der Wimper zu zucken, an:

»Ihiii liibe dihiii, so wie duuu miihiii.«
»Was singt er da?«, fragt Nico irritiert.
»*Ich liebe dich, so wie du mich.* Kennst du das nicht?«
»Nö. Ist das Deutsch?«
»Ja, hört man doch.«
»Ich hör nur ihimihidihi.«
»Kennst du es echt nicht? Das ist doch total bekannt!«
»Kennst du denn jedes koreanische Lied?«
»Hm, stimmt auch wieder.«

Nachdem alle pflichtbewusst dem spontanen Liedvortrag des Chefs ausreichend Applaus gespendet haben, erheben alle die Gläser und prosten sich zu. Doch auch hier versteht Nico wieder nichts.

»Was sagt man denn zu Prost in Korea?«, fragt Nico nun Donghun und Yunhee.

»*Geonbae*«, antwortet Yunhee.

»*Wanshat*«, antwortet gleichzeitig Donghun.

»Man kann aber auch *chukbae* sagen«, fügt Yunhee hinzu.

»Na ja, aber nur, wenn es wirklich etwas zu feiern gibt. Die anderen gehen aber immer, versuch dir einfach überhaupt eines von den dreien zu merken.«

»So, erst einmal Prost, mit dem Rest beschäftige ich mich dann zu gegebener Zeit etwas näher«, meint Nico, doch sein neues Wissen kann er schon nicht mehr anwenden, weil jetzt alle ihre Gläser wieder abgestellt haben.

So geht das fröhliche Essen weiter. Als Nico vom Schneidersitzsitzen auf dem Boden ermüdet ist, streckt er einen Fuß nach hinten aus. Schon wird Yunhee ein wenig nervös und weist Nico, netterweise leise flüsternd, darauf hin, dass er ein Loch in der Socke hat. Doch da kommt auch schon der Chef an, in der Hand ein Päckchen aus einem Stück Fisch, gerollt in ein Salatblatt. Dann hält er das Fisch-Salat-Päckchen bedeutungsschwanger vor Nicos Mund und bedeutet ihm in wie immer gebrochenem Englisch: »*Swallow, please swallow my package!*« Die Belegschaft grölt, die Damen klatschen und feuern Nico an. Unsicher blickt Nico abwechselnd in die Runde und in das Gesicht seines Vorgesetzten. Er will zwar kein Spielverderber sein, aber sich vom Chef füttern lassen geht dann doch etwas zu weit. Er versucht einen Kompromiss, indem er das Päckchen mit den Händen entgegennimmt und es dann mit seinen eigenen Stäbchen zum Mund führt. Das wird zumindest nicht mit offener Empörung zur Kenntnis genommen.

Nach dem Essen heißt es auf zur zweiten Runde, *icha* genannt. Jetzt ist auch Nicos Loch in der Socke nicht mehr gefährlich, denn in der Bar sitzt man an hohen Tischen und muss sich nicht die Schuhe ausziehen. Gefährlicher ist da schon das Getränk der Wahl: Es fließt *somaek* in Strömen. Nico kann die sogenannten *pitcher*, die ihn eher an die Eimer aus Mallorca erinnern und in Windeseile geleert werden, kaum noch zählen. Als es ihm zu wild wird, ruft er: »Jetzt reicht es aber mal. Ich trinke aus Genuss, nicht um betrunken zu werden.« Stille. Dann plötzlich lachen alle los, prosten Nico zu und nötigen ihn, ein weiteres Glas zu leeren.

SCHIESS DICH WEG – *SOMAEK*

Eine Kurzform der Kombination von *soju* und dem koreanischen Begriff für Bier, *maekju*. Das ist das Getränk der Wahl für alle, denen *soju* allein zu hart ist, die aber trotzdem ganz koreanisch möglichst schnell betrunken werden möchten: Das Mischungsverhältnis von hochprozentigem *soju* und wässrigem Bier kann dabei durchaus einmal 40:60 betragen. Ein weiteres nettes Mischgetränk ist *poktanju*, wörtlich Bombendrink. Meist wird hierzu Whisky in Bier gekippt – oder eben anders herum. Die Wirkung ist jedenfalls, wie der Name schon sagt, durchschlagend.

Danach geht es weiter zum eigentlichen Trinken, *samcha*, dritte Runde. Und hier fallen denn auch alle Hemmungen und sein Chef tätschelt Nico die ganze Zeit den Schenkel. Nico ist das mehr als unangenehm und er schiebt die Hand des Chefs immer bestimmter weg. Die nächste Runde, *sacha,* findet im *noraebang,* im Karaokeraum, statt. Aus den Lautsprechern erklingen erwartungsgemäß nur noch schräge Töne, und wieder kommt der Chef, diesmal fasst er Nico an den Hüften und fordert ihn auf zu tanzen. Hatte er nicht in den Foren eher etwas von leicht bekleideten Damen gelesen? Wie gern würde er sich jetzt von leichten Mädchen umgarnen lassen, nur um dann seine Standhaftigkeit zum Ausdruck zu bringen – also die Widerstandsfähigkeit gegen alle Verlockungen. Stattdessen klebt ihm nun der Chef buchstäblich an der Backe, und die Praktikanten machen sich zum Affen, indem sie sich die Krawatten wie Stirnbänder umbinden und Tamburin spielen.

Als der Chef jetzt noch versucht, mit Nico eng zu tanzen, und ihm ständig erzählt, wie gut er aussehe, ganz so wie Brad Pitt, wird es Nico zu bunt. Er schiebt seinen Chef vor versammelter Mannschaft weg und schaut ihn betont empört an. Alle lachen, doch nicht über den Chef, sondern über Nico. Der Chef hat die Situation gar nicht recht verstanden und tanzt jetzt mit einer der Mitarbeiterinnen; genauso nah wie mit Nico gerade.

RAUM FÜR SCHRÄGE GESÄNGE: *NORAEBANG*

Immer wenn irgendwo in Korea *bang* am Ende eines Wortes steht, ist das ein mietbares Zimmer, in dem man das machen kann, was vor dem *bang* steht: *Noraebang* ist ein Liederzimmer, also ein Karaokeraum, wo man als geschlossene Gruppe hineingeht, ohne sich fremdem Publikum aussetzen zu müssen. Es gibt verschiedene Typen, von einfachen Verschlägen mit Karaokemaschinen darin bis hin zu prunkvoll dekorierten Räumen mit eigener Toilette und Minibar. Viele *noraebangs* haben auch thematische Zimmer, sodass man je nach Lust und Laune mal in einem Schloss oder in einem Kuscheltierberg singen kann. Die abgeschlossene Form in einem Raum ohne fremdes Publikum ist in Korea der Standard.

Nico rettet sich erst einmal aufs Klo. Nach der ganzen Aufregung muss er für kleine Jungs. Doch auf dem Klo gleich die nächste Überraschung. Von wegen kleine Jungs! Kaum hat er sich ans Urinal gestellt, kommt eine ältere Frau mit Korkenzieherlocken, genau, eine *ajumma,* hinein und putzt wild um ihn herum. Verschämt dreht er sich immer wieder ein Stück von ihr weg.

Da kommt auch noch Donghun und stellt sich direkt daneben.

»Was hast du dich denn so? Ihr Westler habt doch angeblich nichts zu verstecken. Haha.«

»Ist das hier normal, dass Frauen rumputzen, während die Männer noch am Pieseln sind?«

»Die *ajumma* guckt dir schon nichts ab. Es gibt sogar Toiletten, die Frauen und Männer gemeinsam benutzen.«

»Wie bitte?«

»Wie gesagt, wir sind nicht so empfindlich wie ihr. Bei uns respektieren sich die Geschlechter, wir kriegen nicht gleich so komische Gedanken. Außerdem hätten wir vermutlich gar nicht überall Platz für getrennte Toiletten.«

Dieses Mal hat Nico von Donghun offenbar kein Verständnis zu erwarten. Was auch daran liegen mag, dass Donghun, der edle und piekfeine Herr aus dem Büro, kaum vom Klo zurück beim Karaokesingen gerade mit Tamburin in der Hand zu King Kong höchstpersönlich mutiert ist. Nico wartet hingegen nur noch darauf, dass die Karaoke-Uhr doch bitte endlich ablaufen möge: Noch acht Minuten. Noch ein Glas *soju* zur Überbrückung. Sechs Minuten. Fünf, vier, drei, zwei ... 30??? Was soll das denn?

SERVICE – *SEOBISEU*

Das Umspringen der Karaoke-Uhr zurück auf 30 Minuten ist damit zu erklären, dass der Chef des Karaokeladens der verzehrfreudigen Gesellschaft »Service« gewährt hat: kostenlose Zusatzzeit zur bezahlten ersten Stunde im Raum. Das tut man fast immer, außer wenn der Laden gerade rappelvoll ist. Das einzig Besondere ist vielleicht, dass die Gruppe gleich 30 Minuten bekommen hat, normal sind eher 15 oder auch mal nur fünf Minuten. Wenn alles zusammenkommt, kann man schon einmal knapp drei Stunden für weniger als zehn Euro singen. *Seobiseu* gibt es übrigens auch in Restaurants und anderen Dienstleistungsbetrieben immer wieder mal als Dank für gute Kunden.

Nico ist entnervt und verkündet, nach Hause zu gehen. Während einige Damen eiligst die Handtaschen packen, als hätten sie nur auf das Signal gewartet, sieht man dem Chef und seinen Anheizern an, dass sie das für ein grobes Foul halten. Trotzdem hat auch der Chef ein Einsehen und hört auf zu singen.

Draußen angekommen, staunt Nico jedoch nicht schlecht, als der volltrunkene Chef tatsächlich Anstalten macht, noch in sein eigenes Auto zu steigen, und dann auch noch anfängt zu telefonieren. Derweil stehen alle Angestellten draußen Spalier und verbeugen sich vor dem völlig betrunkenen Mann. Auch egal, Nico will nur noch nach Hause und schnappt sich ein Taxi, während der Chef vor seinem Auto schwankt.

Gwaenchana! – Passabel!

Immerhin, beim Essen hat Nico sich und vor allem seinen Chef nicht völlig blamiert, aber optimal war das auch nicht. Er hätte einfach das Päckchen – und damit auch seinen Stolz – schlucken müssen. Hätte er es ganz richtig machen wollen, hätte er den Gefallen erwidern müssen, auch wenn das sicher von einem Ausländer nicht erwartet wird. Nico ist bei dieser Situation eine weitere Tatsache entgegengekommen: Unter Alkohol fallen Schranken und wenig wird wirklich übel genommen. Alkohol hilft in Korea ungemein, die starren hierarchischen Strukturen der Gesellschaft fallen zu lassen. Eine Begegnung von Mensch zu Mensch ist im Kollegenkreis daher vor allem möglich, wenn diese von ordentlichen Mengen Alkohol begleitet wird. Alkohol gibt den Untergebenen den Mut, Missstände endlich einmal offen anzusprechen, und den Vorgesetzten meist eine Ausrede, um ihr autoritäres Chefkostüm abzulegen und sich verständnisvoll zu zeigen. Verständnisvoll sollte auch Nico mit seinen Kollegen umgehen – wenn Alkohol fließt, gelten in Korea mildernde Umstände für alle.

Aber natürlich, Nico fühlte sich aus deutscher Sicht zu Recht belästigt, als der Chef ihm auf die Pelle rückte. Dass Nico diese Grenze zieht, mag in Deutschland völlig legitim sein, in Korea gibt es da jedoch fließende Grenzen, die man zumindest kennen sollte, bevor man allzu aktiv seinen Standpunkt vertritt. Erstens ist in Korea Körperkontakt zwischen Männern weitestgehend akzeptiert. Das liegt ironischerweise wohl gerade daran, dass Homosexualität noch immer für die normale Mehrheitsgesellschaft ein derartiges Tabu ist und die Beteiligten so gar nicht erst daran denken, dass hier sexuelle Motive dahinter stehen könnten. Ein sanftes Streicheln, eine Rückenmassage, über den Kopf streichen – all das sind Zeichen der freundschaftlichen Zuneigung unter Männern, die gerade unter sehr jungen Freunden, zum Beispiel in der Schule, fast schon erwartet werden. Zweitens mag die Annäherung des Chefs vor diesem Hintergrund schlicht ein Integrationsversuch gewesen sein. Er scheint gemerkt zu haben, dass Nico sich an diesem Abend fremd und unwohl fühlte, und wollte einfach nett zu ihm sein, indem er ihn in den Spaß einbezog und ihm Komplimente machte. Vielleicht hätte Nico einfach einen seiner Kollegen fragen sollen, was die Annäherungen des Chefs zu bedeuten haben. Hier war der Alkohol der Verständigung auf beiden Seiten jedenfalls nicht zuträglich, aber auch wenn Nico die Annäherungen gröber zurückgewiesen hätte, wäre am nächsten Morgen für den Chef vermutlich längst Gras drüber gewachsen – nach einem solchen Gelage ist meist alles vergessen und vergeben und man spricht nicht mehr groß darüber.

Übrigens, der Chef ist hier nicht noch betrunken gefahren. Stattdessen hat er vermutlich gewartet, bis sein *daeriunjeon,* also sein

»Ersatzfahrer« eingetroffen ist, den er beim Aufbrechen angerufen hat. Das ist eine Dienstleistung, die man ähnlich wie einen Abschleppdienst anrufen kann. Ein Fahrer kommt dann und fährt einen im eigenen Auto bis nach Hause. Der Fahrer wird dann von einem weiteren Fahrer zum nächsten Einsatzort gebracht. Das ist übrigens gar nicht so wenig verbreitet, denn die Dienstleistung ist nicht wesentlich teurer als ein Taxi und findet inzwischen sogar in manchen westlichen Städten wie New York und London begeisterte Nachahmer.

Ein Wort der Warnung: Wer in größeren, koreanisch geprägten Firmen arbeitet oder ein Praktikum macht, wird an solchen Gelagen kaum vorbeikommen. Selbst wenn alle ihre Finger bei sich lassen, kann es dabei lang werden und viel Alkohol fließen – wer nicht mitmacht, gilt als Spielverderber, auch als Westler. Man kann sich vor allem damit trösten, dass man viel Geld spart, denn die Gelage gehen auf Firmenkasse und das Essen ist meist vorzüglich. Ach so, und zum Schluss noch ein Tipp, den Nico ebenfalls in Zukunft beachten sollte, wenn er auch wie eine Petitesse erscheint: Immer auf geeignete Socken und Fußhygiene achten. Ein Loch in der Socke kann für Geschäftsleute sehr peinlich sein. Zudem reagieren Koreaner sehr empfindlich auf Fußgeruch, der von Koreanern bei Westlern stark wahrgenommen wird.

20 DIE KOMMUNIKATION

SCHWARZER TAG AM BLACK DAY

Einem brennenden Haus noch Luft zufächeln

Am Morgen nach dem Gelage mit seinen Kollegen kommt Nico kaum aus dem Bett, obwohl er beim Alkohol doch früh ausgestiegen ist. Heute braucht er seinen Kaffee schon vor dem Büro und geht zu einem Takeout-Café. Er bestellt murmelnd einen Caramel Latte. Als er bezahlt, wundert er sich noch, warum das Getränk preiswerter war als auf der Preistafel angegeben. Nach ein paar Minuten Fußweg probiert er den Kaffee, der jetzt genug abgekühlt sein dürfte – doch bäh! Was ist das? Das ist doch kein Kaffee?! Das schmeckt wie Brei. In der Firma lässt er gleich einen Kollegen probieren.

»Goguma Latte. Du hast einen Süßkartoffeldrink mit Milch bestellt«, befindet der kurz und schmerzlos.

»Süßkartoffel als Getränk? Absurd!« Gott sei Dank ist in der Büroküche noch richtiger Kaffee. Nico hält sich an seiner Tasse fest und ist dennoch vor Mattheit kaum in der Lage, auf den Bildschirm zu schauen, als er seine E-Mails checkt.

Schon trudeln weitere Teilnehmer von gestern fröhlich lachend ein. »Glückwunsch, Nico, du bist jetzt ein richtiger Koreaner!« Ihnen hat das Feiern wohl nichts ausgemacht. Auch Nicos Ausraster scheint schon vergessen. Ansprechen tut ihn jedenfalls niemand drauf. Stattdessen erntet er sogar Anerkennung dafür, dass er überhaupt mitgemacht hat.

Nach Durchsicht der ersten Mails hat Nico ein akutes Bedürfnis, die Toilette aufzusuchen. Als er eine der Kabinen öffnet, erschrickt er: Ein Kollege, der gestern besonders gut bei der Sache war, schläft, eingeklemmt zwischen der geschlossenen Schüssel und der Abteilwand.

Ha, erwischt! Ihr seid also auch keine Übermenschen, denkt sich Nico und geht erst seinem Geschäft, dann wieder seiner Arbeit nach. Dort spricht ein anderer Kollege ihn an.

»Hey, Nico, hast du kein Geschenk für Yunhee?«

Geschenk? Warum denn Geschenk? Yunhee hat doch am 1. März Geburtstag gehabt, dem Tag der Unabhängigkeitsbewegung, wie er inzwischen gelernt hat.

»Weißt du denn nicht, dass heute Black Day ist? Da musst du Yunhee etwas schenken!«, fordert nun ein weiterer Kollege kichernd.

Oh weh. Das hat er glatt übersehen. Er hatte im Forum mal was von den ganzen Tagen gehört, Valentinstag, White Day ... aber Black Day? Am White Day verschenkt man weiße Schokolade, hat Nico gelesen. Am Black Day dann wohl schwarze, tippt Nico. Er geht also in einen *Convenience Store,* kauft eine Tafel guter echter schwarzer Import-Schokolade und geht zu Yunhee.

»Überraschung! Alles Gute zum Black Day«, tönt er mit einem breiten Lächeln vor seiner Kollegin. Die ist erst einmal pikiert.

»Sehr witzig.«

»Warum? Schenkt man nur seiner Freundin etwas? Man kann doch auch seinen anderen lieben Damen was schenken, oder etwa nicht?«

»Ich hoffe für dich, dass du keine Ahnung hast, was der Black Day ist!«, sagt Yunhee nun mit einer Mischung aus Spaß und Ärger.

»Hab ich auch nicht. Du weißt doch, dass ich nichts weiß über Korea. Aber wo ich schon mal hier bin, ich wollt noch mal mit dir über gestern sprechen.«

Sicher nicht die geschickteste Ablenkung, aber Nico will mit Yunhee wirklich noch mal über den gestrigen Abend reden.

»Alles klar. Heute Mittagessen, *jjajangmyeon*. Du und ich, auf deine Rechnung. Das hast du jetzt davon!«

»Jjajawas?«

»*Jjajangmyeon*, schwarzer Tag, schwarze Nudeln. Dann sollen die Kollegen mal ihren Spaß haben. Und du findest besser heraus, was der Black Day ist.« Jetzt drückt Yunhee ihm doch tatsächlich den Zeigefinger auf die Brust, dabei ist das eine der wenigen Sachen, die Nico schon längst über Korea weiß: Niemals mit dem Zeigefinger auf jemanden zeigen! Irgendwas muss er angestellt haben.

SCHWARZER TAG, SCHWARZE NUDELN: *JJAJANGMYEON*

Nudeln in einer Sauce aus schwarzen Bohnen, die mit Zwiebeln, Kartoffeln, Möhren, Erbsen und etwas Schweinefleisch angereichert wird. Es ist eine der beliebtesten Speisen der koreanischen, genau genommen der chinesisch-koreanischen Küche. So wie chinesische Küche überall anders schmeckt, hat sich auch in Korea eine sehr spezielle Art entwickelt, die auf chinesische Einwanderer aus der Region Shandong ab den 1880er-Jahren zurückgeht. *Jjajangmyeon* ist damit quasi so etwas wie der Döner unter den koreanischen Gerichten. Die Ursprünge sind bis auf das Haus am alten Hafen der Stadt Incheon zurückzuführen, in dem das Gericht erstmals verkauft wurde.

Zum Mittag gehen also demonstrativ beide gemeinsam, auf Yunhees Wunsch Arm in Arm, an der versammelten Kollegenschaft vorbei. Im Fahrstuhl lacht Yunhee plötzlich völlig befreit los, wie vom Hafer gestochen. »Du bist jetzt mein offizieller *sseomnam*«, kichert sie und auf Nicos fragende Blicke erklärt sie: »Das ist eine Kombination aus *nam* für Mann und *sseom*, vom englischen *something*. Also ein Mann, mit dem ich nicht zusammen bin, aber ›*something*‹ habe. So vage und zwischen den Stühlen wie du und deine Beziehung zu Korea.«

Nico wundert sich über Yunhees forsche Art, muss aber herzhaft mitlachen.

Kaum haben sie sich dem Restaurant genähert, sehen sie schon eine Riesenschlange vor dem eher schäbigen Laden, der sonst nur spärlich gefüllt ist. Nico ist verwundert über den Andrang. Normalerweise sitzen in der Kaschemme immer nur ein paar Leute, selbst zur Mittagszeit. Und noch etwas fällt Nico auf:

»Das sind ja alles nur Frauen.«

»Ja, Black Day ist der Tag der Singles. Wir tragen Schwarz, wir essen schwarze Nudeln. Es ist unser Trauertag. Fühl dich geehrt, dass ich meinen Singletag mit dir verbringe. Gemeinsam.«

So langsam dämmern Nico die Zusammenhänge. Reingefallen und mitgemacht, so ein Mist.

Kaum haben sie sich hingesetzt, kommen auch schon, ohne dass die beiden hätten bestellen müssen, ungefragt zwei Schüsseln mit dem Gericht des Tages.

»Oh Mann, ein echt rabenschwarzer Tag, aber die Nudeln sind lecker«, befindet Nico.

»Warte nur bis heute Nachmittag, wenn unser Chef dein Projekt zerpflückt. Dann wirst du merken, was ein schwarzer Tag ist.«

Ach du Heiliger! Das hat Nico ja völlig vergessen. Er schlingt seine Nudeln herunter und lässt Yunhee sitzen. »Sorry, Yunhee, aber du verstehst ...«

»Da sitzen wir wieder, allein«, hört Nico Yunhee noch zu ihren Nudeln sprechen, und schon ist er aus der Tür.

BLACK DAY, WHITE DAY, VALENTINSTAG, PPEPPERO DAY

Die Koreaner, genau genommen die koreanische Industrie, hat sich eine Menge ausgedacht, um die Verkaufszahlen anzukurbeln. Am Valentinstag (14. Februar) haben Frauen Männer zu beschenken. Dafür sind die Männer am White Day (14. März) gefragt, sich bei ihren Liebsten zu revanchieren. Am Black Day (14. April) feiern die Singles unter sich. Und da unter dem Singledasein in Korea insbesondere die Frauen leiden, sind sie es auch, die sich besonders sichtbar zusammenrotten. Und dann gibt es noch den 11. November, der in Korea nicht Beginn der Karnevalssaison ist, sondern Tag eines Snacks, der im deutschsprachigen Raum als Mikado bekannt ist: schokoladenüberzogene Stäbchen, die nebeneinandergelegt aussehen wie 11.11. Diese Stäbchen heißen Ppeppero, werden – natürlich – von Lotte hergestellt und die dortige Marketingabteilung hat dem Volksmund zufolge auch den Tag zum Allgemeingut gemacht. Zwar gibt es auch in Korea Gegner solcher Auswüchse; die Spezialgeschenkkörbe zu allen vier Tagen, die in jedem *Convenience Store* ausliegen, sprechen jedoch eine eindeutige Sprache.

Gwaenchana! – Passabel!

Yunhee hat hier echt cool reagiert. Dass sie Nico den Zeigefinger auf die Brust drückte, zeigt nur, wie locker sie mit ihm umgeht, das muss Nico nicht weiter beunruhigen. Überhaupt war hier nicht das Verhältnis von Yunhee und Nico das Problem, sondern Yunhees Stellung in der Firma. Wer in Korea als Frau an der Grenze zur »3 vor der 0« noch Single ist, hat ein echtes Problem. In einer konkurrenzorientierten Gesellschaft ist auch das Vorhandensein einer Partnerschaft ein Indiz für Erfolg. Nicht wenige flüchten sich in die nächstbeste Beziehung, um bloß nicht nach Ladenhüter auszusehen. Gerade junge Karrierefrauen, die gut ausgebildet sind, werden von traditionell denkenden Männern leicht als zu selbstständig wahrgenommen, wie Nico noch an anderer Stelle erleben wird (siehe Episode 36, Seite 220). Da Nico von der lustig gemeinten Falle, die die Kollege gestellt haben, kaum etwas ahnen konnte, hat er hier also keinen Fehler begangen. Wobei, im Namen aller Frauen: Lieber Nico, sicher, du hast Panik wegen deiner Präsentation bekommen, aber es ist nicht gerade gentlemanlike, deine einzige Verbündete allein im Restaurant sitzen zu lassen – auch und gerade nicht am Black Day!

21 DIE DISKUSSIONSKULTUR

GUTE MIENE MACHEN ZUM ABGEKARTETEN SPIEL

Seinen ärgsten Feind trifft man immer auf einem Baumstamm über dem Fluss

Ausgerechnet heute muss Nico die Ergebnisse seiner ersten größeren Projektarbeit bei der allwöchentlichen Abteilungssitzung präsentieren. Er fühlt sich nicht gut vorbereitet, weshalb er sogar Yunhee beim Mittagessen allein sitzen lassen musste, und auch der Kopf dröhnt ihm noch immer vom Gelage mit den Kollegen. Beim Gedanken an seinen Chef, dessen Annäherungsversuche Nico hart zurückweisen musste, wird ihm ganz mulmig. Zudem hat er bereits gehört, wie asiatische Chefs gegenüber ihren Mitarbeitern auch sein können: cholerisch, überheblich, unfair. Er hat schon selbst in der Firma gesehen, wie Mitarbeiter völlig zerstört aus solch einer Sitzung herauskamen.

Seine Präsentation gefällt ihm auch nach weiterem Rumwerkeln noch nicht, also verbringt er die nächsten Stunden damit, schon einmal im Kopf durchzugehen, wie er auf mögliche Vorwürfe des Chefs reagieren wird. Doch Yunhee sagt ihm gleich, das bringe nichts: Diskussionen am Arbeitsplatz seien sinnlos, es sei doch eh alles schon abgesprochen.

Nico glaubt ihr das nicht so recht und bereitet sich lieber weiter vor.

Als es dann endlich losgeht und er in den großen Sitzungssaal kommt, ist er ziemlich überrascht. Schon nach kurzer Zeit hat der Chef das Jackett abgelegt und sich entspannt zurückgelehnt. Die anderen Kollegen erstellen Konzepte, halten wie wild Präsentationen, es gibt eine Brainstorming-Session zu einem bestimmten Vorschlag vom Kollegen Park, und im Anschluss entspinnt sich eine ausgiebige Diskussion, die Nico als äußerst produktiv empfindet. So kreativ hätte sich Nico die Koreaner gar nicht vorgestellt – es sprudelt geradezu. Einziger Wermutstropfen ist vielleicht, dass die Beiträge des Chefs die Kreativität eher bremsen, weil danach wieder alle versuchen, ihre eigene Meinung auf die Linie des Vorgesetzten zu bringen. Trotzdem gut, dass er sich so intensiv vorbereitet hat.

Jetzt ist Nico an der Reihe. Leicht nervös, aber doch deutlich entspannter als vor der Sitzung trägt er sein Konzept vor und wird vom Chef sogar ausdrücklich gelobt. Dass dieser daraufhin den Raum verlässt, irritiert Nico zunächst nicht.

Vom Lob beflügelt macht er dann bei der weiteren Diskussion gleich aktiv mit. Jetzt, da der Chef weg ist, geht es richtig rund. Es wird sogar ein wenig laut, sweil einige durcheinanderreden und die Vorschläge des jeweils anderen offen kritisieren. Am Ende schlägt Nico forsch vor, die ursprünglich vom Management gewünschte Kampagne in veränderter Form durchzuführen, wie von Kollege Park vorgeschlagen. Heftiges Nicken bei vielen in der Runde. Fast zwei Stunden hat das Erarbeiten einer verbesserten Version der Kampagne nun schon gedauert, dann beendet der inzwischen zurückgekehrte Chef die Sitzung.

»Vielen Dank für Ihre zahlreichen und sehr interessanten Wortbeiträge, sehr inspirierend, wirklich. Sehr inspirierend. Ich denke, wir werden beim ursprünglich geplanten Vorgehen, also dem ursprünglichen Projektvorschlag bleiben. Höre ich Widerspruch?«

Hört er nicht. Zwar glaubt Nico zu erkennen, wie einige Kollegen, allen voran Park, Nico mit Blickkontakt ermutigen wollen, anzusetzen und zu widersprechen. Aber sein Erlebnis, bei dem sie ihn und Yunhee in die Pfanne gehauen haben – und vor allem Yunhees deutlich abratendes Blicksignal –, halten ihn dann doch zurück.

»Vielen Dank. Ich freue mich, dass das Management und die Belegschaft auf einer Linie sind. Das ist im globalen Wettbewerb wichtig, das wird Ihnen unser deutscher Kollege bestätigen können.«

Das war es. Einfach so. Über zwei Stunden umsonst geredet. Und keiner widerspricht. Kein Einziger. Stattdessen trotten alle schweigend wieder an ihre Arbeitsplätze.

Gwaenchana! – Passabel!

Tja, willkommen in der Realität des (koreanischen) Arbeitsalltags, will man Nico da zurufen. Dass Hierarchien hier steiler sind als anderswo, ist eine Binsenweisheit, und ein Rezept, damit klarzukommen, gibt es eigentlich nicht. Dass das die Kreativität am Arbeitsplatz nicht gerade fördert, stimmt natürlich auch. Trotzdem zeigen viele Koreaner ein ungewöhnlich hohes Maß an Kreativität und Engagement, wenn man sie denn einmal lässt. Es wurde ja auch in der Diskussion unter Gleichen sichtbar, dass dieses Potenzial durchaus da ist. Im Endeffekt zählt dann aber doch meist das Wort des Vorgesetzten, und einen Konflikt zu riskieren wegen einer Nichtigkeit wie einer einzelnen Kampagne, das würde keiner tun. Die Kollegen haben offensichtlich noch gehofft, dass der Westler ihr Sprachrohr spielt, schließlich ist er in der Hierarchie nicht so gefangen wie sie. Aber Nico hat ganz zu Recht die Klappe gehalten; es hätte ihm nur geschadet und der Gruppe ohnehin nichts genutzt, noch etwas zu sagen. Der größte Fehler für ihn wäre gewesen, nach den Gründen für die Entscheidung zu fragen – klassischer Fall von »Das tut man nicht«.

Jetzt heißt es einfach für alle, die Zähne zusammenzubeißen. Und den koreanischen Weg einschlagen, wenn es um Änderungsvorschläge geht – elegant durch die Hintertür. Meistens kann man Änderungen und Vorschläge nämlich noch in Einzelgesprächen nach und nach einbringen. Was das Team wünscht, ist klar geworden. Jetzt geht es darum, dem Chef die Änderungen des Kollegen Park eine nach der anderen unterzujubeln und zu hoffen, dass sie unwidersprochen durchrutschen. Denn in die Detailarbeit klinken sich koreanische Chefs höchst selten ein. Stattdessen geben sie grobe Linien vor, die ihnen meistens selbst von oben diktiert wurden. Als Faustregel gilt also: Je lauter der Widerspruch, desto höher die Wahrscheinlichkeit, dass Sie nicht ans Ziel kommen. Falls Sie hingegen Chef von koreanischen Mitarbeitern sind: Ändern Sie das, geben Sie den Mitarbeiten die Chance, im Kleinen Verantwortung zu übernehmen und sich einzubringen, also sich über Ideen zu profilieren und nicht über Buckeln. Man wird es Ihnen nach einer Übergangszeit der Gewöhnung danken.

22 DER VERHALTENSKODEX

MIKE PENCE TRIFFT KIM YOUNG-RANS KEKSDOSE

Bei einem selbst nennt man es Romanze, bei einem anderen eine Affäre

Kaum hat Nico verdaut, dass er durch Diskussionen nicht viel bewegen kann, wird er schon von einem Vorgesetzten vertraulich zu sich gerufen. Der stellvertretende Abteilungsleiter Choe war immer nett zu Nico gewesen, aber jetzt hat Nico doch Angst, dass es um die Präsentation gehen könnte. Stattdessen bedeutet Choe ihm gleich, Platz zu nehmen, und legt betont kumpelhaft die Krawatte ab. Erneut landet nun eine Hand auf Nicos Knie. Was Nico jetzt denkt, können wir uns inzwischen denken. Doch das Gespräch biegt in eine ganz andere Richtung ab.

»Sag mal Nico, ich hab gehört, du warst mit Yunhee essen.«

»Ja, und es tut mir wirklich leid, dass ich sie so respektlos behandelt habe, war alles wegen der Präsentation. Ich habe mich dann auch bei Yunhee entschuldigt.«

»Also, ich meine, du warst *allein* mit Yunhee essen, nicht wahr?« Offensichtlich eine rhetorische Frage. »Lass das einfach in Zukunft besser sein, okay? Einfach ein guter Rat.«

»Warum denn das?«

»Du wirst mitbekommen haben, dass Frauen in Korea seit einiger Zeit gewisse Vorteile genießen. Ich habe im Westen studiert. Ich weiß, dass ihr lockerer seid mit Sachen zwischen Frauen und Männern. Ist auch irgendwie beneidenswert, und du bist auch nur kurz in der Firma. Aber pass auf, dass dir keine von denen etwas anhängt.«

»Ich bin mir sicher, dass Yunhee da unverdächtig ist«, setzt Nico jetzt zur Verteidigung an, doch Choe erwidert nur: »Die Axt, der man vertraut, schlägt einem in den Fuß«

Nico beschließt, das Gespräch schnell auf Koreanisch abzuschließen, bedankt sich artig für den »weisen Rat« des »so erfahrenen« Vorgesetzten und verabschiedet sich.

»Hier, nimm noch was von den Kim-Young-ran-Keksen mit auf den Weg. Die sind nicht sonderlich lecker, aber was will man schon machen, seit uns nichts mehr erlaubt ist«, fordert ihn Choe zum Schluss noch auf und fügt bedeutungsschwanger hinzu: »Denk dran, Mike Pence!«

Jetzt ist Nico natürlich noch verwirrter. Wer ist dieser oder diese Kim Young-ran, dass sie Kekse backt, die keiner mag, und was hat das jetzt wieder mit Trumps Schoßhündchen zu tun? Am Platz zurück sucht Nico nach »Pence« und »Korea«, findet aber nur Artikel zu dessen Besuch. Die Suche nach »Kim Young-ran« fördert ebenso wenig eine Auflösung zutage, sondern nur Bilder einer alten Schauspielerin. Aber Donghun jetzt erneut auf verrücktes Verhalten eines Vorgesetzten anzusprechen oder gar Yunhee zur Rede zu stellen, ob sie eine *femme fatale* ist ... Nico beschließt, es ausnahmsweise einfach auszusitzen.

Gwaenchana! – Passabel!

Nico ist hier weiter in ein Thema eingetaucht, das ihm schon mal in Gestalt echter Benachteiligung von Frauen, gerade am Arbeitsplatz, begegnet ist und als ihm der Chef beim Karaoke-Singen unangenehm zu Leibe rückte (siehe Episode 19, Seite 120).

Dabei hat Nico gleich auch noch Bekanntschaft mit einer weiteren Art von Koreaner gemacht: Dem betont lockeren, kumpelhaften Typ, der die Welt kennt und Englisch spricht, aber im Kern doch noch ein Moralgerüst hat wie Anno-Joseon-mal. Immerhin hat Nico hier seinen Mann gestanden und ist für Yunhee in die Bresche gesprungen. Als er aber gesehen hat, dass nichts zu reißen ist, hat er den »koreanischen Abgang« gewählt: Ja, Chef, du hast Recht, du bist toll – und tschüss!

Der stellvertretende Abteilungsleiter hatte hier aus seiner Sicht nur Gutes im Sinne: Er wollte den Ausländer vor den »massiven Umwälzungen« in der koreanischen Gesellschaft warnen, dass nämlich a) Frauen Rechte haben und diese auch zunehmend durchsetzen und b) die große Korruption schon bei den kleinen Gefälligkeiten des Alltags beginnt.

Hass gegen die angebliche Bevorteilung von Frauen *(yeohyeom)* hat in Korea, v. a. propagiert durch extreme Internetforen wie *ilbe*, in den letzten Jahren leider vermehrt zu tätlichen Übergriffen geführt. Schon das Kratzen an der Oberfläche der männerdominierten Gesellschaft hat dabei offenbar einige Patriarchen in ihren Grundfesten erschüttert. Da hilft es auch nicht, dass sich Frauen als Männerhasser *(namhyeom)* inzwischen zur nicht minder extremen Gegenbewegung formieren.

Die MeToo-Debatte, die Korea vollends ergriff, spätestens als herauskam, dass Ahn Jung-hee, ein enger Vertrauter von Präsident Moon und immerhin Provinzpräsident, seine engste Mitarbeiterin offenbar über Monate sexuell genötigt hatte, führt aber nicht nur bei solchen Extremisten, sondern auch in der normalen Unternehmenskultur zu Verhaltensänderungen.

So empfehlen Chefs tatsächlich ihren Mitarbeitern, es wie Mike Pence zu halten, der in einem in den USA inzwischen berüchtigten Interview betonte, er gehe nie alleine mit einer Frau essen – es sei denn, es sei *seine eigene*. Denn so könne es gar nicht erst zu Versuchungen und eventuellen Vorwürfen kommen ...

Dass Nico davon nichts mitbekommen hat, ist verzeihlich – aber dass Choe bei einem Ausländer vorausgesetzt hat, natürlich den US-Diskurs intus zu haben, war auch wieder vielsagend.

Auch der andere Brocken, den Choe in Form eines Kekses hinwarf, war ein Code, der mit einer Google-Suche natürlich nicht aufzulösen war. Die Kekse benannte er verächtlich nach »Kim Youngran«, weil diese tapfere Aktivistin sich über Jahre und Jahrzehnte für die Bekämpfung der (im Gegensatz zur großen politischen Korruption) kaum als schädlich wahrgenommenen Alltagskorruption eingesetzt hat. Denn eine Hand wäscht die andere, und wir laden uns gegenseitig in teure Restaurants ein, übernachten in exklusiven Clubs auf Mitgliedschaft unserer Geschäftspartner und kaufen den Frauen unserer Chefs Handtaschen – das wird in Korea auch heute noch von vielen als normales soziales Miteinander und Zeichen der Wertschätzung angesehen.

Wie so oft in Korea wurde dann aber nach jahrelanger Diskussion mit dem Vorschlaghammer gleich ins andere Extrem geschlagen: Auf Initiative von Frau Kim wurden für einen weiten Kreis von im weitesten Sinne öffentlichen Personen strenge Wertgrenzen für Restauranteinladungen und Geschenke aller Art festgesetzt. Dies wiederum führte in Korea, das jeden Trend sensibel und blitzschnell registriert, dazu, dass Firmen und Restaurants spezielle »Kim-Young-ran-Angebote« und Menüs erfanden: Qualität und Menge runter, dafür aber innerhalb der Wertgrenzen. Die Kekse dürften also von einem rechtschaffenen Kontakt der Firma aus dem öffentlichen Sektor gekommen sein – was Choe davon hält, hat er gezeigt.

23 DIE ELITE

LADY GAGA VON GANGNAM WILL GESTREICHELT WERDEN

Hat er Geld, wird auch ein Köter als Herr Offizier Wuff angeredet

Es ist gerade Messesaison und die Entscheider in der Firma sind allesamt ausgeflogen. Gerade jetzt kommt eine wichtige Kundin, Typ neureich, aber dafür steinreich, mitsamt einer Mitarbeiterschar vorbei. Die ganze Firma bebt. Um etwas Internationalität zu zeigen, wird Nico als »geschäftsführender Vizeabteilungsleiter« ausgegeben, der zwar leider gar kein Koreanisch spricht, dafür aber extra von einer Konferenz aus der Filiale in den USA eingeflogen wurde. Heißt es. Schön schweigend wird er dekorativ ans Ende des großen Besprechungstisches gesetzt. Gar kein schlechtes Gefühl, Chef zu sein, findet Nico.

Doch was Nico dann miterleben muss, übersteigt seine Vorstellungskraft. Zunächst kommt die Kundin fast eine Stunde zu spät.

Anstatt sich zu entschuldigen, wird erst einmal losgeschimpft, dass es keine Parkplätze gab und dass die Begrüßung nur *daechung daechung* gewesen sei. Ob die Firma wisse, wie viel man im letzten Jahr investiert habe. Ob das die Dankbarkeit sei, die hart arbeitenden Stützen der Gesellschaft entgegengebracht werde. Ob man so ärmlich aussehe, dass einem ein so liebloser Empfang bereitet werde.

MEHR SORGFALT, BITTE – DAECHUNG DAECHUNG UND BBALLI BBALLI

Daechung daechung bedeutet »ungefähr, nicht genau« und wird gern in Verbindung mit *bballi bballi* gesehen, denn wenn ein koreanischer Handwerker *bballi bballi* arbeitet, dann ist das Ergebnis meist nur *daechung daechung*. Und da man oft unter Zeitdruck steht, werden viele Dinge nur *daechung daechung* erledigt. Auch Gesten der Freundlichkeit wie Begrüßungen oder Einladungen, die zu wenig sorgsam und respektvoll erledigt werden, werden gern als *daechung daechung* moniert.

Nachdem frischer Kaffee gebracht wird, den die Kundin aber kaum anrührt, wird die nächsten Minuten nur über (scheinbar) Privates gesprochen, Yunhee dolmetscht Nico zwischendurch das Wichtigste. Er nickt und lächelt brav, auch wenn er bei den scheinbar belanglosen und affektierten Inhalten des Gesagten lieber den Kopf schütteln will. Gott sei Dank haben die Gesprächsführung einige Kollegen übernommen, die der Kundin brav nach dem Mund reden. Das alles ist Yunhee sichtlich peinlich. Hat sich bisher eher Nico danebenbenommen, ist es hier eine Landsfrau, die sich danebenbenimmt. Dabei wird auch die nächsten Minuten über alles Mögliche gesprochen, nur nicht über das Geschäftliche, dabei will man doch den Vertrag mit der Dame endlich unter Dach und Fach bringen. Doch keiner von Nicos Kollegen macht Anstalten, das Gespräch in die richtige Richtung zu lenken.

Jetzt wendet sich die Dame direkt an Nico, offenbar ist sie gelangweilt von den anderen Gesprächspartnern. »Endlich ein wenig Internationalität hier, etwas Globalisierung, sehr, sehr gut. Mein Jüngster ist gerade in Kalifornien an einer Universität angenommen worden.« Der genaue Namen sei ihr entfallen, aber er sei auch in Harvard angenommen worden. Da aber inzwischen alle in Harvard reinkämen, habe man sich für diese besondere Schule in Kalifornien entschieden. Man habe ja auch Verwandte dort, nein, nicht Koreatown, dort wohnen schließlich nur die Armen. Richtige Geschäftsleute natürlich. Zweimal im Jahr fliegen sie rüber, dann spielen sie mit den Schwarzeneggers Golf. Ein reizendes Pärchen, wirklich. »Spielen Sie Golf? Wir müssen unbedingt einmal Golf spielen, dann stelle ich Ihnen ein paar Leute vor, die was von Business verstehen. Wir haben da eine Mitgliedschaft in einem Club in der Nähe der Stadt. Ich kann Ihnen unseren Chauffeur hinschicken, der bringt Sie hin.«

»Ich spiele leider kein Golf«, gibt Nico zu, lächelt sie dabei aber so freundlich an, wie er kann.

Man sieht der Dame förmlich den Schock an. Inzwischen immer genervter von dem Gehabe der Kundin fragt Nico jetzt Yunhee, ob man nicht irgendwann die lange vorbereitete Präsentation zeigen solle. Erklären, warum man besser ist als der Konkurrent. Yunhee geht nicht auf die Frage ein.

Inzwischen sind knapp anderthalb Stunden vergangen. Die gesamte Familiengeschichte ist durch und die ach so beschäftigte Dame hat ihre neuesten Tipps für den Immobilienmarkt an die Mitarbeiter weitergegeben, die sich selbst dann nicht eines dieser Apartments leisten könnten, wenn sie ein ganzes Leben lang ihren Lohn voll für den Hauskauf sparen würden. Die Gangnam-3-gu seien längst out und höchstens noch politisch interessant. Aber wenn endlich diese Bruchbuden aus den 70ern abgerissen würden, wo ohnehin nur noch Rentner wohnen, und das *jaegaebal* erst so richtig losgehe, dann könne sich da vielleicht wieder etwas tun.

BEGEHRTE UND WENIGER BEGEHRTE WOHNLAGEN IN SEOUL

Die sogenannten Gangnam-3-gu, also »drei Bezirke auf der südlichen Flussseite« sind Gangnam, Seocho und Songpa – Prototypen des koreanischen Überflusses und einer ganz eigenen Kultur, die hauptsächlich auf Geld und künstlicher Schönheit beruht. Eine Kombination aus Hamburg-Blankenese, München-Grünwald und Berlin-Dahlem. Ja, Psys *Gangnam Style* bezieht sich genau auf dieses Viertel. Innerhalb Gangnams gibt es dann wieder verschiedene Ecken, die für sich genommen speziell sind: Cheongdam ist das Zentrum für Mode und Fotografie, Apgujeong ist der Spielplatz für reiche Töchter, mit Schönheitskliniken und Edelboutiquen an jeder Ecke. Die Teheranno ist das Herz des Viertels mit vielen Konzernzentralen, die mächtige Gangnamdaero die Haupteinkaufsstraße, auch wenn Kenner die Garosugil mit ihrem europäischen Flair und den vielen leckeren Restaurants und individuellen Boutiquen vorziehen.

Mit weniger begehrten Stadtteilen wird in Seoul schon mal kurzen Prozess gemacht. *Jaegaebal* heißt wörtlich »Neuentwicklung« eines Stadtviertels – in der Vergangenheit und oft auch heute heißt das aber schlicht: alles Alte abreißen und neue, möglichst hohe Wohnhäuser bauen, um möglichst viel Geld zu machen. Das Abreißen ist teilweise tatsächlich gerechtfertigt, wenn es zum Beispiel um eiligst nach dem Koreakrieg hochgezogene Flüchtlingssiedlungen geht, in denen die Bewohner nach und nach wegsterben und wo keiner mehr hinzieht. Oft werden aber auch normale Mehrfamilienhaussiedlungen abgerissen und durch gesichtslose Apartmentkomplexe ersetzt. Für die neuen Apartments erhalten die Ausziehenden zwar Vorkaufsrecht, oft reicht ihr Geld dafür jedoch nicht.

An den Blicken und dem merklich zäher werdenden Gesprächsfluss seiner Kollegen kann Nico erkennen, dass nicht wenige im Raum offenbar Bekannte und Familie in solchen »Bruchbuden aus den 70ern« haben, wie die Kundin sie abfällig nennt. Schließlich entsteht ein unschöner Moment der Stille. Nico reicht es jetzt. Bisher dachte er, was in den TV-Serien aus dieser Schicht gezeigt wird, wäre maßlos übertrieben, holzschnittartig. Jetzt erkennt er: Es gibt diese Menschen wirklich. Noch länger kann er sich das Geschwätz nicht anhören. Er greift beherzt zum Projektor und will die Präsentation starten. Da verkündet die Kundin der Runde affektiert applaudierend: »Diese Power, diese Dynamik, das haben uns die Amerikaner voraus! Ich bin eine beschäftigte Frau. Die technischen Details können Sie sich sparen. Der gut aussehende Ausländer da will sich bestimmt ohnehin nicht länger mein Gewäsch anhören. Wo ist der Vertrag?« Ohne ihn auch nur durchzulesen, unterzeichnet sie mit einem diamantbesetzten Füller aus Deutschland und verschwindet mit ihrer Entourage.

»Wow, das war genau richtig, Nico! Du hast die Verhandlungen abgekürzt. Aber riskant war das schon ... Hoch gepokert, hoch gewonnen!«, lobt ihn Yunhee, obwohl Nico gar nicht richtig verstanden hat, was er gerade so Besonderes getan hat.

NUR FÜR VIPS – INVESTIEREN UND SPEKULIEREN

Während Investition auf Koreanisch *tuja* heißt, bezeichnet *tugi* ein Spekulationsgeschäft, das semantisch nahe am Betrug ist. Wer reich ist in Korea, verbringt einen Großteil seiner Zeit damit, Zeitungen und Wirtschaftsmagazine durchzublättern, Makler abzuklappern und Golf zu spielen, um zu erfahren, wo demnächst lukrative Bauprojekte anstehen, das heißt, wo es etwas zu verdienen gibt. Da Südkorea von der Fläche ein mindestens ebenso kleines wie von der Wirtschaftskraft mächtiges Land ist, führt dies zu einer Spekulationsblase ohne Platzen – Bruchbuden werden teils für Millionen von Euro gehandelt. Normalverdiener können sich dadurch gute Apartments kaum noch leisten. Das ist den Reichen natürlich egal. Da sind Koreaner auch nur Menschen. Ein weiterer Spielplatz für Geschäfte ist der koreanische Aktienindex KOSPI. An sich ein ehrenwerter Markt und auch international immer anerkannter als gefestigter

Anlageort in einer gefestigten Volkswirtschaft. In die Schlagzeilen gerät er aber immer wieder im Zusammenhang mit den sogenannten Themenanlagen, das heißt Spekulation mit Aktien, die einen Bezug zu einem bestimmten Politiker oder Star haben und dann plötzlich im Paket gekauft oder verkauft werden. Völlig willkürliche Manipulationen des Aktienmarktes also, die auch viele Kleinsparer um ihre Anlagen bringen.

Olssigu! – Olé!

Gut gemacht, Nico – und ein wenig Glück mit dem Timing gehabt. Ähnlich wie bei Gipfeltreffen von Staatschefs bewegen sich die hohen Tiere in koreanischen Firmen nur aus dem Haus, wenn der Vertrag schon beschlossene Sache ist. Der Rest war eigentlich nur Dekoration, um die Wertschätzung für die gegenseitige Beziehung zu zeigen. Die Firma hat der Kundin die ihr – wie sie findet – zustehende Menge an Aufmerksamkeit und Zeit geschenkt, also kann sie dann auch irgendwann unterschreiben, wenn es ihr zu langweilig ist und sie ihren Status deutlich genug gemacht hat, zumal ja extra ein Ausländer eingeflogen wurde. Das alles gehört zum Spiel. Ob man will oder nicht: Die reiche sogenannte Elite des Landes will gestreichelt werden, auch wenn ihre Aufgesetztheit teils bis über das Erträgliche hinausgeht. Insbesondere das Ausnutzen der eigenen Macht gegenüber Schwächeren wird aber immer mehr zum gesellschaftlichen Thema, sei es im Kleinen, z. B. beim täglichen Geschäftsverkehr, oder bei der Behandlung von Mittelständlern durch die Großkonglomerate. Auf Koreanisch heißt dies *gapjil,* frei übersetzt »Alpha-Gehabe«, was sich darauf bezieht, dass eine Alpha-Partei *(»gap«)* sich über eine Beta-Partei *(»eul«)* rücksichtslos hinwegsetzt. Wenn Sie solche Leute treffen, seien Sie beruhigt: Dass Yunhee ihre Landsfrau peinlich war, war keine Ausnahme. 90 Prozent der Koreaner fühlen sich selbst als *»eul«* und machen sich ebenso über die Affektiertheit der Neureichen lustig.

24 DIE ZUSAMMEN-ARBEIT

DEUTSCHE EFFIZIENZ TRIFFT AUF KOREANISCHEN FLEISS

Ein Schiff mit vielen Steuermännern fährt den Berg hoch

Julia muss ein Referat in einem ihrer Kurse halten, und zwar in dem Kurs, in dem sie es sich ohnehin schon mit dem Professor verscherzt hat (siehe Episode 16, Seite 103). Dementsprechend vorbildlich will sie nun ihren Vortrag abwickeln, doch das gestaltet sich bereits in der Vorbereitung alles andere als leicht. Auch auf mehrfaches Nachfragen wird ihr nicht zugestanden, das Referat alleine vorzubereiten; Gruppenarbeit sei vorgeschrieben.

Zum ersten Konflikt kommt es dann auch schon, bevor es überhaupt losgeht. Denn während alle anderen sich erst in Gruppen zusammenfinden und dann ein Thema suchen, möchte Julia unbedingt ein Thema bearbeiten, das sie interessiert, und drängt sich somit in eine bereits bestehende Zweiergruppe. Als es an ein Treffen zur Vorbereitung geht, dann die nächste Hürde. Die beiden koreanischen Kommilitoninnen Younghee und Sunjin, die vorher noch ein anderes Referatsgruppentreffen haben, kommen, ohne Bescheid zu sagen, 30 Minuten zu spät. Eine weitere später zur Gruppe gestoßene Teilnehmerin sagt per SMS wieder ab, weil in einer anderen Gruppe ein Platz frei geworden sei, in der eine Freundin von ihr mitarbeite. Am Ende sitzen sie zu viert um den Tisch: Julia, eine stille Chinesin und besagte Koreanerinnen, Younghee und Sunjin, die die ganze Zeit miteinander schnattern und wie wild an ihren Handys rumspielen.

IT-SUPERMACHT *(IT GANGGUK)*

Es ist in Korea durchaus keine Seltenheit, Pärchen zu sehen, die gemeinsam in einem Café sitzen, während jeder für sich Kurznachrichten ins Handy tippt. Der Smartphone-Boom hat sich in kaum einem Land der Welt so rasant verbreitet wie in Korea. Spätestens nach ein paar Wochen Korea-Aufenthalt wird man erstmals beobachten, wie zwei Koreaner auf der Straße zusammenstoßen, weil sie zu konzentriert auf Handy oder wahlweise Tablet-PC starrten und dabei versuchten zu laufen: Immerhin haben sie sich überhaupt aus dem Haus bewegt.

Als Julia die beiden freundlich ermahnt, doch zumindest einmal kurz von den Bildschirmen aufzublicken, arbeiten die Koreanerinnen gleich drauflos. Während nebenbei noch immer aufs Handy geschielt wird, hämmern sie wild in ihre mitgebrachten Laptops. Was genau sie da machen, versteht Julia aber nicht. Für sie sieht das Ganze recht unstrukturiert aus und so regt sie an, vielleicht erst einmal einen Plan aufzustellen, wer welchen Teil des Referats bearbeitet. Das führt dazu, dass alle sich intensiv über die genaue Verteilung der Aufgaben unterhalten, wobei die Chinesin sich weder auf Koreanisch noch auf Englisch wirklich verständlich machen kann und somit als Arbeitskraft im Grunde ausfällt. Die Koreanerinnen könnten wohl Englisch, machen aber das meiste lieber unter sich aus. Sie wollen aber anscheinend Julia auch nicht auf die Füße treten und äußern sich deshalb ihr gegenüber nur sehr zurückhaltend. Also fühlt Julia sich als Lauteste und Aktivste berufen, die Führung zu übernehmen und klare Ansagen zu treffen. Es widerspricht ihr ja schließlich auch niemand.

Die Koreanerinnen zeigen auf ihre Art, was sie davon halten, indem sie jetzt komplett auf Koreanisch umschalten. Noch immer sieht Julia in deren Aktionismus keinen Plan: Allein eine halbe Stunde scheinen Younghee und Sunjin zu benötigen, um sich über den Hintergrund für die Präsentation einig zu werden. Auch für Ränder, Schriftarten und ähnlich wichtige Details geht viel Zeit drauf. Die Chinesin macht inzwischen nebenbei ihre Koreanisch-Hausaufgaben und kommuniziert nur, wenn sie eine Vokabel wissen will.

Gegen sieben Uhr abends wagen die Koreanerinnen dann den offenen Aufstand. Erst einmal was essen gehen, auf leeren Magen arbeitet es sich nicht gut. Obwohl Julia eigentlich nur schnell fertig werden will, gibt sie nach. Im Nullkommanichts sind Younghee und Sunjin zum Essen mit ihren neuen männlichen Freunden aus dem Film-*dongari* verschwunden. Bleiben die Chinesin und Julia. Die Chinesin holt eine verschließbare Metallschale heraus, in der etwas Reis und Beilagen sind. Essengehen ist ihr anscheinend zu teuer.

DIE ARBEITSGEMEINSCHAFT – *DONGARI*

Unter *dongari* versteht man eine Gruppe im Sinne einer Arbeitsgemeinschaft an der Universität, die sich mit einem bestimmten Thema beschäftigt. Es gibt *dongaris* für Sport, für Religion, Politik, Musik – schlicht für alles. *Dongaris* sind nebenbei auch perfekte Kuppelorte; grob gleiche Interessen treffen auf grob gleiches Alter und grob gleichen Bildungsstand. Kein Wunder also, dass den Damen ihr Treffen gerade wichtiger ist als eine Referatsgruppe.

Für Julia bleibt also nur die Wahl zwischen hungern und alleine essen gehen. So lässt sie schließlich die Chinesin allein zurück und genehmigt sich vor dem Uni-Haupttor in einem kleinen Restaurant, das von einer reizenden alten Dame betrieben wird, eine heiße Suppe mit weichem Tofu und Meeresfrüchten, *sundubu jjigae*. Danach ist sie wieder richtig in Fahrt und am liebsten würde sie jetzt gleich loslegen – doch weit gefehlt. Eine SMS bedeutet ihr, dass sie sich Zeit lassen könne. Jetzt wolle man erst einmal mit den *dongari*-Freunden einen Kaffee trinken gehen. Das Referat sei ja erst morgen früh.

Gut, dann lass sie ihren Kaffee trinken, denkt Julia und geht schon mal zurück auf den Campus, um weiter das Material zu sichten. Die Chinesin ist inzwischen verschwunden. Irgendwann gegen neun kommen die beiden Damen zurück, leicht angeschwipst. Während Julia ihren Teil schon fast fertig hat, sitzen die Koreanerinnen noch vor Facebook und checken fleißig Entertainment-Nachrichten.

Um ein Uhr fallen Julia schließlich die Augen zu. Als sie eine Stunde später von ihrem Nickerchen erwacht, kann sie es kaum glauben: Die Präsentation ist fast fertig und ihre Mitstudentinnen kichern: »Wir brauchen nur noch deinen Teil. Ihr Deutschen macht aber schnell schlapp.«

Aigu! – Oh weh!

Was Julia hier nicht verstanden hat: Für Koreaner ist die Universität, insbesondere in den ersten Semestern, vor allem ein Ort, um die verlorene Jugend aufzuholen. Bis zur Uni haben die Jugendlichen meist ihre Tage in überfüllten Klassenzimmern und ihre Abende in anonymen Lerninstituten, sogenannten *hagwon,* mit dem Büffeln von Englisch, Mathe, logischem Denken und mit sonstigen Quälereien verbracht. Immer in der Angst, zurückzufallen im ewigen Wettkampf um die besten Plätze an den besten Unis. Wenn man dann erst mal, so wie Younghee und Sunjin, auf eine gute Uni gekommen ist, heißt es ausspannen so weit wie möglich. Für viele beginnt auch jetzt erst die Erkundung des anderen Geschlechts. Julia, die das alles schon im Gymnasium erlebt hat, mag diese Arbeitshaltung auf die Palme treiben, aber verständlich ist sie schon, wenn man die Hintergründe kennt.

Hinzu kommt aber losgelöst davon eine grundsätzlich andere Haltung zu Projekten und Arbeit in Korea. Sicher wollen auch Koreaner eine Sache schnell und zuverlässig erledigen, der Weg ist aber ein grundsätzlich anderer. Anders gesagt: Der Weg ist das Ziel. Während wir in Mitteleuropa die Sache im Mittelpunkt sehen, geht es in Korea viel mehr um die soziale Komponente, also das Drumherum: Auf das Wie einer Arbeit, was wessen Aufgabe ist, darauf wird viel mehr Rücksicht genommen. Deshalb werden zunächst auch scheinbar irrelevante Randthemen abgeklärt, um den Rahmen abzustecken. Einen Wortführer gibt es auch in einer koreanischen Gruppe immer, aber dass Julia, die völlig neu im Uni-Umfeld ist und die Anforderungen an koreanische Referate nicht kennt, anfängt, sich zur Chefin aufzuspielen, führt zwangsläufig zu Trotz auf der anderen Seite. Koreaner können ihre Unzufriedenheit in solch einem Umfeld dann zwar indirekt, aber durch klare Zeichen zeigen; man hat mit Julia ja höchstens zwei Semester zu tun. Auch wenn man Julias Art eher als störend empfindet, wird man das Referat natürlich trotzdem nicht an die Wand fahren; dazu sind die Noten wieder zu wichtig. Wenn man erst einmal gefährlich nahe an eine Deadline geschrammt ist, muss man eben enormes Tempo machen und bis zum Umkippen ackern. Schlafen kann man ja nach dem Referat.

25 DIE KONKURRENZ

MIT *SPEC* FÄNGT MAN KRAKEN

Kein Frosch im Brunnen sein

Heute hat Julia auf ihren Politikkurs gar keine Lust. Die Unterrichtssprache des Kurses ist zwar im Vorlesungsverzeichnis formal mit Englisch angegeben, aber wie in so vielen Kursen darf eigentlich jeder das sprechen, was ihm am meisten liegt. Was bedeutet, dass die Koreaner im Kurs alle in ihrer Muttersprache reden. Um ihre Aussprache zu trainieren, versucht Julia sich so oft wie möglich auf Koreanisch zu beteiligen, aber das geht bei politischen Themen noch nicht wirklich gut. Und insbesondere nicht montagmorgens. Dementsprechend entscheidet sie sich, einfach liegen zu bleiben. Ehrlich, wie sie ist, sagt sie das auch Sewon am Telefon, denn sie sind nachmittags zu einer »Überraschung« verabredet. Da Julia das ohnehin nicht abwarten kann, will sie nun schwänzen und das Treffen vorverlegen.

»Keine gute Idee. Anwesenheit zählt zur Note in Korea. Und die Überraschung läuft nicht weg.«

Mist. Das hat sie vergessen. Na gut, also doch anziehen und hin.

Julia kommt etwas zu spät, versucht sich aber gleich, in die Diskussion einzufinden. Doch so genau sie auch hinhört, was ist das wieder für ein Kauderwelsch?

»Die *hypothesis* des Autors, wenn man der *followed,* also warum ist dann *going out to talkshows* für den *candidate* bei der *campaign* vorteilhaft? Lasst uns das mal fürs *understanding* kurz *summarizen!*«, sagt die Professorin in einer Mischung aus Koreanisch und Englisch mit koreanischem Akzent.

Wie immer meldet sich die Lehrassistentin der Professorin, eine besonders fleißige Mitstudentin, und *»summarized«* ganz einfach für alle zusammen: »Also, *user,* die *entertainmental media consumen,* die sind *turnout high* und auch mehr *persuasible* als normale *voters.* Die *effects* sind insbesondere bei *entertainment programs* deutlich höher als bei *traditional news media,* weil da die *content negativity* viel *lower* ist und dieser *type of media* auch wenig *cynical* gesehen wird. Und weil als *heuristic cue individual traits* wichtiger sind als *issue preference, focussen* sich die Leute mehr auf so etwas, deshalb das *result* der *study.*«

Julia hat den Text, um den es geht, nicht gelesen – aber das ist ohnehin nicht nötig, wie sie gemerkt hat. Stattdessen sagt sie jetzt einfach noch mal das Gleiche, was die Mitarbeiterin gesagt hat, etwas anders formuliert und als Frage verpackt, um am Ende des Kurses eine gute Note zu bekommen – so haben es ihr ihre Mitstudentinnen am Wochenende erklärt. Also beginnt sie auf Koreanisch:

»Saengseon! Jilmun isseumnida!«

Lachen. Die Professorin versucht, sich ihr Lachen durch die Hand vorm Mund nicht ansehen zu lassen.

»Warum lacht ihr denn bitte?«, fragt Julia jetzt merklich genervt.

»Du hast gerade die Lehrerin, *seonsaeng,* Fisch, *saengseon,* genannt.«

»Na, immerhin versuche *ich* noch Koreanisch zu sprechen«, kontert Julia.

Den Rest des Unterrichts verfolgt Julia die andere Strategie, die ihr während des *Membership Training* beigebracht wurde: Aufmerksamkeit vortäuschen durch aktives Mitnicken bei den Äußerungen anderer und beschäftigt mitschreiben, wenn die Professorin spricht.

Gott sei Dank war das der einzige und letzte Kurs heute. Jetzt aber schnell los, denn mittags soll es endlich die Überraschung geben. Schlau, wie Julia ist, hat sie inzwischen schon durch den Treffpunkt,

U-Bahnhof Jamsil, herausgefunden, dass es nur zu Lotte World, einem riesigen Freizeitpark, gehen kann.

Am U-Bahnhof angekommen, fühlt sie sich ebenso erschlagen wie bei ihrer Ankunft in der Lotte-Warenwelt im Zentrum. Julia versteht vor lauter Lotte die Welt nicht mehr: Lotte Department Store, Lotte Hotel, CharLotte Musical-Theater, Lotte Mart ...

»Hier ist ja noch mehr Lotte«, sagt Julia, das Spiel noch etwas mitspielend.

»Und nicht nur da, wo Lotte draufsteht, ist Lotte drin«, antwortet Sewon.

»Krispy Kreme Donuts?«

»Lotte!«

»Angelinus Coffee?«

»Lotte!«

Dann kommen sie endlich an den langen Tunnel, der zum Haupteingang von Lotte World führt, und Julia versucht, Überraschung vorzutäuschen:

»Oh, Sewon, das ist aber toll. Das habe ich ja gar nicht erwartet.« Aber ihr Grinsen verrät sie.

»Manchmal unterschätze ich dich offenbar«, sagt Sewon jetzt etwas enttäuscht.

»Nicht manchmal, mein Lieber, *immer!* Und jetzt guck mal zu, wie das hier gemacht wird.«

Julia geht voller Stolz zur Kasse, zückt eine Kundenkarte vom Lotte-Konzern und eine spezielle Kreditkarte, die sie inzwischen hat machen lassen, und schon purzeln die Preise – 20 Prozent gespart.

»Du lernst ja tatsächlich was von mir«, bemerkt Sewon jetzt nicht ohne Stolz.

Als sie durch die Drehkreuze ins Innere von Lotte World vorstoßen, ist Julia dann doch ernsthaft geplättet. Unter einer riesigen Glaskuppel erblickt sie den größten überdachten Freizeitpark der Welt: eine Loopingbahn, die sich an der Front des Lotte Hotel entlangschlängelt, Heißluftballons, die an der Decke entlangfliegen, und ganz tief im Bauch des Ungetüms eine Schlittschuhbahn.

»Donnerlottchen!«, entfährt es ihr. »Lass uns erst einmal hinsetzen.«

Bei einem der eher mäßigen Restaurants essen sie ein Eis – natürlich von Lotte – und kommen ins Quatschen.

»Heute war wieder so ein Tag. Die Leute im Kurs haben eigentlich Koreanisch gesprochen, aber ich habe alles verstanden.«

»Weil dein Koreanisch so gut geworden ist?«, fragt Sewon verwundert.

»Nein, weil die so viele englische Begriffe eingewoben haben, dass man es kaum noch als Koreanisch bezeichnen konnte.«

»Haben sie es denn wenigstens richtig verwendet?«

»Warum, was meinst du?«

»Wir haben so komische, angeblich englische Wörter in unserer Sprache, die nennen wir *Konglish,* also koreanisches Englisch: Zum Beispiel sagen wir *eye shopping,* wenn wir Schaufensterbummel meinen, das ist aber falsches Englisch.«

»Stimmt, aber so etwas gibt es in Deutschland auch. Wenn wir auf öffentlichen Plätzen Fußball schauen, sagen wir dazu *public viewing,* das heißt aber wohl eigentlich öffentliche Aufbahrung.«

»Nicht dein Ernst?«

»Aber was ich nach wie vor nicht verstehe: Wenn alle Englisch lernen, warum können dann immer noch so wenige richtig Englisch?«

»Da sieht man mal wieder, wie deutsch du bist. Wir lernen Sprachen ja in Korea nicht, um sie zu sprechen. Sondern für die Punktzahl beim TOIEC oder TOEFL, damit wir uns um gute Jobs bewerben können. Das gehört ja alles zu unseren *specs.*«

»*Specs?*«

»Ja, die Qualifikationen, die bei den großen Kraken gefragt sind.«

»Kraken? Meinst du die *jaebeols?*«

»Ja, genau die. So wie Lotte. Aber Lotte ist ja nur eine von vielen Kraken, eine der kleineren. Wir heißen nicht umsonst scherzhaft Republic of Samsung.«

»Ich habe ja bislang nicht viel Gutes über diese Kraken gehört, diese Treue zum Unternehmen, dem man sich mit Leib und Seele und vor allem seiner ganzen Zeit verschreiben muss, das lässt mich nicht unbedingt von einer Karriere dort träumen.«

»Klar, Traumjob heißt bei uns ja auch nicht Erfüllung, sondern finanzielle Absicherung. Und die ist da wirklich mehr als genug gegeben.«

»Was ich mich immer frage: Warum wehrt sich nicht mal jemand? Diese Unternehmenskultur ist doch nicht gesund. Wenn man die Arbeit geschickter verteilen würde, offener miteinander umgehen und auch einfach mal Feierabend machen würde, wenn die Arbeit erledigt ist, anstatt darauf zu achten, dass man bloß nicht früher geht als der Chef, dann wäre ja schon viel gewonnen. Ich rede ja gar nicht von so modischen Trends wie Work-Life-Balance, aber jeden Tag vor dem Chef buckeln, sich immer in den Hierarchien zurechtfinden müssen und am Ende die eigene Familie kaum zu Gesicht bekommen, weil man quasi in der Firma wohnt, um dem Chef zu zeigen, wie fleißig man doch sei, das ist doch auf Dauer kein Leben.«

»Ach, Julia, wir wissen das auch alle. Aber wenn dann mal ein Präsident die Arbeitszeiten verringern will, dann laufen alle gleich Sturm, und nicht nur die Lobbyisten. Aber es stimmt ja auch: Wir sind jahrzehntelang immer schneller gelaufen als die anderen, um aus Hunger und Armut herauszukommen. Jetzt wissen wir nicht mehr, wie man einen Gang zurückschaltet. Und es gibt immer das Argument, dass die anderen aufholen.«

»China ist also an allem schuld.«

»Im Endeffekt läuft es immer darauf hinaus, ja. Oder eben Japan.«

Nach so viel Politik geht es schließlich noch auf den Lotte World Tower, mit 555 Metern zum Zeitpunkt der Eröffnung das höchste Gebäude Koreas und das fünfthöchste der Welt. Oben angekommen, breitet sich das endlose Häusermeer vor Julia und Sewon aus. Beim Anblick der Abertausenden von Apartmentblocks und des Hangang-Flusses, der jetzt ganz plötzlich ganz schmal aussieht, werden die beiden nachdenklich. »Siehst du, Julia, im Leben ist alles eine Frage der Perspektive. Unten scheint sich die Welt um unsere Probleme zu drehen; hier oben merkst du aber, dass wir alle nur kleine Ameisen sind.«

MIT GEMÜSE HANDELN ODER MIT SMARTPHONES – *JAEBEOLS*

»Groß und mächtig« bedeutet *jaebeol,* und das trifft es genau. Als unter Präsident Park Chung-hee in den 1960ern und 1970ern das Wirtschaftswachstum begann, wurden gezielt mit Regierungshilfe nationale Champions herangezüchtet, die sich – wie im Falle von Hyundai, das als kleines Autoreparaturunternehmen startete – Schritt für Schritt, Branche um Branche ausweiteten. So wuchs ein Unternehmensarm nach dem anderen.

Inzwischen haben *jaebeols* wie Samsung, LG, SK und Lotte große Teile der südkoreanischen Volkswirtschaft unter sich aufgeteilt. Wäre das Unternehmen Samsung, in den 1930ern als Gemüsegroßhandel mit eigener Nudelherstellung gestartet, ein Land, läge es mit seinem Bruttoinlandsprodukt besser als mancher EU-Mitgliedstaat. Ähnliches gilt für Hyundai und LG. Der Besitz bleibt in einigen wenigen Familien, am bekanntesten IOC-Mitglied und Samsung-Pate Lee Kun-hee, aber auch Ex-FIFA-Vizepräsident und Hyundai-Erbe Chung Mong-joon ist als Politiker und Person des öffentlichen Lebens seit Jahrzehnten präsent.

Während man nach außen stolz auf die Erfolge der koreanischen Unternehmen ist, insbesondere auf Samsungs erfolgreichen Kampf um die Weltspitze gegen Apple, wird nach innen immer wieder die Reform dieser dynastischen Kraken angemahnt. Auch vielen Südkoreanern ist die Ironie bewusst, auf der einen Seite scharf die dynastische Erbfolge im Norden zu kritisieren und das dortige Regime als »Familienunternehmen« zu bezeichnen, gleichzeitig aber die eigene Volkswirtschaft nicht viel anders aufzuziehen.

Olssigu! – Olé!

Einmal abgesehen davon, dass sich Damen in Korea gerne einladen lassen und man Sewon ruhig die Freude hätte machen können, den richtigen koreanischen Mann heraushängen zu lassen, hat Julia heute alles richtig gemacht und wieder viel gelernt. So langsam scheint der Knoten zu platzen.

In der Uni hat Julia durchaus zu Recht mal Kontra gegeben. Schein und Sein liegen auch im Unikurs nahe beieinander, und anstatt ihre Bemühung, Koreanisch zu sprechen, zu würdigen, wurde Julia hier wegen eines Versprechers – zugegebenermaßen eines witzigen – vorgeführt, was auch nach koreanischem Verständnis nicht nett ist. Ansonsten gibt es kein allgemeines Rezept für den Umgang im Unialltag, außer Anwesenheit, denn die zählt in jedem Kurs zu mindestens zehn Prozent, teilweise sogar bis zu 50 Prozent. Faustregel hier: Je kleiner der Kurs und je höher das Niveau, desto eher ist echte Diskussion möglich und dann auch erwünscht. Wobei deutliche Kritik am Professor immer noch recht selten ist und, auch von den Mitstudenten, eher negativ angesehen wird.

Genaues Mitschreiben des Gesagten ist übrigens wirklich ein guter Tipp, den Julia da von den MT-Mitfahrern erhalten hat, denn viele deutsche Studenten werden von den *junggan gosa* (*midterms*/Zwischenprüfungen) nach circa sechs Wochen Kurs kalt erwischt, bei denen meist abgefragt wird, ob man die Inhalte alle mitbekommen hat, bevor im *gimal gosa* (*finals*/Endprüfung) am Semesterende dann auch mehr auf Diskussion des Gelernten Wert gelegt wird.

Dass Julia schließlich den großen Bogen zur Gesellschaft insgesamt gespannt hat, zeigt zudem, dass sie langsam merkt, dass auch in Korea alles mit allem zusammenhängt. Was für eine komplexe Maschine sie da gerade versucht zu verstehen, eröffnet sich ihr ganz bildlich beim Blick über die »unendliche Stadt«, die sie jetzt ihr neues Zuhause nennt.

26 DER KÖRPER

VORURTEILSFREIHEIT UND UNTERTEIL-FREIHEIT

Einer Kuh ein buddhistisches Sutra vorlesen

Obwohl noch nicht einmal richtig Sommer ist, ist es bereits warm, sehr warm. Zwar gibt es in Korea auch einen Bauernkalender und einen meteorologischen Sommeranfang, aber am einfachsten lässt sich erkennen, ob Sommer ist, indem man schaut, ob in den Cafés der Americano nach dem Essen kalt oder warm bestellt wird.

Julia sitzt mit ihrer Mitstudentin Hyeyoung aus dem Politikkurs (siehe Episode 17, Seite 108) und ihren Lernunterlagen im weitläufigen Uferpark des Han-Flusses. Sicher, beste Freundinnen werden Julia und Hyeyoung kaum werden, aber so aneinander vorbeireden wie zu Beginn tun beide doch nicht mehr, und immerhin haben sie ein gemeinsames Interesse: eine gute Note im Kurs bekommen. Julia findet es schon bemerkenswert, dass sich Hyeyoung vom Campus gewagt hat. Sie selbst ist ja der Meinung, dass man überall lernen kann – Koreaner scheinen aber zu meinen, dass Lernen nur in einer Bibliothek möglich ist. Jedenfalls haben sich die beiden es nun mit einem – natürlich kalten – Americano am Fluss bequem gemacht.

SPIELWIESE DER HAUPTSTADT: HANGANG

Der Hangang (Han-Fluss) ist der Fluss, der sich durch die Hauptstadt Seoul zieht und bis zu einem Kilometer breit ist. Er ist das Symbol für den wirtschaftlichen Aufschwung des Landes, der auch »Wunder vom Han« genannt wird. Entlang des Han-Flusses sind auf vielen Kilometern Parks und andere Naherholungsstätten angelegt, um den Großstädtern etwas Naturerlebnis zu ermöglichen. Von Angeln über Badminton bis hin zu Windsurfen ist am Fluss alles zu machen, und so versammelt sich an Wochenenden buchstäblich die ganze Stadt mit Kind und Kegel und zeltet im Sommer teilweise sogar über Nacht am Fluss; urig, gemütlich und ein toller Ort, um Koreaner »in natürlicher Umgebung« zu beobachten.

Irgendwie kann sich Julia nicht konzentrieren: Einige durchtrainierte Fahrradfahrer haben sich ihr Oberteil ausgezogen und erfrischen sich an einem der öffentlichen Wasserspender. Und selbst die Damen zeigen Haut: Unter dem Rock des Mädchens direkt vor ihr zeichnet sich doch sehr deutlich das Höschen ab. Soll sie es etwa auch wagen?

Julia will nahtlose Bräune, ist ihr doch egal, dass die Koreanerinnen sich das Gesicht bleich schmieren. Also zieht sie vorsichtig ihr Top hoch ... da entfährt Hyeyoung ein spitzer Schrei: »Was machst du denn da???«

»Na ja, ich dachte nur, weil die Frauen da, die laufen ja auch quasi nackt rum ... und wir sind hier schließlich fast allein.«

»Ja, schon, aber das, was die Weiber da drüben machen, das ist ›Unterteil-wird-vermisst-Mode‹, so laufen nur ungezogene Frauen rum, die später keinen erfolgreichen Mann abbekommen!«

»Also bei uns im Westen bekommen solche Frauen später die besten Männer ab«, platzt es aus Julia heraus, und jetzt muss auch Hyeyoung lachen.

»Du magst doch koreanische Popmusik so sehr, nicht?«

»Ja, schon, warum?«

»Es gibt Gruppen mit jungen Mädchen, die tanzen ganz sexy, die dürfen ihre eigenen Videos nicht anschauen, wegen Jugendschutz im Fernsehen. Und einmal hat einer aus einer Boygroup im Fernsehen erzählt, dass er sich nicht komplett den Oberkörper entblößen darf: Eine Brustwarze ist okay, zwei Brustwarzen ist obszön. Aber jeweils eine abwechselnd, das ist wieder okay.«

»Oh Mann, das ist ja extrem.«

»Ja, aber was viel schlimmer ist als die Zensur, sind die Menschen selbst. Die Netizens mit ihren *akpeul* sind wirklich angsteinflößend.«

»Akpeul?«

»Negative Kommentare. Wenn eine Schauspielerin schlecht gespielt hat, dann schreiben Tausende Leute unter eine Meldung, dass die aus dem TV verschwinden soll. Und manchmal tut sie das dann auch.«

Da läuft es Julia kalt den Rücken runter. Sie hat viel von den negativen Seiten der koreanischen Entertainment-Industrie gehört, aber dass das offenbar tatsächlich so ist, schockiert sie schon.

MÄCHTIGE ONLINEBÜRGER: NETIZENS

Eine Kombination aus Internet und Citizens. Große Teile des koreanischen Gesellschaftdiskurses haben sich inzwischen ins Netz verlagert. Alles wird dort diskutiert, meist in kurzen Kommentaren unter Zeitungsartikeln. Was man im Deutschen als Shitstorm bezeichnet, ist in Korea an der Tagesordnung. Eigentlich wird jeden Tag eine neue Sau durchs Onlinedorf getrieben. Die geballte Kraft hat aber durchaus auch eine gute Seite: Verbraucherskandale, politische Skandale etc. werden oft im Internet aufgedeckt oder von den Usern so lange am Kochen gehalten, bis es eine Reaktion gibt – der Kundenservice ist in Korea wohl auch so einzigartig gut, weil die Firmen schlicht Angst vor ihren Kunden haben.

Aigu! – Oh weh!

Es ist tatsächlich eines der schockierendsten Erlebnisse für koreanische Austauschstudentinnen in Deutschland, wenn ihre deutschen Kommilitoninnen im Sommer auf der Wiese blankziehen. Das ist bemerkenswert, denn selbst noch in den Anfangsjahren der Republik Korea war die Brust als Symbol der Weiblichkeit im koreanischen Alltag präsent und akzeptiert. Stillende Mütter packten sie aus Bequemlichkeit zwischendurch gar nicht ein, sondern liefen barbusig herum. Christliche Prüderie, insbesondere der starke presbyterianische US-Einfluss und sonstige moderne Heilslehren haben das jedoch mächtig geändert. Eine Frau, die heute auch nur ein weites Dekolleté zeigt, wird ziemlich schief angeschaut. In der Freizeit und zu Hause sieht man durchaus auch Frauen mit einem ausgeschnittenen Top, aber im Beruf oder bei offiziellen Anlässen ist man gleich untendurch, wenn man allzu viel Haut zeigt – nur oben wohlgemerkt. Wo Frauen nämlich sehr wohl etwas mehr Freiheit haben, ist bei der Rocklänge, und nur dort. Auch das ist bemerkenswert, denn traditionell waren die Röcke lang und verdeckten die Beine vollständig. Es gab in der traditionellen Gesellschaft kaum etwas Erotischeres, als wenn eine Frau lasziv ihre Sockenspitze unter den wallenden Kleidern vorscheinen ließ. Heute sind Hotpants und Mini-Miniröcke selbst im Winter beliebte Kleidungsstücke und haben ihren erotischen Reiz nahezu verloren. Wohlerzogene Mädchen wie Hyeyoung würden es mit der Rockkürze natürlich trotzdem nicht übertreiben. Und zumindest im Berufsleben sollte der Rock auch in Korea bis über die Knie reichen. Kurzum, will Julia nahtlose Bräune, muss sie sich ein Solarium suchen – und davon gibt es in Korea nicht gerade viele.

Auch am Meeresstrand zeigen sich Koreaner übrigens meist zugeknöpft; der Bikini kämpft noch immer um Akzeptanz und wird am Strand meist zumindest durch ein Tuch oder ein weites T-Shirt bedeckt. Und selbst Männer gehen noch immer oft mit Bade-T-

Shirt ins Meer. Bei beiden Geschlechtern ist daran eine Mischung aus traditioneller Prüderie und neuzeitlicher Überforderung durch allzeit präsente Körperideale der aufs Äußere fixierten Gesellschaft Schuld.

27 DIE TRANSPIRATION

JULIA FRIERT IN DER HÖLLENBAHN

Nicht der Traum selbst ist wichtig, sondern wie man ihn deutet

Ihr Vorhaben, für den Politikkurs zu lernen, haben Julia und Hyeyoung aufgegeben. 39 Grad – es ist einfach zu warm heute. Also leihen sich die beiden ein Rad, was man am Han-Fluss ganz unkompliziert gegen wenig Geld tun kann. Sie fahren in einer langen Schleife immer an den endlosen Apartmenttürmen vorbei, das Wasser glitzert, der Himmel ist strahlend blau, aber schon bald verlassen Hyeyoung die Kräfte.

»Hey, Julia. Koreanerinnen müssen schön sein. Sport gehört nicht zu unseren Aufgaben.«

»Na gut, lass uns umkehren.«

Julia ist gerade erst richtig auf Touren gekommen, trieft aber förmlich vor Schweiß. Sie beschließen, die Räder wieder abzugeben und mit der U-Bahn zurück zur Uni zu fahren.

Waren gerade noch knapp 40 Grad und schätzungsweise 100 Prozent Luftfeuchte, herrschen in der Bahn gefühlt Temperaturen um den Gefrierpunkt. Die sogenannte Klimaanlagenerkältung hatte

Julia gleich zu Beginn der heißen Tage mitbekommen, als ihr der Schweiß den Rücken herunterlief, sie an den Händen aber schon fast erfroren war.

Besonders schlimm ist für Julia aber, dass sie sich bei den hohen Temperaturen als Aussätzige fühlt. Nach dem Fahrradfahren am Fluss klebt ihr jetzt eine richtige salzige Kruste am Körper.

»Mist, jetzt verziehen wieder alle das Gesicht.«

»Ist ja auch kein Wunder, ihr Deutschen duscht euch auch nicht richtig.«

»Wiiiiie bitte?«

»Ich habe das mal beobachtet. Ihr huscht nur kurz in die Dusche. Und manchmal schaltet ihr sogar zwischendurch das Wasser wieder ab. Da kann man ja nicht sauber werden.«

»Das nennt sich Wasser sparen, aber das hat doch nichts damit zu tun, dass wir schwitzen. Warum schwitzt du eigentlich nicht? Du bist doch genauso geradelt?«

»Wir schwitzen nicht, wir können gar nicht schwitzen.«

Julia hält das für einen Witz, bemerkt dann aber, dass Hyeyoung das offenbar völlig ernst gemeint hat. Unterdessen zieht sich Julia ihren Pullover über, den sie für solche Fälle immer dabeihat. Der hilft zum einen, den Körper im U-Bahn-Kühlschrank über null zu halten, und gleichzeitig, die Ausdünstungen etwas einzufangen. Als sich in der völlig überfüllten U-Bahn trotzdem um Julia herum ein gewisser Abstand bildet, scherzt Hyeyoung:

»Wow, dank dir hat man sogar in der Höllenbahn immer etwas Platz. Ich fahre jetzt öfter mit dir!«

JIOKCHEOL – HÖLLENBAHN

Höllenbahn ist ein gängiges Wortspiel, das auf der Ähnlichkeit mit dem Begriff U-Bahn *(jihacheol)* beruht. Zu den Stoßzeiten braucht es selbst heute noch oft die sogenannten *pushmen,* die man auch aus Japan kennt, also Bedienstete der Seouler Verkehrsbetriebe, die

die Menschen in die knackevollen Waggons schieben. Betont sei aber, dass das Seouler U-Bahn-Netz mit seinen zahlreichen Linien und Stationen außerhalb der Stoßzeiten eine wunderbar bequeme, saubere, preiswerte und effektive Form der Bewegung ist.

Gwaenchana! – Passabel!

Was kann man gegen Körpergeruch schon tun? Leider wenig, was ziemlich schlecht ist, denn einige Koreaner glauben tatsächlich, dass Westler so intensiven Körpergeruch haben, weil sie sich nicht richtig waschen. Viele Deutsche haben das Wassersparen so eingeimpft bekommen, dass sie tatsächlich nur wenige Minuten duschen, wohingegen der Koreaner weiterhin ausgiebig seine 20-Minuten-Dusche nimmt und Wassersparen bei den niedrigen Nebenkosten kein Thema ist.

Koreaner stinken übrigens tatsächlich nicht nach Schweiß, nicht im Sommer, nicht nach dem Sport. Sie müssen da nicht auf Tuchfühlung gehen, glauben Sie uns einfach. Das liegt daran, dass die meisten Koreaner – das ist wissenschaftlich nachgewiesen – keine apokrinen Schweißdrüsen haben. Das sind die Schweißdrüsen, die für den Körpergeruch verantwortlich sind. Trösten Sie sich einfach damit, dass gerade viele ältere Koreaner stattdessen nach Knoblauch und Ginseng riechen, viele jüngere nach *soju*-Schnaps, was insbesondere der viel befahrenen Linie 1 einen unverwechselbaren Geruch gibt.

Übrigens, bis vor einigen Jahren gab es Deos nur in sehr extravaganten Kaufhäusern und Deutsche importierten es nach jedem Besuch in der alten Heimat. Inzwischen gibt es Deos an jeder Ecke, wenn sie auch noch immer extrem teuer sind, weil – genau – sie eigentlich in Korea überflüssig sind. Nehmen Sie also die Koreaner so, wie sie sind, übertünchen Sie Ihren eigenen Geruch mit teurem Deo, so gut es geht, und ansonsten sollten Sie sich schon einmal daran gewöhnen, dass man den Sommer über selbst in vollen U-Bahnen viel Bewegungsfreiheit hat.

Die Idee mit dem Pullover ist übrigens wirklich gut. Sobald es im Sommer etwas wärmer wird, gehen überall die Klimaanlagen an – und es ist gleich wieder Winter. Man sollte sich also nicht nur der Gesellschaft entsprechend in Korea etwas konservativer kleiden, sondern auch immer den aktuellen klimaanlagenklimatischen Gegebenheiten entsprechend.

28 DIE GESCHLECHTER

ABGEDECKTE MÄNNER UND ZERSCHNIPPELTE SOJABOHNENPASTEN-MÄDELS

Männer, schöner als Blumen

Das Erlebnis beim Karaoke, insbesondere natürlich das anzügliche Verhalten des Chefs, lässt Nico auch noch viele Wochen später keine Ruhe. Das war ja auch erst der Anfang. Inzwischen erscheinen ihm die Rollenbilder der Geschlechter in Korea insgesamt total verwirrend. Mit der Emanzipation der Frau scheint es einerseits noch nicht weit her zu sein. Yunhee, die doch total intelligent ist, muss einen auf Prinzessin machen, um ihre Weiblichkeit zu demonstrieren. Andererseits soll Nico am besten mit seinen männlichen Kollegen kuscheln, damit er als echter Mann akzeptiert wird.

All das geht ihm durch den Kopf, während er sich in der Büroküche einen Kaffee einschenkt. Und da in diesem Moment Yunhee zur Tür hereinkommt, spricht er das Thema einfach offen an. Yunhee errötet, kichert verlegen und wiegelt sofort ab, das sei hier nun einmal so, da könne man nichts machen. Und schon ist sie wieder verschwunden.

Ein paar Minuten später brummt Nicos Handy. Eine SMS von Yunhee. »Installier dir endlich KakaoTalk, wir können gar nicht richtig kommunizieren.«

VIRTUELLER KAFFEEKLATSCH: KAKAOTALK

Große Teile der Kommunikation in Korea laufen über das Smartphone, und seitdem ein koreanisches Start-up-Unternehmen die kostenlose Instant-Messenger-App KakaoTalk entwickelt hat, entspinnen sich ganze Diskussionen dort. Nachrichten über ein Update des Messengers oder zwischenzeitige Unerreichbarkeit der Server schaffen es schnell auf die vorderen Plätze der Abendnachrichten. Als herauskam, dass die Regierung die Bedeutung des Dienstes ebenfalls erkannt hatte und gezielt den Nachrichtenverkehr nach verfassungsfeindlichen Inhalten durchsuchte, gab es einen Aufschrei und eine »Kakao-Löschbewegung« – die freilich nichts daran änderte, dass die überwältigende Mehrheit der Koreaner auch heute noch nicht auf andere Messenger-Dienste gewechselt ist.

Nico findet zwar, dass Yunhee ja auch einfach in der Küche hätte stehen bleiben und richtig mit ihm reden können, von Angesicht zu Angesicht. Aber so beckmesserisch will er dann doch nicht sein, also gesagt, getan. Kaum hat Nico die App heruntergeladen und sich registriert, poppen Dutzende von Kollegen auf seinem Handy auf und wollen als Freunde hinzugefügt werden. Und er erhält eine Einladung in einen eigenen Gesprächsraum bei KakaoTalk. Zu seiner Verwunderung gilt die Einladung sowohl ihm als auch Donghun.

CutiePie_Yunhee: »Zu dritt Abendessen? Nico hat Fragen zu Korea.«

EastTeacher82: »Fragen? OTL! kk. Kein Problem, lass uns heute wie ein Messer Feierabend machen.«

CutiePie_Yunhee: »o o ... ^.^;;«

Nico: »Wie ein Messer? Super. Vielen Dank, dass ihr euch die Zeit nehmt.«

EastTeacher82: »*Kaltoegeun* – Punkt 18 Uhr raus, wie mit dem Messer geschnitten scharf, deshalb.«

Nico: »Aha. Und was heißen diese kryptischen Zeichen von Yunhee?«

CutiePie_Yunhee has left the room.

EastTeacher82 has left the room.

SMARTPHONE-STENOGRAFIE: EMOTICONS

Koreaner sind äußerst auf Eile bedacht: Blitzschnell wird ins Handy getippt, und wenn die Information draußen ist, ist man auch ganz schnell wieder mit irgendetwas anderem beschäftigt.

So bleiben Nicos Fragen zunächst ungeklärt, aber da lässt sich unsererseits ja durchaus helfen: Koreanische Smileys beruhen meist auf japanischen. Diese werden von oben nach unten gelesen, nicht von links nach rechts wie die unseren. Dann gibt es aber auch ein paar Weiterentwicklungen. Ein ^^ ist ein Zeichen für Lächeln, kann aber auch Verlegenheit bedeuten, was eindeutig wird, wenn man ^^;; schreibt. ^.^ gilt als besonders süß, weil das Stupsnäschen in der Mitte noch dazukommt. Der Fantasie sind kaum Grenzen gesetzt. Hinzu kommen Abkürzungen wie das ㅋ (k) für Kichern, ㅎ für Lachen (von h für haha) und das oben gesehene OTL, das einen Menschen darstellen soll, der am Boden liegt (O der Kopf, T die aufgestützten Hände, L die Beine) und so was wie »totalen Zusammenbruch« bedeutet. Hier ist es so etwas wie »meine Güte« und drückt Donghuns Verwunderung aus. Yunhees Doppelkringel o o ist die stark vereinfachte Version der Silbe *eung,* der bereits vereinfachten Version von »Ja« auf Koreanisch.

Nico hat kaum Zeit, sich über die eigenartigen Chat-Namen seiner sonst so seriösen Kollegen zu wundern, da bombardiert ihn schon die halbe Abteilung mit mehr oder weniger nichtssagenden Nachrichten. Die restliche Zeit bis zum Feierabend ist er damit beschäftigt, lauter Leute in seine Freundesliste aufzunehmen, ein schönes Profilbild auszuwählen und Small Talk mit seinen neuen Kakao-Freunden zu treiben. Auf einmal bemerkt Nico, wie still es im Büro ist. Viel zu still sogar, denn die Computertastaturen sind gar nicht zu hören. Alles hängt vor den Handys, das fällt Nico erst jetzt auf. Wie schon bei seinem Erlebnis, als er als Einziger pünktlich Schluss machte (siehe Episode 11, Seite 76), merkt Nico wieder, dass die Koreaner effektiv wahrscheinlich sogar weniger arbeiten als die Deutschen, obwohl sie bis zu doppelt so lange im Büro sitzen, um ihren Vorgesetzten zu gefallen. Das hatte ihn ohnehin die letzten Wochen immer wieder verwundert, denn so viel online shoppen und Comics lesen kann man ja gar nicht. »So kriegen also die anderen den Arbeitstag herum. KakaoTalk sei Dank.«

Die Uhr schlägt sechs und wie drei Konspirateure treffen sich Yunhee, Donghun und Nico vor dem Fahrstuhl. Yunhee und Donghun beschließen, in eine *jumak*-Kneipe zu gehen, also eine moderne Kneipe im traditionellen Stil, wo Nico endlich einmal *makgeolli* trinken soll, den milchigen koreanischen Reiswein.

»Keinen *soju?*«, fragt Nico, offenbar ehrlich enttäuscht.

»Nein, an regnerischen Tagen wie heute trinkt man *makgeolli!*«

»Hä?«

»Ja, aber man isst keinen rohen Fisch. Roher Fisch an Regentagen geht gar nicht«, erläutert Yunhee.

»Aber zu *makgeolli* isst man sowieso eher Pfannkuchen mit *kimchi* oder Mungobohnen.«

»Und warum?«

Kalt erwischt. Yunhee und Donghun schauen sich verwundert an. Sie haben das offensichtlich selbst noch nie hinterfragt.

»Das ist eben so Tradition. Wenn du magst, können wir natürlich trotzdem Fisch essen gehen, an Regentagen gibt es da oft mehr, damit die Kunden gelockt werden, trotzdem zu kommen.«

Nein, da fügt er sich gerne der Kultur, mit Pfannkuchen ist Nico einverstanden und *makgeolli* wird auch probiert. Das Getränk schmeckt etwas faulig, aber je mehr Schüsseln davon gebracht werden, desto mehr läuft auch das Gespräch in eine Richtung, die Nico genehm ist. Und je mehr Nico ins Gespräch vertieft ist, desto weniger merkt er, wie viele von den kleinen Schüsselchen er schon runter hat.

»Also, warum befummelt der Chef die Jungs?«, fällt er jetzt mit der Tür ins Haus.

»Das ist ganz einfach«, antwortet Yunhee lachend, »die Frauen wehren sich heute zu stark.«

»Wie bitte?«

»Ach, es gab da so ein paar Gerichtsurteile zu Belästigung. Seitdem zwingen uns die Chefs nicht mehr zum Trinken und halten auch ihre Hände bei sich. Meist jedenfalls.«

»Was Yunhee meint: Die Unternehmenskultur ist deutlich westlicher geworden in den letzten Jahren«, springt jetzt Donghun bei, der noch etwas weniger intus hat oder den *makgeolli* schlicht besser verträgt.

»Ja, aber man hört doch so viel von Prostitution. Dann können die Chefs doch da fummeln ...«, tippt jetzt Nico vorsichtig das Thema an.

»Gibt es, natürlich. Ganz viel, aber seit das gesellschaftlich mehr geächtet wird, gehen nur noch die Chefs, vermutlich auf Privatkosten. Früher ging das alles vom Firmenbudget ab. Das Fummeln ist übrigens eine ganz freundliche Zuneigung, hast du das immer noch nicht verstanden?«

»Wenn du meinst. So, nächstes Thema, Schönheits-OPs! Yunhee, was hast du machen lassen, wann, wo und warum?«

»Entschuldigung?«

»Ja, genau du. Es machen doch offenbar alle in Korea. Wann hast du dich operieren lassen?«

»Das würde mich auch interessieren«, grinst Donghun und schneidet dabei für die anderen den Pfannkuchen mit den Stäbchen in mundgerechte Stücke.

»Also ... ich bin ganz natürlich.«

Ungläubiges Gelächter.

»Na gut, die Augen, aber wer hat denn bitte in unserer Firma *ssanggeopul* nicht gemacht!«, dreht jetzt Yunhee empört den Spieß um.

»*Ssanggeopul* ist die doppelte Lidfalte, das wird operiert, um westlicher auszusehen. Das machen wirklich alle Frauen. Und auch ein paar Männer«, erläutert Donghun.

»Ich weiß, ein wenig über Korea informiert habe ich mich ja auch«, entgegnet Nico beruhigend.

»Du hast ein sehr selektives Wissen über Korea, mein Lieber! Aber ist schon okay, ich glaube, wir können auch nur so offen reden, weil ein Ausländer dabei ist«, sagt Yunhee jetzt.

»Ja, allein wenn wir uns einfach so zu zweit nach der Arbeit treffen würden, würden in der Firma gleich alle denken, dass wir etwas voneinander wollen.«

»Oder anfangen zu tuscheln, weil du schon eine Verlobte hast. Und ich wäre dann sofort die Böse, weil ich dich ausspanne.«

»Aber dazu gehören dann doch zwei, also ich meine, selbst wenn ihr etwas ...«, wirft jetzt Nico ein und will endlich das Thema Sex ansprechen, da machen sich die letzten Liter *makgeolli* bemerkbar: »Ich muss mal aufs Klo«, heißt es noch, und schon ist er auf dem Weg.

»Okay, ich komm mit«, ruft Donghun und stürzt hinterher.

Schweigen. Schweigendes Akzeptieren. Das ist normal so, sagt sich Nico wie in einem Mantra. Immerhin stellt sich Donghun nicht direkt neben Nico beim Pinkeln. Aber pinkelt Donghun überhaupt? Was macht Donghun denn da?

Als Nico zum Waschtisch geht, sieht er, wie dieser sich Abdeckcreme ins Gesicht schmiert.

»Warum schminkst du dich denn???«, fragt Nico entgeistert.

»Warum nicht?«

»Nur Frauen schminken sich.«

»Erstens schminke ich mich nicht, sondern mache nur ein bisschen BB-Creme für den Teint drauf, weil ich etwas rot geworden bin. Zweitens hast du ein ganz schön altmodisches Weltbild, Nico«, kommentiert Donghun lax und fängt an, sich die Haare neu zu richten.

»Findest du es denn männlich, sich zu schminken? Ich dachte, so was gibt es nur in irgendwelchen US-Serien mit Klischee-Metrosexuellen ... und bei David Beckham.«

Jetzt kommt Donghun näher, guckt ihm tief in die Augen, tippt ihm auf die Schulter und sagt: »Nico, wir haben zwei Jahre beim Militär gedient, sind durch Schlamm gekrochen, haben Dreck gefressen, und das kannst du wörtlich nehmen, ich glaub, ich muss niemandem beweisen, wie männlich ich bin. Und die Frauen finden es toll, wenn ein Mann sich um sein Äußeres kümmert. Und wir Männer finden es toll, wenn eine Frau auch mal einfach niedlich und süß ist und nicht immer und jedem beweisen muss, dass sie gleichberechtigt ist. Ich habe eine ausländische Freundin gehabt – hat nicht geklappt. Ich habe mit Sojabohnenpastenmädels angebandelt, war auch nichts, die wollten nur mein Äußeres und mein Geld. Meine Frau, also meine Verlobte, wird nach der Heirat ihren Beruf aufgeben und sich um die Kinder kümmern. Deshalb ist sie nicht schlechter und nicht besser als irgendwelche Karrierefrauen.«

BLEICH IS BEAUTIFUL: BB-CREAM

BB-Cream ist eine deutsche Erfindung. Sie wurde eingesetzt, um die empfindliche Haut von Patienten nach einer Strahlentherapie zu schützen. Irgendwann kamen in Korea die Frauen darauf, dass diese Creme einen schönen blassen Teint macht und Hautunreinheiten abdeckt. Nachdem koreanische Kosmetikfirmen und Drogerien (missha, innisfree, TheFaceShop etc.) aus keiner asiatischen Innenstadt mehr wegzudenken sind, schwappt zumindest der BB-Trend nun auch – wieder zurück – in die westliche Welt. Inzwischen findet man koreanische Originale sogar vereinzelt in deutschen Drogerien.

Jetzt ist Nico mal wieder platt. Für Donghuns Verhältnisse war das ein echter Gefühlsausbruch. Nico ist bei seinen oberflächlichen Beobachtungen nie aufgefallen, dass koreanische Männer ihm eigentlich vieles voraushaben.

Vielleicht ist die traditionelle Art von Männlichkeit, wie sie zum Beispiel Nicos Vater von ihm erwartet, gar nicht so erstrebenswert. So diskutieren Nico und Donghun auf der Toilette eine Weile weiter und Nico begreift langsam, dass er in vielen Dingen wohl doch nicht so weltgewandt ist, wie er immer dachte.

Als Donghun und Nico nach einer nicht unerheblichen Zeit wiederkommen, ist Yunhee fleißig dabei, mit ihrer Kamera Fotos von sich, dem Essen und natürlich von sich zusammen mit dem Essen zu machen.

»Und, findest du, Yunhee sieht unglücklich mit sich und dem Leben aus?«, fragt Donghun schmunzelnd. Das kann Nico nun wirklich nicht behaupten, denn Yunhee lächelt unentwegt in ihre Kamera. Doch ob das an ihrem Leben im Allgemeinen oder eher am *makgeolli* liegt, lässt sich schwer beurteilen.

Olssigu! – Olé!

Eigentlich hat es Nico dieses Mal richtig gemacht. Wer Fragen stellt, bekommt Antworten, und die Antworten waren dieses Mal wohl so eindeutig wie selten zuvor. Was Nico hoffentlich gemerkt hat, ist, dass man mitteleuropäische Geschlechterrollen und -erwartungen nicht eins zu eins auf Korea übertragen kann. Und dass nicht alles so eindimensional ist, wie man erst einmal denkt.

Dass Männer sich so sehr um ihr Äußeres kümmern, hat viel mit gesellschaftlichem Druck zu tun, aber auch mit Nachholen, denn nach der mit Lernen verbrachten Kindheit werden den Männern auch noch zwei Jahre ihres Lebens durch den verpflichtenden Militärdienst »geklaut«. Danach wollen sich viele so richtig ins Leben stürzen und ihre Wirkung auf das andere Geschlecht testen. Da wird dann gern mal zu Hilfsmitteln gegriffen. Und wie immer spielen die Medien eine große Rolle, die den Männern inzwischen diktieren, dass sie schön sein müssen für ihre Frauen.

Apropos Frauen: Die von Donghun abfällig erwähnten Sojabohnenpastenmädels, koreanisch *dwaenjangnyeo,* sind der Inbegriff der hohlen Modepuppe, aber gar nicht so selten: Wo andere einen politischen Verstand haben, haben Sojabohnenpastenmädels ein Schoßhündchen unterm Arm. Wo andere Mädels ein Hobby haben, haben Sojabohnenpastenmädels ihre Modezeitschrift, und wo andere einen Job haben, haben Sojabohnenpastenmädels einen reichen Freund. Kurz gefasst, es kommt dieser Gattung Frau mehr auf Verpackung als auf Inhalte an. Und am besten stammt diese Verpackung aus dem Ausland, denn da ist bekanntlich alles schicker. Da trinkt man seinen 100-Won-Automatenkaffee auch schon mal aus dem eigens gekauften Starbucks-Becher, nur um *upperclass* durch die Stadt laufen zu können. Meistens leiden diese Frauen auch noch unter unheilbarem *gongjubyeong,* der Prinzessinnenkrankheit. Sie lassen sich von ihren Freunden buchstäblich auf Händen tragen, schlicht, weil sie meinen, sie hätten es verdient, angebetet zu werden.

Während in Beziehungen also viele Frauen behandelt werden wollen wie Prinzessinnen, sieht es in der Realität mit den Rechten der Frauen in Korea noch immer nicht so rosig aus: Sie verdienen auch im internationalen Vergleich deutlich weniger als ihre männlichen Kollegen, es gibt immer noch einen starken Druck, dass sie aus dem Berufsleben ausscheiden, wenn sie Kinder bekommen und eine Familie gründen, und eine Frau, die trotzdem Karriere machen will, muss sich entsprechend geradezu entschuldigen. Insgesamt wurde die diskriminierende Gesetzgebung aber in den letzten Jahren nach und nach abgeschafft beziehungsweise durch Regelungen verbessert. Dank streng anonymisierter Auswahlverfahren für Diplomaten oder Staatsanwälte z. B. gibt es seit einiger Zeit immer wieder Jahrgänge, in denen Frauen die Mehrheit der erfolgreichen Bewerber stellen.

29 KULINARISCHES

NICO KOMMT NICHT ZU DES PUDELS KERN

Wie ein Hund am malbok-*Tag*

Nico ist nach der Arbeit mit einem Bekannten verabredet, den er durch Donghun kennengelernt hat. Minwoo will Nico die koreanische Kultur näherbringen. Nico weiß zwar nicht genau, was er damit meint, aber weil er neugierig ist, trifft er sich mit Minwoo in Chungmuro. Gemeinsam spazieren sie los, doch da wird es Nico plötzlich ganz mulmig. In jedem Geschäft, an dem sie vorbeikommen, sitzen Hunde im Schaufenster, in kleinen Käfigen, noch ganz kleine Hündchen. Also doch, denkt sich Nico und ihm schwant Übles, wohin dieser koreanische Kulturabend noch führt.

Auch dass Minwoo kein Wort Deutsch und auch deutlich weniger Englisch spricht als erhofft, hilft kaum, Nicos Ängste abzubauen. Nun wird es noch bedrohlicher, denn Minwoo biegt in eine Gasse ein und deutet auf ein Hinterhofrestaurant: »*This restaurant, good meat! Soup delicious!*«

Drinnen fackelt Minwoo nicht lange und bestellt *gamjatang* für beide, Kartoffelsuppe, so viel Koreanisch kann Nico inzwischen.

Was ihn aber nicht beruhigt, denn er hat gehört, dass in Korea Hundesuppe aus rechtlichen Gründen nicht Hundesuppe genannt wird, sondern unter verschiedenen anderen Namen läuft. Hätte er sich mal einen dieser Namen gemerkt. Leicht nervös fragt er Minwoo, was denn die Kartoffelsuppe als Spezialität auszeichne. Sein Kumpel antwortet mit einem breiten Grinsen:

»It is not potato, meat more important. Good meat, good soup, you know?«

Nico atmet tief durch. Was soll er tun? Minwoo vor den Kopf stoßen und die Suppe verweigern? Oder tapfer sein und sich der Herausforderung stellen? Da kommt auch schon wie auf Befehl die dampfende Suppe mit riesigen Knochen. »Die Knochen sind aber etwas groß«, bemerkt Nico, woraufhin seine koreanische Begleitung wiederum nur grinst, sich das erste Stück schnappt und abnagt. Nico wird bei dem Anblick ein wenig blass um die Nase.

Minwoo findet das offenbar lustig. *»You look like dog on malbok«*, sagt er jetzt auch noch. Nico weiß zwar nicht, was *malbok* ist, aber es kann nichts Gutes bedeuten. Andererseits, sich von seinem neuen Bekannten auslachen lassen will er auch nicht. Also fasst er sich ein Herz und probiert.

EIN GUTER TAG FÜR HUNDESUPPE: *MALBOK*

Malbok ist der letzte der drei heißesten Tage des Jahres, *sambok*. Da man an diesem letzten Tag traditionell Hundesuppe aß, für die die Hunde frisch geschlachtet wurden, kann man sich ganz gut vorstellen, wie jemand aussieht, der ein Gesicht macht wie ein Hund am *malbok*-Tag ...

Nach ein paar zaghaften Bissen muss Nico aber doch zugeben, dass die Suppe schmeckt. Er bedient sich kräftig und unter allerlei Grünzeug und Bergen von Fleisch findet er tatsächlich auch eine Kartoffel. Jetzt grinst seine Begleitung wieder und sagt: *»Donghun say to* *me, all German like potato!«* Auch das Fleisch ist lecker, es schmeckt etwas fettig, aber durchaus gut. Nun, da ihm sogar der Hund so gut schmeckt, kann auch Nico wieder grinsen. So was von mutig, lobt sich Nico jetzt selbst.

Als er jedoch nach dem Essen mit seinem neuen Freund auf die Hauptstraße einbiegt, wo die kleinen Hündchen verkauft werden, wird es ihm doch wieder mulmig. Die großen Knochen gehen ihm nicht aus dem Kopf.

Also fragt er Minwoo ganz vorsichtig: »*Is it big dog in the soup? Or small dog like this?*«

Minwoo muss lachen: »*Haha, nooo ... these dogs for little girls. Meat in soup is pork, not dog!*«

Aigu! – Oh weh!

Ja, das Klischee vom Hundeessen. Es hält sich beständig und es soll auch gar nicht verschwiegen werden, dass viele, vor allem ältere Koreaner sehr gerne im Sommer und zwischendurch mal ein Hündchen verspeisen. Inzwischen dürfte es aber auch in Korea mindestens ebenso viele Hundeschutzverbände geben, die sich gegen den Hundekonsum aussprechen. Von den hunderttausenden Koreanern, die sich inzwischen ein Schoßhündchen halten, ganz zu schweigen. Kurz gefasst: Wer Hund essen will, der kann dies tun, halten Sie einfach nach einem Restaurant mit dem Schild *bosintang* Ausschau. Aber so wie Nico Angst zu haben, dass einem heimlich Hund untergejubelt wird, das muss niemand. Im Übrigen ist es sinnlos, sich über Sinn und Unsinn des Hundeessens zu unterhalten. Wir finden Hund widerlich, Koreaner können sich nicht vorstellen, dass man Gans oder Pferd isst. Man kommt da mit Diskutieren niemals zu einer Lösung. Was man aber durchaus diskutieren kann – und das wird auch in Korea selbst sehr heftig getan –, ist die Schlachtmethode, denn traditionell werden die Hunde totgeprügelt. Das soll den Effekt haben, dass das Fleisch besser schmeckt, ist aber offensichtlich unnötig grausam.

Solche Diskussionen, wie bekanntlich auch alle anderen, erübrigen sich in Nordkorea: Da hat der erste »Führer«, Generalissimus Kim Il-sung, dereinst beschlossen, Hund sei gut, habe aber ein Imageproblem. Also verfügte er, Hundefleisch sei fortan »dangogi«, d. h. »süßes Fleisch« zu nennen. Tatsächlich findet sich der Hund vielleicht auch deshalb in Nordkorea noch deutlich öfter auf der Tafel – zumindest für diejenigen, die sich überhaupt Fleisch leisten können.

30 IN DER SAUNA

NICO WIRD BEIM BADEN KOMPLIMENTIERT

Am Ende der Leiden wartet das Paradies

Nach dem Besuch eines echt koreanischen Restaurants ziehen Nico und Minwoo weiter in eine Bar. Nico ist so erleichtert, dass sein neuer Freund ihm keine Hundesuppe untergejubelt hat, dass er sein erstes Getränk in einem Zug wegzischt. Und weil Minwoo gleich mitmacht, sind die beiden nach kurzer Zeit ganz schön betrunken und vergessen die Zeit. Erst weit nach Mitternacht sieht Nico auf die Uhr.

Minwoo wohnt in Goyang, einer Vorstadt ganz weit draußen. Nico könnte einfach nach Hause torkeln. Aber Minwoo kann man in dem Zustand nicht mehr alleine lassen. Ein wenig stolz ist Nico ja schon, dass er erstmals überhaupt einen Koreaner unter den Tisch gesoffen hat, aber damit hat er sich nun ein neues Problem eingebrockt. Immerhin weiß Nico inzwischen, dass es unverzeihlich wäre, den Kumpel seinem Schicksal zu überlassen. Ihn nach Hause mitzunehmen und sich das kleine Einzelbett mit dem betrunkenen Typen zu teilen, darauf hat er aber auch keine Lust. Na gut, springen wir halt über unseren Schatten und gehen ins Motel, beschließt Nico. Dann kann er sich ausratzen und ich spiele etwas Playstation.

Doch davon ist Minwoo offenbar gar nicht begeistert: »*Motel? Oh ... Motel you only go with girlfriend, you know. Let us go sauna*«, schlägt Minwoo lachend vor. Was das eine mit dem anderen und dies wiederum mit einer Sauna zu tun hat, so weit ist Nico dann doch noch nicht. Nico ist mal wieder verwirrt, aber nachdem er schon so viel Misstrauen in der Hundesache gezeigt hat, will er nun nicht wieder der westliche Spielverderber sein. Und vor allem nicht prüde, denn dafür sind ja eigentlich die Asiaten bekannt. Er fragt aber doch, ob es zumindest ökonomisch von Vorteil ist.

»*Motel 20.000 Won per person, sauna 6.000 Won.*«

Damit ist die Diskussion endgültig beendet.

Auf geht es also ins *jjimjilbang*, die koreanische Sauna-Querstrich-Wellnesstempel-Querstrich-Alles-drin-und-drum-Übernachtungsmöglichkeit für alle, die sparen und entspannen wollen. Zunächst ist alles recht logisch: Man erhält einen Schlüssel fürs Handgelenk, tut seine Sachen in ein Schließfach, zieht sich dann aus und – nichts an, sondern geht erst einmal duschen beziehungsweise hier eher baden. Nico kommt zwar aus einem stockkonservativen Elternhaus und ziert sich zunächst etwas, doch dann ist es durchaus angenehm; schließlich sind alle nackt und es scheint niemanden zu stören. Etwas komisch, dass die in der Firma so zugeknöpften Koreaner hier alle Hüllen voreinander fallen lassen. Gerade ist Nico zu dem Schluss gekommen, dass ihm diese Art von unverklemmter Offenheit irgendwie lieber ist als die Hand im Schoß (siehe Episode 19, Seite 120), da passiert es schon wieder!

Ein Gast beglückwünscht Nico zu seinem besten Stück. »*Nice*«, heißt es vom grinsenden glatzköpfigen Koreaner, der sich mit erhobenem Daumen wie zur Anerkennung vor Nico aufbaut. »*I rub you back, okay?*«

Den Rücken schrubben, weil dem alten Herren das Gemächt gefällt? So, denkt Nico, da haben wir wieder eindeutig meine Grenze überschritten, und er steigt sofort aus dem an sich wunderbar duftenden Grüntee-Heilbad.

Minwoo versucht die Situation aufzuklären, während sich der Alte pikiert abwendet: »*Rub back is good thing. Sign of love, affection, right?*«

Affection, affection, bevor er noch im Affekt handelt, sollten sich koreanische Männer etwas mit ihren Liebesbeweisen zurückhalten, denkt sich Nico, beruhigt sich dann aber doch wieder. Und als ihm Minwoo die tiefere Bedeutung des Rückenschrubbens in der koreanischen Kultur erklärt hat, und zwar mit einem – soweit das Minwoos Englisch zulässt – ausführlichen Vortrag darüber, wie in Korea in frühester Kindheit das Band zwischen Sohn und Vater durch das gegenseitige Rückenschrubben wächst und dann Schulkameraden diese Tradition fortsetzen, da lässt sich sogar Nico hinreißen, selbst Minwoo diesen Gefallen zu tun. Als Minwoo es erwidert und so richtig losrubbelt, sieht Nico sichtlich kaputt aus.

»*You look like …*«, beginnt Minwoo. Doch Nico fällt ihm ins Wort: »*Dog on malbok, I know.*« Jetzt muss er selbst grinsen. Und für einen Moment scheinen die Schmerzen nicht ganz so stark.

PEELING FÜR FORTGESCHRITTENE: *DDAEMIRI*

Ddaemiri, wörtlich »Dreckrubbeln«, bezeichnet das Ablösen der obersten – meist bereits abgestorbenen Hautschichten. Dafür gibt es spezielle Handtücher, die den Laien nicht zu Unrecht an Stahlwolle erinnern dürften. Die sogenannten *Italy towels,* die nach der ursprünglichen Importquelle des Grundstoffs benannt sind, bekommt man heute nicht nur in Korea an jeder Ecke, sondern sie haben sich zu einem echten koreanischen Exportschlager in Asien entwickelt. Ganz abgesehen davon, ob es gesundheitlich sinnvoll ist, sich die toten Zellen künstlich von der Haut zu holen, fördert das Reiben mit Druck die Durchblutung, und man fühlt sich ohne Frage erfrischt nach so einer Intensivbehandlung. Da aber insbesondere die Fachleute in den Saunen nicht gerade schonend vorgehen, empfiehlt sich Zähnezusammenbeißen.

Als beide fertig gebadet haben, reicht Minwoo Nico die Saunakleidung.

»Bathing naked, but sauna with clothes? Crazy!« Nico ist verdutzt, was Minwoo aber gar nicht versteht.

Jetzt geht es in den Hauptteil des Komplexes. Minwoo huscht schnurstracks an den Saunen vorbei, was wiederum zur verwunderten Nachfrage Nicos führt, warum man denn extra in die Sauna komme, wenn man nicht saunen gehe.

»We just sleep. Women like sauna, we only sleep.«

Aha. Schade eigentlich. Denn schon das Schild am Eingang hat Nico neugierig gemacht: Japanische Sauna, finnische Sauna, Salzkristallsauna, Jadesauna – es gäbe so viel zu entdecken! Aber gut, wenn Minwoo das weibisch findet, dann geht es jetzt eben nur in den Schlafsaal, in dem es schon ordentlich röchelt und schnarcht. Hier schlafen? Nico stehen die Zweifel wieder einmal ins Gesicht geschrieben. Minwoo hingegen holt sich ein Kissen und eine Matte, um sich einen Platz auf dem Steinboden zum Schlafen herzurichten.

»Very cheap, cheap good! Now sleep well, bye-bye.«

Kaum sind zwei Minuten vergangen, röchelt es bereits direkt neben Nico. Minwoos *soju*-Duft mischt sich mit dem Geruch älterer Männer auf der anderen Seite neben ihm. Nein, so kann man nicht schlafen.

Nico beschließt aufzustehen und sich noch etwas umzuschauen. Er staunt wieder einmal nicht schlecht. Die verschiedenen Saunen waren tatsächlich nur der Anfang: Einen Karaokeraum gibt es, ein 24-Stunden-Restaurant, einen Massageraum, einen TV-Raum, ein Nagelpflegestudio und was sieht er da! Ein *PC-bang*. Nix wie rein und eine Runde Mails gecheckt und etwas im Netz gespielt.

Wie er da so in seinem gemütlichen Saunaanzug in dem Chefsessel am PC sitzt, wird er plötzlich ganz schläfrig. Deutlich bequemer als der Saunaboden, denkt er sich noch und ist weggeknackt.

Als er am nächsten Morgen aufwacht, weiß Nico gar nicht, ob es der Kater ist, der ihn so fertiggemacht hat, oder die harte Nacht zwischen Boden und PC-Stuhl. Minwoo dagegen sieht sichtlich erholt aus. Nach Entrichtung der lächerlich geringen Nutzungsgebühren begrüßen sie die mäßig frische Luft des Seouler Morgens. Minwoo ist schon wieder nach Scherzen zumute. *»And now eat breakfast? Maybe hot dog?«*

ZU HAUSE IM NETZ: PC-BANG

Fragt man junge Koreaner, wo sie die Asienkrise 1997 zugebracht haben, bei der die koreanische Wirtschaft kurz vor dem Zusammenbruch stand, sagen viele, im *PC-bang,* also einem Computerraum. *PC-bangs* waren ursprünglich tatsächlich notwendig, weil nicht jedes Haus einen Computer hatte und Internet in den 90ern in Korea noch nicht so verbreitet war. Später wurde es aber auch ein sozialer Raum der besonderen Art: Streit mit der Ehefrau? Ab ins *PC-bang* und mit netten Damen gechattet. Stress in der Schule? Rein ins *PC-bang,* um mit Freunden Onlinespiele zu spielen. Das Image hat sich dabei vom lustigen Spielplatz für junge Leute zur Suchthölle gewandelt, denn immer mehr sieht man hier auch die negative Seite der Technikversessenheit der Koreaner – teilweise sterben Menschen vor dem Bildschirm, weil sie in ihrer Internetsucht tagelang in den 24 Stunden täglich offenen *PC-bangs* sitzen. Immerhin werden inzwischen zumindest Jugendliche rigoroser nach 22 Uhr aus den *PC-bangs* herausgeholt.

Aigu! – Oh weh!

Ein paar Worte zur Sauna, weil Nico da ja wieder ein spezielles Erlebnis hatte. Es ist tatsächlich auch hier so, dass Männer untereinander gar keine Hemmungen haben. Das mag wiederum auch daran liegen, dass Männer fast zwei Jahre lang beim Militär gemeinsam auf engstem Raum leben und sowieso keine Privatsphäre kennen. Gleichzeitig würde aber niemand auf die Idee kommen, sich in der gemischten Sauna auszuziehen. Nico Gott sei Dank auch nicht – das hätte ein Trara gegeben, wenn Nico bei seiner Erkundungstour durch die Saunalandschaft vor den Damen blankgezogen hätte.

Das *jjimjilbang* ist zweifelsohne eine der tollsten Erfindungen beziehungsweise Weiterentwicklungen der koreanischen Kultur – bei einem Koreaaufenthalt sollte man mindestens einmal drin gewesen sein. Man fühlt sich wie ein neuer Mensch, wenn man wieder rauskommt. Die Tradition des Saunierens in Korea stammt daher, dass man früher die großen Brennöfen für Keramik nach dem Brennprozess auskühlen ließ. Als die Temperatur erträglich war, kroch die Dorfgemeinschaft hinein und machte es sich gemütlich. Zum Saunabesuch gehört es übrigens unbedingt, wie ganz früher, ein Ei in der Sauna zu garen und zu essen – angeblich gleicht das exakt den Nährstoffverlust durch das Saunieren aus, genauso wie die vielen speziellen Getränke, die dort angeboten werden; probieren Sie mal einen Pflaumenessigdrink, wenn Sie mutig sein wollen. Aus den traditionellen einfachen Saunaöfen haben sich mit der Verstädterung und Modernisierung dann die großen Komplexe entwickelt, die auch allerlei Nebenattraktionen beinhalten. Dadurch wiederum wurden sie für die ganze Familie attraktiv, und weil es so viel zu tun gibt, bleibt man auch gern länger. Zwischendurch kann man dann auch noch ein entspannendes Nickerchen in den Ruheräumen machen. Dies wiederum nutzen auch »hängen gebliebene« Trinkgesellschaften gern aus, um kostengünstig die Zeit bis zur ersten U-Bahn zu überbrücken. Weshalb auch immer es einen genau hintreibt, im *jjimjilbang* können Sie die Essenz der koreanischen Kultur erleben.

31 GELEBTE DEMOKRATIE

ZWISCHEN KERZENSCHEIN UND KAMPFGESCHREI

Der Flusskrebs hält zur Krabbe

Minwoo und Nico haben sich inzwischen verabschiedet, und da Nico nach seinem nächtlichen Abenteuer todmüde ist, will er jetzt schnurstracks mit dem Bus nach Hause. Dank seiner neuen koreanischen Apps findet er sogar als *kojaengi*, wie ihn Minwoo während des Frühstücks kichernd bezeichnet hat, die Bushaltestellen und Busnummern problemlos. Doch die Echtzeitverfolgung der Busse lässt ihn stutzen; der Bus soll alle drei bis vier Minuten kommen, aber hier wird nichts angezeigt. Ist die App kaputt? Als er etwas weiter läuft, versteht er, was den sonst so zuverlässigen koreanischen öffentlichen Nahverkehr lahmlegt: Je weiter er sich dem Zentrum nähert, desto lauter werden die Schreie und Musik. Menschen mit riesigen Flaggen und Spruchbändern ziehen an ihm vorbei. Hundertschaften der Polizei in martialischer Uniform joggen durch die Straßen, Busse versperren Hauptverkehrsstraßen.

Na gut, sein Bus ist damit wohl abgefahren, da muss er jetzt durch, denkt sich Nico.

Die erste Gruppe, an der er vorbeizieht, besteht offenbar aus Anhängern der abgesetzten und inhaftierten Ex-Präsidentin Park Geun-hye – das sieht man schon an den Porträts der Dame, die sie ehrfürchtig hochhalten. Doch was machen amerikanische und israelische Flaggen bei einer Demo für Park?

Wenige hundert Meter später sieht er sich einem Meer aus Gelb entgegen. Einer der Teilnehmer erklärt Nico auf Anfrage, man habe die Kerzenschein-Revolution gegen Park nicht geführt, um die Ergebnisse jetzt pulverisiert zu sehen, und werde der Regierung Moon ganz genau auf die Finger schauen!

Allerdings gesellen sich hier auch besonders energische Anhänger des Präsidenten dazu und erklären den Gelborthodoxen, dass Moon schon alles richtig mache und Kontrolle nicht nötig sei, da jetzt ein neuer Geist wehe. Nico hat ja schon zwischenmenschlich so viel falsch gemacht, da möchte er jetzt nicht noch politisch urteilen müssen und zieht schnurstracks weiter, bevor ihn eine der Gruppen dazu bewegen kann, eine Petition für ihre jeweiligen Anliegen zu unterzeichnen. Gerade hat er sich dem gelben Lärm entzogen, wird es auch schon wieder andersartig bunt:

Bei der nächsten Demo, bei der japanische Flaggen verbrannt werden, versucht Nico den Inhalt der (im wahrsten Sinne des Wortes) *Brand*reden zu verstehen. Immerhin identifiziert er *jjokbari* und *waenom* als oft benutzte Satzsubjekte, auch wenn er – glücklicherweise – nicht versteht, was das bedeutet. Warum ein Heer älterer Damen daneben steht und zwischendurch kleine Briefumschläge zugesteckt bekommt, bleibt für Nico unersichtlich.

Nico fällt auf: Bei allen Demos scheinen Leute seines Alters eigenartig non-existent, und wenn, dann stehen sie wie die Damen in Blocks, maskiert, seltsam unbeteiligt am Rand. So heftig die Botschaften sich zu unterscheiden scheinen, an sich müssten die tonangebenden älteren Herren doch als Anhänger der gleichen Generation etwas Gemeinsames finden können – und sei es die Ablehnung der jammernden jungen Generation.

KERZENSCHEINPROTESTE – DER KOREANISCHEN DEMOKRATIE GINGEN EINE MILLION LICHTER AUF

Wann immer in Korea ein gesellschaftliches Problem den Weg auf die Straße findet, werden bei den dazugehörigen Demos Kerzen angezündet *(chotbul siwi)*. Am berühmtesten sind aber die monatelangen Proteste gegen Ex-Präsidentin Park Geun-hye 2016/2017, die auf Druck der Straße aus dem Amt und wegen eines Korruptionsskandals für viele Jahre in den Knast gejagt wurde. Die zentrale Figur des Skandals war Choi Soon-sil. Diese auf Durchschnittskoreaner inzwischen dämonengleich wirkende alte Vertraute der Präsidentin hat als Einflüsterin, sozusagen Parks Rasputina, enormen Einfluss auf die Regierungsgeschäfte ausgeübt und sich auf Kosten von Großkonzernen bereichert. So tief der Skandal in die Abgründe des koreanischen Präsidialsystems blicken ließ, so sehr können die Proteste dagegen als Ausweis erwachsenen Bürgersinns gelten; sie blieben trotz einer guten Million Teilnehmer in Spitzenzeiten, immerhin 2 Prozent der Gesamtbevölkerung des Landes, friedlich und straff organisiert. Ob sich die Hoffnungen, die sich die Teilnehmer damals machten, jedoch durch den auf der Anti-Park-Welle ins Amt gespülten neuen Präsidenten Moon Jae-in auch wie erhofft in konkrete Politik und grundlegende Staatsreformen umsetzen lassen, wird die Geschichte zeigen.

Als er so in Gedanken aus dem Augenwinkel in einer anderen Straße ein paar Gestalten sieht, die gerade ebenfalls Flaggen verbrennen, diesmal aber nordkoreanische, beschließt Nico, Reißaus zu nehmen, und ist dann richtig froh, als nur ein paar Meter weiter wieder normale Seouler Geschäftigkeit zu sehen ist: Der alltägliche Wahnsinn der Megametropole schien ihm nie friedvoller als nach diesem Abstecher in die Tiefen der dann doch etwas zu direkten koreanischen Demokratie: »Wow, Wutbürger scheint es hier in Korea ja eine Menge zu geben. Und ich dachte, Antifa und AfD wären schon radikal …«

Aigu! – Oh weh!

Kaum ist Nico ohne helfenden Koreaner an seiner Seite, bleibt ihm wieder fast alles verschlossen, und er sieht nur das, was offensichtlich ist: Koreaner demonstrieren gern und viel, die ältesten dabei am lautesten. Gesehen, aber nicht verstanden hat er noch etwas Typisches: bezahlte Demonstrationsstaffage. Studenten und Hausfrauen, aber auch Senioren verdienen sich gerne etwas Taschengeld, indem sie gegen entsprechende Bezahlung die Zahlen auf Demos der gut organisierten Lobbyverbände aller Art hochtreiben – allerdings natürlich meist in voller Maskierung, damit die Nachbarin Frau Kim nicht in der Zeitung entdeckt und es in der Kirchengemeinde weitererzählt. So läuft in Korea übrigens auch der Großteil des Straßenwahlkampfs; Parteianhänger unter den Prospektverteilern vielleicht ein knappes Drittel.

Zur Wahrheit gehört aber auch: Wie bei den Kerzenscheinprotesten gesehen, sind diese sehr aktiven und radikal wirkenden Demos der einzige Weg, sich in einer komplett medialisierten Demokratie wie Korea Gehör zu verschaffen, und sie können tatsächlich etwas in der Gesellschaft bewegen. Die Vielfalt der Stimmen ist dabei ein eindrucksvoller Ausweis der Lebendigkeit der koreanischen Zivilgesellschaft – auch wenn diejenigen, die nahe des Rathaus-Platzes, des Gwanghwamun-Platzes oder des Bahnhofsvorplatzes, also sozusagen im Goldenen Dreieck der Demoindustrie in der Seouler Innenstadt wohnen, sich angesichts des alltäglichen und vor allem allwochenendlichen Stimmengewirrs ihre ganz eigene Meinung zur gelebten Meinungsfreiheit entwickeln dürften.

Apropos Vielfalt: Koreaner haben einige ebenso kreative wie politisch unkorrekte Bezeichnungen für ihre ausländische Umwelt entwickelt. *Kojaengi* ist ein Sammelbegriff für weiße Ausländer und heißt wörtlich »Näsling«, wird aber meist treffender als »Langnase« wiedergegeben. Grund ist, natürlich, die unglaublich lange Nase ausnahmslos aller Weißen. Ist aber in den seltensten Fällen böse gemeint. Was Nico aus der Anti-Japan-Demo an Wortbrocken herausfischte, war übrigens auch nicht gerade nett: *Waenom* sind die

Wa-Piraten, besonders hartnäckige japanische Freibeuter, die die koreanischen Küsten jahrhundertelang heimsuchten. Aber natürlich weiß auch in Korea jeder, dass nicht alle Japaner Störtebeker sind. Die Bezeichnung *jjokbari* ist nicht minder unfreundlich: Sie heißt wörtlich Spaltfuß und bezieht sich darauf, dass Japaner traditionell die flipflopähnlichen *geta*-Holzschuhe trugen. Ach so, und für Chinesen gäbe es dann noch das Wort ... ach, belassen wir es zunächst hierbei. Nico und Julia werden im Laufe ihrer Abenteuer noch genug Chance erhalten einige Facetten und Hintergründe der Nachbarschaftsproblematiken ausbuchstabiert zu erörtern.

Politisch unkorrekt ist man aber natürlich auch untereinander: Für viele der extremen Anhänger der Rechten, also diejenigen, die bei Nicos Spaziergang US- und Israel-Flaggen schwenkten, sind nämlich alle, die nicht ihrer Meinung sind, schlicht *bbalgaengi* – »Rötlinge« bzw. »Rote«. Die extreme Linke macht es sich nicht minder einfach: Sie nimmt bewusst und unbewusst einfach die Diktion des nördlichen Bruders in all ihrer realsozialistischen Blumigkeit auf.

32 IM TEMPEL

JULIA FEGT DIE SORGEN WEG UND TRIFFT VIELLEICHTVERWANDTE

Ein Mönch kann sich den Kopf nicht allein scheren

Für Julia geht es besinnlicher zu als für Nico. Nach den vielen Erlebnissen der ersten Wochen entscheidet Julia sich für einen Templestay-Aufenthalt in den Bergen, den man ihr empfohlen hat. Dort könne man zu sich selbst finden, meinte eine Bekannte. Das hat Julia auch bitter nötig, denn so viele Eindrücke in so kurzer Zeit aufzunehmen, und das auch noch in einem so schnelllebigen, sich ständig wandelnden Umfeld wie Seoul, hat sie richtiggehend ermüdet. Vom Buddhismus hat sie keine Ahnung, aber das soll sich in den nächsten Tagen ändern.

BUDDHISMUS

Der Buddhismus ist neben dem Konfuzianismus (siehe Episode 40, Seite 251, und Episode 41, Seite 257) eines der bestimmenden Wertesysteme der Koreaner, auch heute noch. Eingeführt wurde er offiziell während der Silla-Dynastie, aber schon aus früherer Zeit gibt es Funde, die eine Verbreitung auf der koreanischen Halbinsel belegen. Heute bekennt sich etwa die Hälfte der Koreaner zu einer Religionsgemeinschaft. Davon wiederum bezeichnet sich die Hälfte als Buddhisten, das heißt circa ein Viertel der Gesamtbevölkerung. Dabei gibt es starke Gefälle: Deutlich mehr Frauen als Männer sind Buddhisten, deutlich mehr ältere Menschen als jüngere und deutlich mehr Menschen auf dem Land als in der Stadt. Obwohl der Konfuzianismus die Tempel in die Berge getrieben hat, gibt es auch in Seoul noch einige bedeutende Tempel, so zum Beispiel den Jogyesa, den Haupttempel des Jogye-Ordens, dem bedeutendsten Orden des koreanischen Buddhismus, und den Bongeunsa im Seouler Süden.

Das Programm, für das sie sich entschieden hat, beginnt zu humaner Zeit um neun Uhr morgens, aber Julia muss dafür aufs Land. In der Provinzstadt angekommen, hat sie natürlich gleich einen Bus zum Tempel verpasst und kommt nach Durchfragen jetzt völlig abgehetzt auf dem Vorplatz des Tempels an. Um wieder etwas Zeit aufzuholen, rennt sie mit ihrem Koffer über den staubigen Vorplatz. Auch für das wunderschön mit den vier Himmelskönigen verzierte Haupttor hat sie kein Auge. Ratter-ratter macht der Rollkoffer auf dem heiligen Gelände und wirbelt Staub auf.

Ein vorbeikommender Mönch sieht das und bedeutet ihr mit einem einzigen scharfen »*He!*«, jetzt mal einen Gang rauszunehmen. Als sie quer über den Vorhof schreit, um nachzufragen, was der Mönch meint, kommt dieser mit tadelndem Blick auf sie zu und sagt nur: »*If no respect, go out.*« Da kommt auch schon eine Freiwillige in traditioneller Kluft mit einem Büchlein angerannt. Als wolle sie sich für Julias Verhalten entschuldigen, verbeugt sie sich mehrmals ehrfurchtsvoll vor dem Mönch und überreicht Julia das Büchlein, aufgeschlagen auf einer englischsprachigen Seite mit grundlegenden Verhaltensweisen im Tempel. Na, endlich mal eine nützliche Hilfe, bevor ich alles falsch mache, denkt Julia.

Wäre Julia rechtzeitig angekommen, hätte sie die Einführung sogar wie alle anderen Teilnehmer ausführlich bekommen. Aber hätte, würde, wäre – das gilt alles im Buddhismus nicht. Der Augenblick zählt. Und die letzten paar Augenblicke waren garantiert nicht gut für Julias Karma. Im Schnelldurchlauf erklärt die Freiwillige nun noch einmal, monoton wie ein buddhistischer Andachtsgesang, die wichtigsten Elemente der Tempeletikette, gibt einen Schnelldurchlauf der Tempelgeschichte, und Julia nickt brav, als habe sie alles verstanden, was die Dame ihr da mitteilen möchte.

»Der erste Tempel auf diesem Gelände stammt aus dem Jahr 663 n. Chr., er wurde jedoch mehrfach zerstört, zuletzt durch die japanischen Kolonialherren. Die meisten Gebäude sind originalgetreue Nachbauten aus den 70er-Jahren, die große Sarira-Pagode mit Reliquien des historischen Buddha Shakyamuni hingegen stammt original aus dem 9. Jahrhundert, ebenso die Mireukjeon genannte Halle des zukünftigen Buddha Maitreya aus dem 15. Jahrhundert mit einer als Nationalschatz registrierten Darstellung des Maitreya, man beachte die feine Ausarbeitung des meditativ-nachdenklichen Gesichts. Unser Tempel hat mehrere Tore, das erste bereits unten im Tal, Iljumun genannt. Hier verbeugen Sie sich das erste Mal, denn Sie verlassen die gewöhnliche Welt. Das große Tor, durch das Sie beim Hineinkommen durchgegangen sind, heißt Sacheonwangmun, das Tor der Vier Himmelskönige, mit Darstellungen der mythischen Himmelskönige, bei denen jeder für eine Himmelsrichtung steht. Die typischen Attribute der Figuren sind besonders schön herausgearbeitet, die Holzfiguren für den König des Nordens und des Westens sind ebenfalls original erhalten aus dem 18. Jahrhundert. Die Haupthalle, Daeungjeon, mit einer Kalligrafie eines berühmten Abtes, betreten Sie bitte nur von der linken oder rechten Seite, denn der Mittelzugang ist für ordinierte Mönche reserviert. In den Wohnbereich der ordinierten Mönche haben Sie keinen Zugang. Der Zugang zum schamanistischen Schrein des Berggottes, Sansingak, ist grundsätzlich gewährt, aber bitte achten Sie aus feuerschutztechnischen Gründen darauf, dass Kerzen, die Sie anzünden, vor dem Verlassen wieder ausgemacht werden. Der Zugang zur Einsiedelei, die oben in den Felsen geschlagen ist, ist beschränkt von morgens um sechs Uhr bis nachmittags um 16 Uhr möglich.«

Es wäre vielleicht einfacher zu erklären, was überhaupt erlaubt ist, denkt Julia. Ihre Betreuerin fragt, ob Julia etwas nicht verstanden habe oder noch etwas wissen wolle.

»Ja, wo sind denn die Toiletten?«

»Sie meinen wohl das *haeuso,* die Sorgenausleerungsstelle? Da hinten, an der Außenmauer.«

Das findet Julia witzig. So hat sie über den Toilettengang noch nie nachgedacht. Doch als sie am *haeuso* angekommen ist, vergeht ihr das Lachen und eine ganz große Sorge steigt ihr bis zum Hals. Ein Blick in das wunderschöne traditionelle Häuschen sagt ihr: Ausleeren wird sie sich hier wohl eher von oben! Ein primitives Plumpsklo, nicht abzuschließen. Aber was soll sie schon tun. Der Ruf der Natur wird immer lauter und Julia befreit sich schließlich von ihren Sorgen und startet in den ersten Tag.

Am Abend ist Julia so erschöpft, dass sie sich in ihrer Unterkunft gleich auf der Schlafmatte niederlässt. Auf dem Boden schlafen ist nicht gerade das, was Julia sich unter spiritueller Erweckung vorgestellt hat. Stattdessen liegt sie jetzt wach, dreht sich von einer Seite auf die andere.

Fast ist Julia eingeschlafen, da dringt ein fieses Summen an ihr Ort. Eine Stechmücke! Reflexartig schlägt sich Julia auf die Wange, wo sie das Tier vermutet. »Das hast du nun davon, du Blutsauger!« Im fahlen Schein der kleinen Lampe neben ihrer Matte sieht Julia die platte Mücke auf dem Boden liegen. Erst jetzt fällt ihr wieder ein, was sie heute gelernt hat. Buddhisten glauben, dass Menschen auch als Tiere wiedergeboren werden können. Julia weiß zwar noch nicht, was sie vom Buddhismus halten soll, aber bei der Vorstellung, ein Leben ausgelöscht zu haben, das einmal ein Mensch, vielleicht sogar ein ihr bekannter, gewesen sein könnte, fühlt sie sich ganz schön mies. Mit schlechtem Gewissen fällt sie schließlich in einen unruhigen Schlaf.

Mitten in der Nacht erklingt ein dumpfer Glockenschlag. Dann ein Rattern, zwischendurch wieder die große Glocke. Ein Heidenlärm.

»Aufstehen, der Tag beginnt!«, ruft ein Mönch in Julias Kammer.

»Das ist doch jetzt wohl nicht deren Ernst.« Ein Blick auf ihre Armbanduhr verrät ihr, dass es gerade mal vier Uhr ist.

Doch es gibt kein Erbarmen, kaum ist der letzte Glockenschlag verklungen, beginnt auch schon die Andacht in der großen Halle des Tempels.

Monotoner Gesang. Immer wieder muss Julia auf die Knie sinken zur Verbeugung. Der Mönch schlägt unablässig auf ein Holzinstrument, das klackernde Geräusche von sich gibt. Ein *moktak*, wie sie von der Betreuerin gelernt hat, die sie auch jetzt immer an den richtigen Stellen auf die Knie zwingt. In Julias Kopf macht es nur noch mok-tak-mok-tak-mok-tak-mok-tak. Dann, endlich, hat Buddha ein Erbarmen oder die Mönche haben genug gehuldigt. Die Andacht ist beendet.

Zumindest gibt es jetzt ein deftiges Frühstück, freut sich Julia, denn von der Tempelküche hat sie schon so viel Gutes gehört. Zwar sind die Tische wie immer in Korea reich gedeckt, doch weder Inhaltsstoffe noch Zubereitung lösen in Julia Begeisterungsstürme aus. Eingelegte Wurzeln, Farne, eine kleine Schüssel Reis, ein nicht zu definierendes pfannkuchenähnliches Ding ohne jeglichen Geschmack und etwas salzige Suppe – oder war es doch nur Wasser, das sich mit Julias Schweiß und Tränen vermischt hat?

»Jedes Korn wird aufgegessen, nichts wird verschwendet«, mahnt der Abt streng.

Leider hat Julia ihre Suppe schon aufgegessen, diese war das Einzige mit Geschmack, wie sie findet. Mit der Suppe wäscht man aber normalerweise, wie sie nun lernt, die letzten Reste aus der Schüssel und schluckt alles zusammen. Jetzt muss sie jedes Reiskorn einzeln herauspuhlen. Doch da wird schon wieder abgeräumt. Das Ganze hat keine zehn Minuten gedauert, geredet werden durfte nicht.

Es ist noch nicht mal acht Uhr, die Uhrzeit, zu der Julia normalerweise aufsteht, wenn Uni ist, doch sie fühlt sich, als könnte sie schon wieder schlafen gehen. Gerade hat sie sich auf die Veranda gesetzt und ruft Sewon an, um ihm zu berichten.

»Was rufst du denn mitten in der Nacht an?«, beschwert sich auch Sewon.

»Mitten in der Nacht? Ich bin schon seit Stunden wach. Ich versteh echt nicht, warum diese Mönche sich das Tag für Tag antun, diese Qualen. Total sinnlos ... oh, da ist schon wieder einer von denen. Ich mach Schluss.« Tatsächlich nähert sich ihr der Abt, dieses Mal mit einem Besen in der Hand.

»Besenmeditation!«, sagt er auf Englisch.

Nicht dein Ernst, oder? – *denkt* sich Julia natürlich nur und fängt brav an zu fegen. Aus amerikanischen Serien hat sie gelernt, dass man sich mit dem Gefängniswärter besser gut stellt, wenn man Hafterleichterungen haben will. Trotzdem, schon eine Frechheit, Geld dafür zu nehmen, dass ich denen hier den Hof fege und mir das auch noch als spirituelle Reinigung ... oh ein Marienkäfer. So, vorsichtig drum herum und jetzt im Kreis. Und wieder gerade. Wisch, wisch, wisch. Eigentlich war doch vieles von dem, was ich bisher erlebt habe, meinem viel zu positiven Bild von Korea im Vorhinein geschuldet. War doch klar, dass hier nicht alles läuft wie in Filmen und TV-Serien. Ob es wohl zum Mittag auch wieder Gras mit Wurzeln gibt? Also jedenfalls schwöre ich, wenn ich wieder in Seoul bin, gehe ich positiver an alles heran, schraube aber meine Erwartungen herunter. Wir sind doch alle nur Menschen mit Fehlern und Schwächen und schließlich trete ich hier einfach so in deren Leben ein und dann erwarte ich, dass alle sich nach mir richten und ... hach, die Wolken sind schön ... was der Vogel mir wohl sagen will ... Hunger ... Warum ist eigentlich der Himmel blau? ...

Plötzlich verstummen selbst die Gedanken. Einer nach dem anderen verschwindet im Nichts des Vergangenen. So geht das viele wertvolle Momente. Stille im Kopf. Das hat sie so noch nie gespürt, wird Julia später feststellen. Sie merkt kaum, dass die anderen aufhören zu fegen. In der Vormittagssonne steht sie nun ganz allein auf dem weiten Hof des Tempels. Nur der Mönch steht auf den Steinstufen der Haupthalle. Er lächelt zufrieden.

Er geht hinunter zu Julia, tippt ihr leicht auf die Schulter und spricht sie auf Deutsch an: »*Deshalb* tun wir uns das an. Jeden Tag.«

»Sie ... Sie sprechen Deutsch?«

»Ein wenig. Wir fliegen zweimal im Jahr nach Tschechien zu sogenannten Retreats, also langen Meditationssitzungen in völliger Abgeschiedenheit. Dort gibt es viele Deutsche.«

»Entschuldigung für meine Worte.«

»Worte sind gefallen, Worte sind vergangen. Wähle sie einfach für die Zukunft mit Bedacht.«

»Jawohl!«

Julia fühlt sich richtig schlecht.

»Wenn du magst, kannst du jetzt noch die 108 Verbeugungen machen.«

108 Verbeugungen – ein Klacks, dachte Julia anfangs. Als einige der Koreaner diese dann aber schon vor dem Frühstück machten und einige Frauen unter Tränen zusammenbrachen, fragte sie sich, ob 108 vielleicht doch zu viel sein könnte. Überhaupt, 108 Leiden des Menschen, mit jeder Verbeugung ein Leiden abschütteln – wenn sie die gequälten Gesichter der Damen anschaute, die sich angeblich gerade von ihren Leiden befreiten, kamen Julia Zweifel.

Aber egal, frisch an die Sache ran. Und sie schafft es tatsächlich, unter den bewundernden Blicken der anderen. Dabei ist das gar nicht so einfach. Sich erst auf den Boden werfen, die Hände zum Himmel wenden und dann mit einem einzigen beherzten Schwung und jetzt wieder aneinandergelegten Handflächen hochkommen, ohne dass man das Gleichgewicht verliert. Nach 108 Mal fühlt sich Julia zwar wie nach einem Marathon, aber sie merkt, dass all diese Regeln einen Sinn haben, dass man vieles erst versteht, wenn man mitmacht. Klar, ob es nun 106 oder 108 Verbeugungen sind, mag nicht so wichtig sein im Endeffekt, aber sich darauf einzulassen schon. Ganz so wie in einer Kultur, wie in einer Gesellschaft. Es ist, als hörte man bei ihr einen Knoten platzen.

In ihrer Kammer angekommen, kann sie sich kaum noch bewegen. Alles schmerzt. Da entdeckt sie eine kleine Heuschrecke. »Hallo, du Heuschrecke. Was machst du denn hier? Hast dich wohl verflogen. Möchtest du etwas Wasser? Ich mein, man muss ja sichergehen, du könntest schließlich mal meine Oma gewesen sein – oder es irgendwann mal werden.«

Also nimmt Julia einen Schraubverschluss von einer Wasserflasche und füllt etwas Wasser hinein. Tatsächlich bleibt die Heuschrecke, wo sie ist, und als Julia ihr den Deckel hinstellt, benetzt die Heuschrecke ihre Beinchen mit dem Wasser.

»Keine Ursache, Oma, immer wieder gerne«, sagt Julia und merkt: So ausgeglichen hat sie sich noch nie in Korea gefühlt. Und in Deutschland auch nicht.

SPIRITUELLER URLAUB: TEMPLESTAY

Findige Mönche haben herausgefunden, dass sie durch Öffnung der Tempeltore gegen einen kleinen Obolus sowohl ihren Betrieb finanzieren als auch den Buddhismus bekannter machen können. Zwei Fliegen mit einer Klappe – dieses gänzlich unbuddhistische Bild sei verziehen – und der Erfolg gibt ihnen recht. Inzwischen gibt es Dutzende verschiedener Angebote mit unterschiedlichsten Programmen und in verschiedenen Preisklassen. Nähere Informationen unter: http://eng.templestay.com

Olssigu! – Olé!

Am Ende hat Julia tatsächlich das gefunden, was das Ziel des Ganzen war: sich selbst. Klar hat sie auch dieses Mal wieder eine Menge falsch gemacht und ihr war insbesondere die Respektlosigkeit gegenüber dem Abt peinlich, aber dass Ausländer die strengen Regeln des Klosterlebens nicht auf Anhieb verstehen und auch nicht vollständig respektieren, darauf sind die Mönche in der Regel eingestellt. Die inländischen Gäste sind in ihrer Hektik ja meist genauso respektlos gegenüber dem strengen, achtsamen Leben der Mönche. Wichtig ist, dass Julia sich im Verlauf des Aufenthalts lernbereit gezeigt und sich geöffnet hat. So konnte der Ausflug schließlich doch zum Erfolg werden. Zur Erleuchtung dürfte es zwar noch ein weiter Weg sein, aber viele Erkenntnisse hat sie vom Ausflug mitnehmen können.

33 TRADITIONELLE MEDIZIN

JULIA LÄSST WAS ANBRENNEN

Erst die Krankheit geben und dann die Medizin

Von ihrem Tempelaufenthalt zurückgekehrt, fühlt sich Julia viel entspannter als vorher – zumindest mental. Ihrem Rücken sind die Nächte auf dem Boden weniger gut bekommen. Er schmerzt so sehr, dass Julia sich nur schwer aufrecht halten kann. Irgendwann hat auch Hyeyoung genug von Julias Gejammer und nimmt sie mit zu einer Ärztin – einer traditionellen. Darüber ist Julia doch sehr überrascht, denn bisher hat sie ihre Studienkollegin nicht unbedingt als in der koreanischen Tradition verwurzelt wahrgenommen. Aber wenn sogar Sojabohnenpastenmädchen (siehe Episode 28, Seite 170) wie Hyeyoung auf traditionelle Werte schwören, dann will sie dem ganzen Zauber eine Chance geben. Sie hofft nur, dass sie nicht bei irgendeiner Schamanin landet, die wild auf ihr herumtanzend irgendwelche Beschwörungsformeln singt und dabei die Messer wetzt.

Ganz im Gegenteil. Sie kommen in ein schickes Gebäude im Stadtviertel Sinsa, natürlich in Gangnam, daran wird Julia dann doch klar, dass Hyeyoung nicht plötzlich zur Bäuerin mutiert ist. Sechster und achter Stock Schönheitskliniken, siebter Stock traditionelle Klinik »Palastmorgen«.

Als sie durch die Glastür hineingehen, betreten sie eine Wohlfühloase sondergleichen, hell, offen und modern. Na gut, einige traditionelle Muster und Vasen erinnern daran, dass dies hier vielleicht doch was mit alter Weisheit zu tun hat, aber ansonsten könnte es auch eine normale Klinik sein. Kaum haben sie sich hingesetzt, wird ein Tee gebracht. Wissbegierig fragt Julia Hyeyoung, was das für ein besonderer Tee sei: »Gerstentee, der billige aus dem Discounter«, sagt Hyeyoung trocken. Also doch keine Wundersäfte gleich zu Beginn, schade irgendwie, denn Julia will jetzt doch richtig abtauchen.

Sie kann ihren Billiggerstentee gar nicht austrinken, da wird sie schon zur Ärztin gerufen und von dieser zunächst ohne ein einziges Wort der Begrüßung in Augenschein genommen. Ebenfalls ohne ein Wort zu sagen, fühlt sie den Puls, drückt auf Julias Haut herum, mustert sie noch einmal von oben bis unten und räuspert sich nur ein paar Mal zwischendurch. Dann geht es ans Eingemachte. Hyeyoung wird reingerufen, sie soll für Julia dolmetschen. Doch die wird ganz rot, als sie die Fragen der Ärztin übersetzen soll.

»Nun sag schon, so schlimm kann es ja nicht sein, was sie fragt«, ermuntert Julia ihre Freundin, als sie sieht, dass es dieser sichtlich unangenehm ist.

»Also, du musst verstehen, dass das in der traditionellen Medizin ganz wichtig ist, ja?«, druckst diese nun herum.

»Ja, raus damit, ich bin ja nun auch nicht prüde.«

»Also, sie fragt, wie dein Stuhlgang in letzter Zeit war. Eher trocken und hart oder eher flüssig?«

»Ah ja. Also wenn sie so fragt: flüssig, ganz flüssig. Das bisschen Tempelküchengemüse hat bei mir zu ziemlichem Dünnpfiff geführt.«

»Ich danke dir für deine Offenheit«, antwortet Hyeyoung und kichert.

Nach ein paar Zeichnungen diagnostiziert die Ärztin ein Ungleichgewicht der Körperenergien und bittet Julia, sich hinzulegen. So offen über ihre Ausscheidungen zu reden hat Julia richtig entspannt – was soll noch Schlimmeres kommen. Also schließt sie die

Augen und lässt die Ärztin weiter in ihren Weichteilen rumdrücken. Sie wird schon wissen, was die Geister geflüstert haben.

Sie wird in einen Nebenraum geführt, man riecht den Duft von Räucherstäbchen, es läuft sanfte Meditationsmusik, alles ist in Erdtönen gehalten und in kleinen Kabinen werden einzelne Patienten mit Akupunktur behandelt. Fehlt nur noch eine zentral platzierte Buddhastatue und wir sind in irgendeiner Dorfzahnarztpraxis in Niedersachsen, denkt sich Julia zu dieser klischeehaft asiatischen Umgebung. Sie ist sehr erleichtert, als Hyeyoung ihr klarmacht, dass sie nicht von den Nadeln zerpikst werden wird, sondern nur eine leichte Kräuterbehandlung erhält.

Also lässt sich Julia auf einer der Pritschen nieder, setzt sich Kopfhörer mit Musik auf, macht den Bauch frei, und obwohl es kitzelt, wie die Ärztin den Bauch desinfiziert, lässt sie sich nicht irritieren.

Doch als sie plötzlich einen Rauchgeruch ausmacht, reißt sie die Augen auf. Sie erblickt, dass der Rauch von ihrem Bauch kommt, und richtet sich abrupt auf. Asche ergießt sich über Bauch und Beine und die Ärztin ist völlig perplex.

»Das war nur der Beifußkegel! Du brauchst keine Angst zu haben, das muss rauchen«, erklärt Hyeyoung aufgeregt und wischt sich hektisch Aschereste vom teuren Rock.

»Na gut, wenn du es sagst ...«

Julia legt sich wieder brav hin, der nächste Kegel wird gebracht.

»Jetzt einfach liegen bleiben, bis es dir zu heiß wird, dann kommt die Arzthelferin und nimmt den Kegel weg, ja?«

RÄUCHERWERK UND NADELN: *DDEUM* UND *CHIM*

Ddeum ist ein Beifußkegel, der auf dem Bauch abgebrannt wird und so eine meist angenehme Hitze entwickelt. Laut traditioneller Medizinlehre ist das gut für alles Mögliche, von Verdauung bis Blutkreislauf. Wie viel man damit nun heilen kann, sei dahingestellt; ein angenehmes Gefühl ist die Wärme in der Bauchgegend ohne Frage. *Chim* wiederum ist die traditionelle Form der Akupunktur.

Na gut, zweiter Versuch. Julia tut es nach einigen Minuten schon etwas weh, aber noch mal wird sie sich nicht irritieren lassen. Der Beifuß bleibt jetzt drauf. Basta. Als nach einigen Minuten Schmerzen die Arzthelferin reinkommt, erschrickt diese sogleich und wischt mit einer schnellen Handbewegung den Kegel weg, der inzwischen schon fast durchgebrannt war: Der Bauch ist jetzt nicht nur warm, sondern Julia hat ganz feine kleine Brandbläschen. Die Helferin kreischt die Ärztin herbei, diese greift beherzt zu einer Tinktur aus Kräutern, die großflächig auf dem Bauch verschmiert wird. Beide verneigen sich heftigst, entschuldigen sich mehrfach: »Die Behandlung ist natürlich kostenlos. Und alle weiteren.«

Das ging jetzt so schnell, dass Julia gar nicht registriert hat, was passiert ist. Hyeyoungs Gesicht, das jetzt noch bleicher geworden ist als ohnehin, sagt ihr jedoch, dass irgendetwas mächtig schief gelaufen ist. Von den Brandbläschen sieht man nach Auftragen der braunen Tinktur nichts und wirklich Schmerzen hat Julia auch keine. Zum Schluss bekommt sie noch einen widerlich stinkenden Trank aus Wurzeln und Kräutern, der nach gekochter Großmutter riecht und nach Waldboden schmeckt, wie sie findet. Aber einem geschenkten Gaul schaut man nicht ins Maul.

Als Julia am nächsten Tag klar wird, dass hier ein ärztlicher Kunstfehler vorliegt und sie die Leute verklagen könnte, hat sie dazu gar keine Lust mehr, denn die Brandwunden sind schon fast verschwunden, nichts tut weh und eine Woche später fühlt Julia sich, als könnte sie Bäume ausreißen, und das, obwohl sie sich beim Trinken der Großmutter immer hundselend fühlt.

Stolz erzählt sie Sewon von der Wirkung der Großmuttersuppe, doch der schüttelt nur den Kopf: »Ihr Westler lasst auch alles mit euch machen. Alles Humbug. Die einzige traditionelle Medizin, die wirkt, ist gut essen!«

»Gut essen?«

»Ja, Ginseng-Hühnersuppe zum Beispiel.«

»Gut, Ginseng wächst in Deutschland nicht, aber Hühnersuppe ist auch in Deutschland als stärkend bekannt. Da haben wir ja dann doch noch eine Gemeinsamkeit zwischen Deutschland und Korea gefunden.«

»Ich möchte ja nicht die Suppe versalzen, aber in Deutschland isst man doch Hühnersuppe, wenn es kalt ist, bei uns im Sommer, wenn es am heißesten ist. *Iyeolchiyeol* sagen wir dazu.«

»Wie bitte, was?«

»Das bedeutet Hitze mit Hitze bekämpfen – das passt zu uns Koreanern, da hat die traditionelle Medizin recht«, sagt Sewon grinsend.

***Aigu!* – Oh weh!**

Dieses Aigu gilt eher der Arztpraxis. Dass Julia erschrickt und deswegen die Behandlung mit dem Beifuß erneut begonnen werden muss, kann man ihr nicht ankreiden. Schließlich hat man sie nicht über die Methoden der fernöstlichen Heilkunst aufgeklärt. Das bestätigt natürlich die Vorurteile gegenüber dieser Medizinform, die bei vielen westlich geprägten Koreanern vorherrschen, so auch bei Sewon. Natürlich vertrauen auch heute noch viele Menschen auf die traditionelle Medizin, aber die Schulmedizin hat sich auch in Korea so weit durchgesetzt, dass die traditionelle Medizin höchstens noch als Ergänzung empfohlen und von konventionellen Ärzten nicht ernst genommen wird. Auch die Krankenkassen legen traditionellen Ärzten durchaus mit ihrer Erstattungspolitik Steine in den Weg, indem sie sie nicht als gleichwertig zur Schulmedizin anerkennen.

Vom Aussterben bedroht ist diese Facette der koreanischen Tradition aber nach wie vor nicht. Durch eine Orientierung an den Wünschen der modernen Kundschaft und auf diese abgestimmte Programme wie Diätberatung oder Hautpflege haben sich die *hanuiwon* genannten traditionellen Arztpraxen der veränderten Umgebung angepasst. Waren sie früher tatsächlich zusammen mit der Schamanin Dreh- und Angelpunkt der Dorfgesundheit, sind sie heute eher Wellness-Dienstleister. Die traditionelle Medizin, die hauptsächlich aus dem Sud verschiedener Wurzeln und Kräuter gewonnen wird, wird auch heute noch auf großen Märkten, *yaknyeongsi* genannt, produziert und verkauft. Die Düfte und die Vielfalt fürs Auge auf diesen Märkten sind das koreanische Äquivalent zum Klischee des orientalischen Gewürzbasars; ein Besuch ist auf jeden Fall zu empfehlen. Korea ist übrigens weltweit führend, was Anbau und Export von *insam,* der »Menschenwurzel«, angeht – im Westen als Ginseng bekannt. Den Namen hat sie, weil sie im Idealfall aussieht wie ein menschlicher Körper. Ginseng wird seit Jahrtausenden angebaut und die von speziell trainierten Suchern, den sogenannten *simmani*, in den Wäldern Koreas gesuchte wilde Form, *sansam,* erzielt bei Auktionen mehrere Hundert Euro pro Wurzel.

34 DIE HEILKOST

SPATZENZUNGE IM TEE, LOCH IM HUHN

Der Frosch erinnert sich nicht an seine Zeit als Kaulquappe

Das Gespräch mit Sewon über Hühnersuppe hat Julia neugierig gemacht, wie die koreanische Version dieses Klassikers wohl schmecken mag. Also geht es zum Essen heute ins Restaurant Tosokchon, wo sie erst einmal eine geschlagene halbe Stunde vor der Tür anstehen. Aber Julia weiß inzwischen, dass dort, wo man Schlange stehen muss, die besten Restaurants sind. War das Restaurant von außen nur ein unscheinbares traditionelles Haus, offenbart sich ihr drinnen ein Labyrinth aus vielen kleinen Häuschen, die durch überdachte Gänge miteinander verbunden sind. Fast eine Stadt in der Stadt und zwischendurch Dutzende Kellnerinnen, die mit den heißen Suppen von Haus zu Haus wetzen. Da kommt auch schon eine der Damen an und leitet Sewon und Julia zu einem der wenigen freien Tische. Eng an eng sitzen sie nun dort und keine zwei Minuten vergehen, da kommen schon die dampfenden Töpfe mit dem ganzen Junghuhn.

»Sieht ja schon obszön aus, wie dieses Huhn da mit gespreizten Beinen in der Suppe badet«, bemerkt Julia.

»Wenn du das obszön findest, überleg mal, wie die Füllung in das breitbeinige Hühnchen gekommen ist.«

»Sewon!«, prustet Julia den Ginsengschnaps quer über den Tisch, den sie gerade probieren wollte.

Aber auch Sewon muss lachen, als er sieht, dass Julia nicht wie alle anderen einfach das Fleisch ablöst, um an die Füllung zu kommen, sondern die Füllung mit den Stäbchen aus der Öffnung am Hinterteil puhlt.

Als Sewon sie darauf hinweist, fängt Julia, die sich gerade etwas beruhigt hat, wieder an zu lachen: »In Deutschland sagen wir ja, dass Lachen die beste Medizin ist.«

GESUNDE KALORIENBOMBE: *SAMGYETANG*

Dabei wird ein ganzes Junghuhn mit Ginseng, chinesischen Datteln, Ingwer, Klebreis und sonstigen nahrhaften und heilenden Inhaltsstoffen gefüllt und lange in einer dicken Brühe gekocht.

Samgyetang ist eine der kalorienreichsten Speisen der koreanischen Küche. Das berühmteste Restaurant für dieses Gericht ist das Tosokchon westlich des alten Königspalastes Gyeongbokgung. Hier speisen Präsidenten und Unternehmensbosse genauso wie einfache Handwerker aus dem Viertel.

Als sie nach dem feuchtfröhlichen Hühnchenrupfen wieder an die schwüle Luft kommen, will Julia schleunigst einen kalten Americano, doch Sewon legt Widerspruch ein: »Wenn wir schon bei traditionellen Heilkräften sind, können wir jetzt auch noch nach Insadong gehen und einen Heiltee trinken.«

»Ja, super, in Insadong war ich noch nie. Ich habe immer nur gehört, es soll da so touristisch sein und so viele Ausländer geben.«

Jetzt mustert Sewon Julia ganz demonstrativ, schiebt sie vor ein Schaufenster, in dem sich ihre beiden Gesichter spiegeln.

»Fällt dir was auf? Nicht? Immer noch nicht? Ausländer!«

»Ja, aber ich mein, ich bin ja hier registriertes Alien. Ich spreche ja von den Touris ...«

»Egal, es gibt in Insadong neben den ganzen Kitsch-Souvenirläden für diese bösen Touristen auch eine Menge schöner Galerien und Teehäuser für so hochrangige Ausländer wie dich, glaub mir.«

Tut Julia natürlich. Wie immer.

In der Hauptstraße sieht man aber doch erst einmal den ganzen Kitsch. Ein Verkäufer kommt recht nahe an Julia heran und ruft ihr zu *»USA? I like USA! Buy Korean souvenir.«*

Jetzt wird Julia schnippisch und entgegnet herablassend: *»Migukin animnida«*, sie sei keine Amerikanerin. Der Ton gefällt Sewon gar nicht. Er lenkt Julia also möglichst schnell von der Hauptstraße in eine von kleinen traditionellen Häuschen gesäumte Nebengasse. Hier tut sich Julia eine ganz neue Welt auf: Antiquitäten, Holzkunst, traditionelle Malerei, sie spürt förmlich den Hauch des alten Korea. Und es riecht nicht nach verbranntem Bauch.

Als sie in den grünberankten Innenhof eines traditionellen Anwesens eintreten, sich die Schuhe ausziehen, durch die papierbespannte Tür ins Innere eintreten und unter dem mächtigen Querbalken der Dachkonstruktion Platz nehmen, fühlt sich Julia gleich noch besser.

»Du bist mein *daedeulbo,* sagt man in Korea, wenn man meint ›Du bist mir eine Stütze‹«, sagt Sewon jetzt erst auf den Querbalken zeigend und dann mit dem Finger auf sich selbst.

»Arasso, arasso«, entgegnet Julia mit einem seligen Lächeln.

SCHON KAPIERT: *ARASSO*

Eine weitere Wendung, die viel von Ausländern gebraucht wird und vom Verb *alda,* wissen, herrührt. *Arasso* heißt wörtlich »Ich habe es gewusst«. Aber übertragen wird es in viel mehr Situationen gebraucht, in so vielfältigen Bedeutungen wie »schon klar«, »hab es kapiert«, »einverstanden«. Ebenfalls nützlich im Alltag, dann aber in höflicher Sprechstufe, also gegenüber Fremden beziehungsweise Ranghöheren ist *algesseumnida,* das man ebenfalls als eine Art »ja«

benutzten kann, am sichersten in der Bedeutung von »Ich werde es beherzigen«, »Okay«.

Was wollen wir denn trinken? *Jujube?* Ingwer? Ginseng? *Schisandria?*«

»Ich will eigentlich nur einen ganz einfachen grünen Tee«, entgegnet Julia.

»Wenn du was richtig Gutes willst, dann nimm *jakseolcha,* Spatzenzungentee!«

»Iiiiiiiiiiiiih!!«, kreischt Julia.

»Das heißt doch nur so. Spatzenzungentee heißt so, weil die jungen Blätter des Grünteebusches noch so klein sind wie Spatzenzungen, wenn sie gepflückt werden. Das ist der beste grüne Tee, den es gibt.«

Und Sewon hat nicht zu viel versprochen. Der Geschmack ist so fein, dass Julia meint, wie ein Vöglein abzuheben. Während Julia an ihrem Tee nippt, verschwinden langsam auch die letzten Schmerzen. Und das latente Gefühl von Heimweh, das sie in den vergangenen Wochen begleitete, verschwindet mit ihnen.

Aigu! – Oh weh!

Julia wird ja ganz schön übermutig nach ihren Erfolgserlebnissen. Jetzt hält sie sich schon für die Creme der Ausländer in Korea. Da ist sie übrigens nicht allein. In Korea gibt es inzwischen eine Menge Ausländer, und je mehr man in die koreanische Kultur eintaucht, desto mehr versucht man sich offenbar von den anderen Ausländern abzuheben. Ganz unten auf der Leiter stehen für viele europäische Westler dabei offenbar die Englischlehrer, meist aus den USA oder Kanada, und die US-Soldaten, von denen es noch immer um die 30.000 in Korea gibt. Leute wie Julia, die aktiv in die koreanische Kultur einzutauchen versuchen, zeigen dies auch dadurch, dass sie Viertel voller Ausländer, wie Itaewon oder Insadong, nicht mehr aufsuchen oder freundliche Begrüßungen von Taxifahrern oder Verkäufern, die in Ausländern erst einmal Amerikaner sehen, brüsk und empört zurückweisen. Das ist natürlich nicht nett und Julia sollte sich trotz ihrer inzwischen überdurchschnittlichen Kenntnisse daran erinnern, dass auch sie als kleine Kaulquappe angefangen hat.

35 RELIGION

MUTTER GOTTES LAUERT VOR DEM SUPERMARKT

Für sich selbst beten statt zu Buddha

Heute ist Nico mit Yunhee nach der Arbeit zum Abendessen verabredet. Kurz vor Feierabend will er mit ihr besprechen, wo es hingehen soll, doch sie druckst seltsam herum: »Ach, heute war das? Ich weiß nicht so recht ...« Erst nach mehrfachem Nachfragen, warum sie plötzlich doch keine Zeit habe, erklärt sie, ein Verwandter habe morgen eine wichtige Prüfung, deshalb sei die Mutter gerade in der Kirche, um für sein Glück zu beten. Da müsse sie jetzt noch schnell hin, um dem Priester Hallo zu sagen. Kichernd wie immer fügt sie hinzu, es solle in der Betgruppe auch ein paar nette Typen geben, habe ihre Mutter gesagt.

Nico ist perplex. An dieser Begründung stimmt für ihn schlicht gar nichts. Und Zusammenhänge waren da ja wohl auch nicht. Wenn Yunhee ihn nicht mag, soll sie es ihm doch sagen und nicht so absurde Ausreden erfinden.

»Ich wusste gar nicht, dass du Christin bist?«, fragt Nico pikiert.

»Bin ich auch nicht, jedenfalls nicht wirklich. Zur Kirche zu gehen ist mehr so eine Art sozialer Kontakt. Man trifft Leute«, erklärt Yunhee.

»Aber dann könntest du doch auch mich treffen?«

»Ja, aber da sind Leute, die kennen meine Mama schon, und vielleicht ergibt sich was«, kichert Yunhee und ist schon von dannen.

Soll sie doch mit den Jesus-Langweilern machen, was sie will. Nico beschließt den freien Abend zu nutzen, um einkaufen zu gehen. Inzwischen ist er natürlich Profi und kauft nur noch beim Riesendiscounter mit Kundenrabattkarte. Gerade hat Nico an der Kasse bezahlt, da kommt plötzlich eine junge Dame auf ihn zu: gut aussehend, gepflegt, sympathisches Lächeln. Wenn Yunhee schon nicht will, dann lässt sich heute vielleicht doch noch ein nettes Gespräch mit einer hübschen Dame realisieren. Nico ist schließlich auch nur ein Mann.

Als sie ihm an die Einkaufstasche greift, lässt er sie dann auch gewähren, inzwischen weiß er: Koreaner sind eben freundlich und wollen gerne helfen. Aber etwas forsch kommt ihm die Gute dann schon vor, man kennt sich doch gar nicht.

»Du siehst aus wie ein Schauspieler. Brad Pitt!« Dieses Kompliment kennt Nico schon von seinem Chef. »Magst du mitkommen, ich kann dir was Tolles zeigen?«, fragt sie in verführerischem Ton und perfektem Englisch.

Jetzt ist Nico aber doch perplex. Er wird ganz rot und sagt verlegen: »Du bist sehr nett, aber ... aber wir kennen uns doch gar nicht ...«

»Ach was, jeder kann mitmachen, das ist ja das Tolle. Wir sind gleich hier in der Nachbarschaft. Alle sagen, sie seien glücklich danach.«

»...«

»Ich geb dir mal unsere Karte mit. Du kannst es dir ja noch überlegen. Wir treffen uns jede Woche, dauert nur zwei Stunden, und es gibt Essen danach.«

»Ehm, ja, danke ...« Nico steckt die Karte schnell ungesehen ein, nimmt seine Einkaufstaschen und läuft eiligen Schrittes nach Hause. In den Fahrstuhl. Hoch. In die Wohnung. Tür zu. Erst dann zieht er die Karte aus der Tasche und erschrickt noch mehr als erwartet: »Mutter Gottes von Dongdaemun – seit 20 Jahren Heilkraft, Gespräche mit Jesus, Geisteraustreibungen, Horoskope, Eheanbahnung«.

Na, da sind mit Nico wohl die Pferde durchgegangen. Die Dame wollte ihn doch nur in die Kirche einladen. Oder in ihre Exorzismushöhle. Oder ins Heiratsinstitut. Ja, wohin denn nun eigentlich? Plötzlich klingelt es an der Tür. Nico ist noch ganz in Gedanken versunken und öffnet. Da ist sie wieder, die Frau aus dem Supermarkt! Jetzt ist ihm aber doch mulmig. Er will die Tür schnell wieder zumachen, da steht sie schon mit einem Fuß im Flur.

»Hier, das hatte ich noch vergessen«, sagt die mysteriöse Botin der Mutter Gottes und überreicht Nico eine Broschüre, auf der unter der englischen Überschrift »Erlösung von allen Leiden« das Foto der besagten Mutter Gottes aus Dongdaemun prangt. Nico muss sich stark bemühen, bei der runzligen Alten, die dort als Erlöserin der Menschheit angepriesen wird, nicht loszulachen.

Währenddessen ist die religiöse junge Dame vor Nicos Tür auch mit dem zweiten Fuß in den Flur gelangt und guckt sich ungefragt um.

»Oh, eine buddhistische Figur.«

»Ach, die habe ich mir gekauft, weil sie schön aussah.«

»Da bin ich beruhigt, das machen ja viele. Aber lass dir gesagt sein, an Buddha zu glauben bringt überhaupt nichts. Der Erlöser Christus hat auch gesagt, dass Buddha der Teufel in anderem Antlitz sei.«

»Die Bibelstelle muss mir entgangen sein.«

»Es gibt noch mehr Offenbarungen als die Bibel«, sagt jetzt die Dame bedeutungsschwanger.

»Ach! Ich habe auch noch was für Sie«, sagt Nico und kramt eine Templestay-Broschüre hervor, die er am Abend zuvor aus der Post gefischt und ein wenig leidenschaftslos durchgeblättert hat. »Den Tempel besuche ich, so oft es geht.«

Jetzt hat die Dame ein Einsehen und macht auf dem Absatz kehrt.

Nico blickt aus dem Fenster und stellt erleichtert fest, dass sich seine Verfolgerin vom Haus entfernt. Und noch etwas fällt ihm jetzt auf: lauter rote Kreuze. Noch eins, noch eins. Zwischendrin ein weißes. Und noch eines. Alles Kirchen. Jetzt erinnert er sich daran, dass Yunhee ihm gesagt hat, Seoul sei die Stadt mit den meisten Kirchen der Welt. Das liege aber vor allem daran, dass es so viele Singles und einsame Hausfrauen gebe. Vielleicht war die Kausalität auch anders herum.

Yunhee! Er muss unbedingt mit Yunhee über sein neuestes Erlebnis reden, denn bei ihr erwartet er Verständnis. Sie ist ja nur Christin aus Flirtgründen. Kirche statt Facebook sozusagen. Beim ersten Mal geht niemand ran. Vielleicht doch lieber bei Donghun anrufen? Aber Donghuns Familie ist stark christlich geprägt, hat er von Kollegen mal aufgeschnappt, da würde er bestimmt nur Ausflüchte hören. Also noch einmal bei Yunhee probiert. Tatsächlich geht sie ran, aber kaum hat Nico richtig angefangen, sein Leid zu klagen, da wimmelt sie ihn schon ab: »Mama kommt gerade aus dem Tempel zurück und ist nur kurz da, sie muss gleich weiter zur Schamanin.«

»Tempel? Schamanin? Ich dachte Kirche?« Jetzt ist Nico aber böse, dass sie ihn angelogen hat.

»Ja, stimmt schon. Erst war sie in der Kirche, aber da ich sie in der Betgruppe abgelöst habe, konnte sie in den Tempel, um da fürs Prüfungsglück zu beten, und gleich hat sie noch den Termin bei der Schamanin. Wie auch immer, wir sehen uns morgen. Tschüss!«

Nico ist fassungslos. »Halleluja! Diese Koreaner sind wirklich von allen guten Geistern verlassen. *Aigu!*«

SCHAMANISMUS – RELIGION ODER ABERGLAUBE?

Der Schamanismus ist die eigentliche indigene Religion Koreas, wobei auch das nicht ganz richtig ist, weil er vom skythisch-sibirischen Schamanismus beeinflusst ist. Das sieht man insbesondere an der Verehrung bestimmter Tiere wie dem Hirschen oder dem Bären. Auch die Verehrung von Vögeln als Boten der Götter ist tief verwurzelt und auf das schamanistische Erbe zurückzuführen. Noch bis in die Silla-Dynastie waren die Könige auch spirituelle Oberhäupter des Reiches, also quasi eine Art Oberpriester. Später mischte sich der Schamanismus dann stark in den Buddhismus hinein, sodass heute in vielen Tempeln auch schamanistische Schreine zu finden sind.

Als ab den 1970ern verstärkt die Modernisierung vorangetrieben wurde, wurde der Schamanismus als Aberglaube verteufelt und – Ironie, Ironie – das Christentum als moderner Heilsbringer verkündet. Heute wird zumindest die kulturelle Seite des Schamanismus wieder stärker gefördert und schamanistische Rituale werden öffentlich aufgeführt. Trotzdem hat sich das Misstrauen gegenüber Schamanen bis heute gehalten, teils vielleicht auch zu Recht, denn immer wieder werden Scharlatane aufgedeckt.

Olssigu! – Olé!

Da hat Nico doch mal richtig schnell geschaltet. In der Tat ist eine kleine Notlüge in solchen Momenten wie dem mit der Missionarin das Klügste, was man machen kann – noch besser natürlich, wenn man wirklich Buddhist ist, dann spart man sich das Lügen. Jedenfalls reicht es kaum, solche fanatischen Leute damit abzuspeisen, dass man nicht an Gott glaubt – denn das lässt sich ja ändern. Buddhist zu sein kürzt hingegen viele Gespräche ab. Selbst wenn die Missionare einem das nicht glauben, aber von anderen Religionsgruppen abwerben, das scheint selbst solchen Eiferern eine moralische Grenze zu sein. Ansonsten hat sich in dieser Episode gezeigt, dass in Korea der gleichzeitige Glaube an verschiedene Religionen durchaus akzeptiert ist. Deswegen versteht Yunhee wohl auch nicht, dass Nico ihre Abendpläne nicht nachvollziehen kann. Dabei ist es doch eigentlich ganz logisch. Nach konfuzianischem Ritus die Ahnenriten feiern, im Tempel am schamanistischen Schrein beten und zur Kontaktpflege und Eheanbahnung in die Kirche der Nachbarschaft gehen, wo die Eltern am besten schon einmal das Feld potenzieller Ehepartner gesichtet haben, alles kein Problem. Wobei das

Christentum bei dieser lockeren Auslegung von Religiosität noch am wenigsten mitspielt. Viele harte Christen boykottieren die Ahnenriten und propagieren ein Ende des Nebeneinanders verschiedener Glaubenssysteme – Gott sei Dank mit wenig Erfolg bislang, muss man sagen. Und so werden auch noch in Jahrzehnten die jungen Damen und Männer in der Betgruppe ihr Eheheil, Politiker bei der Schamanin Beratung beim Timing des Comebacks und Frauen in der Midlife-Crisis im Tempel ihren Frieden suchen. Amen.

36 GESELLSCHAFTLICHER STATUS

YUNHEE UND DONGHUN ZIEHEN AN KEINEM GEMEINSAMEN STRANG

Hast du einen Sohn, schick ihn nach Seoul, hast du ein Pferd, nach Jeju

Es hat mal wieder jemand in der Abteilung geheiratet und so kauen Nico und Donghun auf ihren Reiskuchen herum, die es immer dann von dem Paar für die Kollegen gibt, und trinken Kaffee. Plötzlich kommt die Sprache auf Yunhee.

»Ohne Yunhee hätte ich echt ein Problem. Ich meine, du hilfst mir auch super, aber Yunhee hat eben doch noch eine andere Sicht.«

»Ja, das stimmt. Yunhee ist klasse. Aber auch bemitleidenswert irgendwo«, antwortet Donghun trocken.

»Warum? Sie ist doch ziemlich erfolgreich hier in der Firma, sie sieht gut aus und nett ist sie auch, soweit ich das beurteilen kann. Also ich würde sie sofort nehmen«, gibt Nico lachend zu.

»Ja, aber das zählt alles nichts«, entgegnet Donghun.

»Warum nicht?«

»Oh weh, wo soll ich da anfangen? Erst mal ist es schon ein Wunder, dass sie als Absolventin der Korea-Universität hier so hoch gekommen ist, wir sind hier eigentlich eine Yonsei-Abteilung bis auf die Knochen.«

»Yonsei-Abteilung? Was haben wir denn hier mit der Uni zu tun? Bekommen wir da Aufträge?«

»So direkt nicht, aber beim Auswahlverfahren spielt das *hagyeon* eben doch eine Rolle.«

»*Hagyeon?*«

»Na, von welcher Universität man kommt, woher man seinen Abschluss hat. Da gibt es mächtige Netzwerke der Alumni. In der Politik zum Beispiel haben die von der Korea-Universität mehr zu sagen, aber in der Wirtschaft sind die Yonsei-Bande deutlich stärker.«

»Also auf den Uni-Abschluss wird in Deutschland schon auch geschaut. Aber beide Unis sind doch in etwa gleich gut, oder?«

»Ja, das schon, sind beides SKY-Unis, aber die Chefetage vertraut denen von der Korea-Uni nicht. Wir sind ein kleines Land, aber unsere Universitäten haben sehr unterschiedliche Kulturen, man sagt, das mache sich auch im Berufsleben bemerkbar – wer einmal eine Kultur kennengelernt hat, vertraut nur denjenigen, die die eigene Uni absolviert haben. Yunhee als Absolventin der Korea-Universität gilt dementsprechend als zu revolutionär, zu hart, zu männlich. Und außerdem ist sie zu jung, um befördert zu werden.«

SKY-UNIS – DIE TOP DREI KOREAS

Bildung hat einen enormen Stellenwert in Korea, doch es kommt nicht nur auf den formalen Grad der Bildung an, sondern auch darauf, an welcher Universität man studiert hat. Da es über 150 Universitäten gibt und fast 90 (!) Prozent aller Abiturienten irgendeine Universität besuchen, ist es tatsächlich nicht ganz irrelevant, zu schauen, von welcher Uni der jeweilige Absolvent kommt. Viele »Unis«, insbesondere auf dem Land, können vom Niveau der Lehre nämlich höchstens als erweiterte Oberstufe eingeordnet werden. Als am besten gelten die sogenannten SKY-Unis, die Seoul National, die Yonsei und die Korea University. Während die Seoul National als die beste Uni gilt, gibt es zwischen Korea und Yonsei einen ewigen Wettstreit um den zweiten Platz. In letzter Zeit wird aber von Firmen vermehrt auch auf das Studienfach geachtet und es gibt einige spezielle Universitäten, insbesondere technische (KAIST in Daejeon, POSTECH in Pohang), die in ihren Bereichen die SKY-Unis zumindest eingeholt haben.

»Und warum schuftet sich Yunhee dann trotzdem hier so ab? Sie könnte doch wie die anderen einfach heiraten und eine Familie gründen, das sieht man doch immer so in den TV-Serien.«

»Tja, das ist das Traurige. Um einen ordentlichen Mann ihres Standes zu finden und eine Familie zu gründen, ist sie mit über 30 schon wieder zu alt, und zweitens hat sie eine zu hohe Bildung von einer Elite-Uni. Das ist vielen Männern unheimlich.«

»Ganz schön schwach von den Männern«, konstatiert Nico, woraufhin Donghun wieder einmal nur trocken antwortet: »Mag sein.« Das Gespräch lässt Nico gar nicht richtig los. Er hat Yunhee immer als gute Partie betrachtet, hätte gedacht, dass Arbeitgeber wie Männer bei ihr Schlange stehen. Und dann ist sie quasi ein Ladenhüter, ein *chanbap*, kalter Reis, wie er neulich gelernt hat. Wie kann man nur Menschen so stark in Kategorien einteilen! Das ganze Leben ein Spielball einiger weniger Entscheider oder sogar Zufälle. Das kann er – nein, das will er nicht akzeptieren.

Nico beschließt, Yunhee vorsichtig darauf anzusprechen, was sie von diesen gesellschaftlichen Strukturen hält und ob sie überhaupt weiß, wie über sie und ihr Leben geredet wird. Am nächsten Tag gehen beide wieder einmal gemeinsam zum Mittagessen, und kaum hat Nico vorsichtig gefragt, was Yunhee darüber denke, wie zum Beispiel

Donghun über sie rede, lächelt sie etwas verlegen und druckst dann herum, dass sie sich dazu noch nie wirklich Gedanken gemacht habe.

»Yunhee, du kannst ehrlich sein bei mir, ich denke nicht in diesen Kategorien wie die anderen.«

»Ach, ich glaube einfach, dass Donghun sehr schlecht über mich redet, weil er weiß, dass er in dieser Firma nichts werden kann.«

»Aber Donghun ist doch ein Mann und von der Yonsei«, versucht Nico jetzt sein neues Wissen ganz offensiv anzubringen.

Jetzt muss Yunhee doch herzhaft lachen: »Das schon, aber er kommt aus einem kleinen Dorf in Honam. Das müsstest du mal sehen (wird er auch noch, siehe Episode 41, Seite 257). Das lässt sich nicht auswetzen. Wir machen uns alle über ihn lustig deswegen. Er spürt das und bildet sich unheimlich etwas auf seine Bildung an der Yonsei-Universität ein. Aber wir wissen alle, dass er sich ziemlich durchs Studium gemogelt hat und überhaupt nur aufgenommen wurde, weil es so eine Sonderregelung für Landkinder gab.«

»Und du? Woher kommst du?«

»Chungcheong-Region, aber ich arbeite wirklich zuverlässig und schnell. Wir sind ein eigenes Völkchen, aber wir fühlen uns der Yeongnam-Region zumindest näher als Honam. In der Firma sind fast alle aus der Yeongnam-Region. Der Vize und unser Abteilungschef sind beide sogar aus der gleichen Stadt.«

»Aber Regionalismus ist doch gar nicht gut. Man muss doch nach Leistung aussuchen. Was machen denn Leute wie Donghun, wenn sie erfolgreich sein wollen?«

»Dann muss er in eine Firma, wo seine Netzwerke, so er sie denn hat, besser ziehen. Das sind zwar fast alles Bauern da unten in Honam, aber ein paar Firmen haben sie immerhin auch. Ich glaube, Nachtclubs und Mafia, das sind deren erfolgreichste Wirtschaftszweige.« Wieder lacht Yunhee ganz befreit.

»Yunhee, das finde ich jetzt unfair. So extrem hat er nun nicht über dich abgelästert.«

»Ja, war auch nur ein Witz. Aber viele Leute glauben wirklich, dass die Trennung so scharf ist. Und ganz ehrlich, ich glaube, auch nach seiner Heirat wird Donghun nicht befördert werden. Genau aus den Gründen, die ich gerade genannt habe.«

»Und warum tut er sich das dann hier an?«

»Na ja, besser als *baeksu* zu sein oder?«

»Bitte was?«, fragt Nico. So langsam könnte Yunhee doch mal verstanden haben, dass er kein Koreanisch kann.

»*Baeksu,* das sind Leute, die keinen Job finden und so in den Tag hineinleben. Wörtlich heißt es weiße Hand, also jemand, der kein bisschen Geld auf der Hand hat. Oft sind es arbeitslose Universitätsabsolventen, die dann ihren Eltern auf der Tasche liegen.«

»Aber kann es denn wirklich passieren, dass jemand wie Donghun *baeksu* wird? Es gibt doch so viele offene Stellen?«

»Na ja, ich hatte auch Glück. Hätte ich hier keinen Job gefunden, hätte ich in einem mittelständischen Unternehmen anfangen müssen – oder ich wäre eben *baekjo* geworden, ein weißer Schwan. So nennt man das, wenn eine Frau nichts verdient. Die allgemeine Arbeitslosenquote liegt zwar unter vier Prozent, aber die Jugendarbeitslosigkeit über zehn Prozent!«

»Na, da könntet ihr zur Abwechslung mal wirklich nach Europa schauen; in Südeuropa beträgt die Jugendarbeitslosigkeit teils über 40 Prozent.«

»Das ist was anderes«, sagt Yunhee. Aber warum das was anderes ist, erklärt sie nicht. So bleibt es auch diesmal bei einem nicht ganz zu Ende geführten Gespräch.

Gwaenchana! – Passabel!

Nach wie vor ist Nico mit seiner forschen Art, den Sachen gleich auf den Grund zu gehen, nicht vor Anecken gefeit. Aber zumindest bei Yunhee und Donghun scheint er dank seiner Direktheit jetzt auch leichter offene Antworten zu erhalten. So verlief dann auch das Gespräch über sensible Themen der koreanischen Gesellschaft erstaunlich problemlos. Gerade der Regionalismus ist dabei durchaus ein potenzieller Fallstrick, das ist ja in der Meinung, die Yunhee und Donghun voneinander geäußert haben, deutlich geworden. Neben dem *hagyeon,* dem eigenen Bildungsnetzwerk, spielt auch das *jiyeon,* die Regionszugehörigkeit, eine wichtige Rolle im Berufsleben.

Die Einwohner der Region Chungcheong gelten von alters her als etwas langsam und schwer von Begriff. Aus deutscher Stammtisch-Sicht quasi so eine Mischung aus Ostfriesen und Schweizern. Es gibt unzählige Märchen, in denen gewiefte Geschäftsleute die gutmütige Einfalt der Bewohner Chungcheongs ausnutzen. Zugleich ist Chungcheong heute wegen seiner nicht eindeutigen Position im Konflikt zwischen Südost und Südwest ein wichtiger Swing-State bei Wahlen.

Yeongnam ist das industrielle Herz Koreas, aber auch für hohe Gelehrsamkeit und moralische Tugenden bekannt. Während der Zeit der Industrialisierung unter Park Chung-hee rekrutierten sich große Teile der wirtschaftlichen wie politischen Elite aus dieser Region, was sich bis heute fortsetzt. Einige sehen die regionale Spaltung aber als tiefer verwurzelt an und führen sie auf die erbitterten Kämpfe des Baekje-Reiches (Honam) gegen das Silla-Reich (Yeongnam) in der Zeit der Drei Königreiche zurück Angeblich haben sich diese Antagonismen über die Jahrhunderte verstetigt und in die moderne Gesellschaft gerettet.

Besagte Region Honam wird in Korea vom Mainstream sehr zwiespältig gesehen: Auf der einen Seite als Kornkammer des Landes immer unangefochten das kulinarische Herz Koreas und auch, was die Künste angeht, mit großen Talenten gesegnet, war die Region wirtschaftlich immer abgehängt und galt oftmals auch als Verwahranstalt für unbeliebte Gegner. Kein Wunder, dass sich irgendwann das Klischee vom Querulanten und Gangster aus Honam in den Köpfen festsetzte; leider noch verstärkt durch Mafia- und Gangsterfilme, in denen die Hauptdarsteller fast immer einen entsprechenden Dialekt sprechen.

Ebenfalls eine eigene Region ist die bergige Gangwon-Provinz. Die Menschen hier essen Kartoffelpuffer. Mehr kulturelle Errungenschaften werden ihnen eigentlich vom Rest des Landes kaum zugebilligt. In letzter Zeit lebt die Region aufgrund ihrer schönen Strände und hohen Berge vom Tourismus. Die Olympischen Winterspiele 2018 fanden hier statt, allerdings ist von den Wettkampfstätten schon nicht mehr viel zu sehen. Ob der Aufschwung also dauerhaft bleibt, wird sich noch zeigen müssen.

Dann gibt es noch die Leute von Jeju, der subtropischen Insel südlich der Halbinsel. Die gelten schon fast nicht mehr als Koreaner und Jeju war auch lange Zeit als eigener Inselstaat Tamna unabhängig. Der Dialekt auf Jeju ist so speziell, dass viele Festlandkoreaner ihn kaum verstehen. Wie aus diesen Kurzbeschreibungen schon ersichtlich wird, hat trotz der geringen Fläche Koreas jede Ecke ihre Eigenheiten, die sie stolz pflegt und in Wirtschafts- und Politikleben einbringt. Für viele stellen dementsprechend auch heute noch die regionalen Netzwerke, ebenso wie die akademischen, eine Abkürzung zur Karriere dar, die offensiv genutzt wird.

37 DIE FREIHEIT

YUNHEES DROGEN BRINGEN JULIA ZUR ZELTERLEUCHTUNG

Westen war die Frage, Osten die Antwort

Jetzt endlich, nach Monaten, haben Nico und Julia sich entschieden, sich mal zum Essen zu treffen. Ihre Nummern hatten sie durch ein Koreaforum schon und haben sich auch das ein oder andere Mal übers Handy ausgetauscht. Bei ihrem letzten Telefonat ging es um das koreanische Essen, das sie inzwischen beide sehr schätzen. Dennoch, das mussten sie gestehen, ist der Appetit auf was anderes manchmal groß. Und so beschlossen sie, diesem Verlangen gemeinsam nachzugeben. Eine gute Gelegenheit, sich persönlich kennenzulernen. Eigentlich wollten sie sich zu zweit treffen, denn Julia gehen seit einigen Tagen »die Koreaner« wieder mächtig auf die Nerven – auch wenn sie es im Grunde besser weiß. Auf die erste Seite ihres Vokabelhefts hat sie groß den Satz geschrieben: »Es sind niemals DIE Koreaner, denn ich begegne immer nur einzelnen Menschen.« Aber manchmal sind es eben doch für sie »die Koreaner« im Negativen, so wie sie noch immer »die Koreaner« im Kollektiv mit Positivem verbindet. Jetzt stört sie gerade die Oberflächlichkeit »der Koreanerinnern«, die gesellschaftlichen Zwänge »der Koreaner«, die Hektik Seouls – und über all das will sich Julia mal wieder mit einem von zu Hause, eben einem Deutschen, austauschen. Dafür wagt sie sich sogar in das Ausländerviertel Itaewon, das sie vor ein paar Episoden noch so geringschätzte (siehe Episode 34, Seite 209).

Doch als sie ankommt, sieht sie Nico schon am U-Bahnhof mit Yunhee stehen. Nico begrüßt Julia fröhlich und stellt ihr Yunhee vor. »Yunhee wollte dich unbedingt auch gleich kennenlernen, da habe ich sie einfach mitgenommen.« Angesichts ihrer Genervtheit ist Julia wenig begeistert, dennoch zwingt sie sich zu einem freundlichen Lächeln. Immerhin schmeichelt es Julia auch ein wenig, dass Yunhee sie kennenlernen will. Und da sich an der Situation nun ohnehin nichts mehr ändern lässt, versucht Julia zumindest die Diskussion übers Essen abzukürzen und entscheidet für alle gemeinsam, zum Araber zu gehen. An Yunhees Gesichtsausdruck erkennt Julia sofort, dass ihr Vorschlag auf wenig Gegenliebe stößt – so gut kennt sie »die Koreaner« schon. Heute hat sie jedoch keine Lust, darauf einzugehen. Soll sie doch den Mund aufmachen, wenn sie was gegen arabisches Essen hat, denkt Julia und marschiert los Richtung Restaurant.

Eine knappe Stunde später sitzen die drei vor einer Auswahl arabischer Köstlichkeiten und lassen es sich schmecken. Oder vielmehr lassen es sich Nico und Julia schmecken, während Yunhee nur ein wenig in ihrem Essen herumstochert.

ÜBER GESCHMACK LÄSST SICH NICHT STREITEN

Tatsächlich mögen viele Koreaner indisches oder arabisches Essen wegen der besonderen Gewürze nicht, was verwundern mag, wenn man die Mengen an Gewürzen kennt, die die Koreaner selbst verwenden. Richtiggehend ablehnend ist die Haltung vieler Südkoreaner gegenüber dem Geruch von Lammfleisch, dabei essen gerade viele koreanischstämmige Chinesen für ihr Leben gern Lammspieße und auch in Nordkorea sind diese eine Delikatesse.

Als der Tisch abgeräumt ist, sieht Yunhee fast erleichtert aus – zumindest bis Julia vorschlägt, eine Runde Shisha zu bestellen. Plötzlich wird Yunhee ganz hektisch, fummelt an ihrem Handy herum und sagt, sie hätte noch einen ganz dringenden Anruf zu machen. Das sei ihr gerade wieder eingefallen.

Nico, der inzwischen ein wenig Gespür für »die Koreanerinnen« im Allgemeinen und Yunhee im Speziellen entwickelt hat, glaubt verstanden zu haben und fragt: »Rauchst du nicht?«

»Nein, das ist es nicht. Ich rauche schon. Ich möchte nur nicht ... also ich habe noch nie Drogen genommen«, sagt Yunhee vorsichtig.

Ungläubig schauen sich Nico und Julia an.

»Drogen? Du denkst, dass Wasserpfeife eine Droge ist? Das ist auch nicht schlimmer als Zigaretten«, faucht Julia jetzt. Auch Nico ist verwundert, denn als so verstockt hatte er Yunhee bislang gar nicht empfunden.

»Ja, das sagt ihr Deutschen zu Hasch auch«, faucht Yunhee nun zurück.

»Das ist ja wohl schon noch was anderes«, versucht Nico einzuschreiten.

»Ist es überhaupt nicht. Ich weiß noch ganz genau. Als ich in Deutschland zum Studium war, haben die in der WG sich alle kaputt geraucht mit dem Hasch und meinten zu mir, ich sollte auch ... Da ist gar nichts dabei, hoho«, äfft Yunhee nun ihre ehemaligen Mitbewohner nach.

»Also ganz ehrlich, ich versteh nicht, warum Alkohol bis zur Bewusstlosigkeit in Ordnung ist, aber ein bisschen Hasch problematisch sein soll«, platzt es jetzt aus Julia heraus.

»Wir Koreaner haben eben andere Vorstellungen von Moral und Anstand«, entgegnet Yunhee pikiert.

Da sie ohnehin mit der letzten Bahn nach Hause wollte, wird der Rest der Diskussion vertagt. Obwohl insbesondere Julia und Yunhee sich sichtlich nicht mehr viel zu sagen haben, versteht es Yunhee, gute Miene zu machen und sich für das gemeinsame Essen zu bedanken. Sie freue sich schon auf das nächste Treffen. Julia quittiert dies mit teilnahmslosem Nicken, während Nico versucht, die Situation vernünftig ausklingen zu lassen und Yunhee zumindest noch zur U-Bahn zu begleiten.

Kaum ist Yunhee im U-Bahnhof verschwunden, bricht es aus Julia heraus.

»Boah, diese unlogischen Argumente. Langsam geht es mir echt auf die Nerven, dass die aus jedem bisschen Spaß gleich ohne jegliche Logik ein moralisches Problem machen. Ausschnitt ist nicht erlaubt, Minirock schon, Saufen ist in Ordnung, Wasserpfeife nicht. Einen Krebs auszusaugen ist in Ordnung, aber Lamm ist offenbar eklig. Und wenn man fragt, warum, wissen sie es selbst nicht.«

Wie gut, dass Nico Julia im Forum schon etwas besser kennengelernt hat und weiß, dass sie eigentlich ein umgänglicher und offener Mensch ist. Sonst würde er diese überspannte Deutsche jetzt einfach stehen lassen. Stattdessen versucht er, sie wieder runterzuholen von ihrem Trip.

»Sag mal, Julia, studierst du nicht Sozialwissenschaften? Dann solltest du wohl wissen, dass man die Menschen nicht aufgrund von Einzelerfahrungen einfach so über einen Kamm scheren sollte und vor allem, dass es für alles eine Erklärung gibt, auch wenn über die Zeit vielleicht der eigentliche Grund verloren gegangen ist.«

»Ja, aber ich habe doch recht. Yunhee ist doch das Klischeebild der verklemmten, behüteten Koreanerin, die nicht viel vom Leben mitbekommen hat bislang, aber meint, allen ihre überlegenen Wertvorstellungen überstülpen zu müssen. Ich seh sie förmlich vor mir, wie sie mit ihren Rüschenblüschenfreundinnen am überteuerten Cold-Brew-Dutch-Drip-irgendwas-Kaffee nippend über jede vorbeigehende Frau lästert, deren Ausschnitt etwas zu tief geraten ist, und dann ...«

»... und dann regen wir uns mal wieder ab, meine Gute. Du steigerst dich da gerade ganz schön in etwas rein, Julia. Du hattest doch erzählt, dein Tempelaufenthalt hätte dich so geöffnet für die fremde Kultur. Scheint ja nicht lange angehalten zu haben. Ich glaube, da hilft jetzt nur noch eines: Wir gehen jetzt mal so richtig Klischees aufbrechen.«

»Brauchen wir nicht. Ich weiß schon, dass es auch Koreanerinnen mit tiefen Ausschnitten gibt, das brauchst du mir nicht zeigen.«

»Ja Koreaner*innen* mit tiefen Ausschnitten ist klar, aber hast du auch schon mal Koreaner mit tiefen Ausschnitten gesehen?«

Spricht Nico und schleppt Julia über die Straße, weg von den glänzenden Bars und Restaurants aus aller Herren Länder, die das Viertel Itaewon so attraktiv für die Expat-Szene in Korea machen, hinunter auf die untere Parallelstraße der großen Hauptstraße. Kaum sind sie eingebogen, geht es vorbei an nigerianischen Drogendealern und russischen Transvestiten zur Drag-Show in den Keller eines Schwulenclubs. Jetzt ist Julia aber doch irritiert: »Woher weißt *du* denn bitte, wo es hier Transenshows gibt?«

»Na, na, erstens sind Travestie und Transvestit unterschiedliche Dinge und zweitens – sei mal nicht so verstockt und intolerant, liebe Julia«, entgegnet Nico. Im Club sind völlig losgelöste Koreanerinnen, die den Drag-Queens 10.000er in den Ausschnitt stecken, und Julia steht mit offenem Mund daneben, weiß kaum, wie ihr geschieht. Im Rhythmus der wilden Partymeute klatscht sie mit, sich immer umguckend. Jetzt ist sie die Konservative, denn bei so etwas war sie in Deutschland noch nie.

»Du, Nico ich muss mal kurz frische Luft schnappen.«

Gesagt, getan. Frische Luft ist in Itaewon zwar ein dehnbarer Begriff, aber beide machen es sich in einem der vielen bunten Trinkzelte am Straßenrand bequem, anstatt in eine überteuerte Bar zu gehen. Zu leckerem Omelett und Hühnerspießen genehmigen sie sich die eine oder andere Flasche *soju,* bis beide völlig gelöst sind.

»Boah, ich fühl mich total schlecht.«

»Zu viel *soju?*«

»Nein, zu wenig Rücksichtnahme. Yunhee hat völlig recht. Wir Deutschen haben auch komische Ansichten manchmal und kein *nunchi.* Das will ich hier aber noch lernen, das ist, glaube ich, etwas, was die Koreaner uns voraus haben.«

»Gute Erkenntnis, Julia.«

»Lass uns nach Hause gehen, ich bin müde.«

»Ach, Quatsch. Es ist doch erst fünf Uhr! Weiter, weiter, Julia, wir haben längst noch nicht alles gesehen«, reißt Nico sie nun aus dem orangefarbenen Zelt und die Plastikstühle fast noch mit.

ESSEN AUF RÄDERN – DAS TRINKZELT

Das berühmte *pojang macha,* wörtlich »umhüllter Karren«. Zentrum eines solchen Trinkzeltes ist tatsächlich ein Handkarren, auf dem die Inhaberin, denn meist sind es *ajummas,* die diese Institution betreiben, allerlei Leckereien der koreanischen Küche zubereitet. Dazu gibt es alkoholische Getränke aus der Kühlbox. Gesessen wird auf Plastikstühlen an Plastiktischen, denn wenn die Sonne aufgeht und die letzten Gäste nach Hause torkeln, wird das ganze Zelt mit Innenleben wieder abgebaut, verstaut und abtransportiert. Bis zum nächsten Einsatz. Miete gespart.

Vorbei an knutschenden Schwulen geht es jetzt den Hügel weiter hoch, wo alte Prostituierte sich an dicke US-Soldaten anschmiegen, rein in einen Club, in dem eine koreanische Punkband ein Konzert gibt. Zweimal falsch abgebogen, und plötzlich sehen die beiden Abenteuerlustigen, dass sie außer einer Gruppe Bärtiger eigentlich nichts sehen. Sie sind an der Großen Moschee angekommen, wo am frühen Morgen schon die ersten Betenden Allah huldigen. Als wenig später die muslimische Bäckerei nebenan aufmacht, genehmigen sie sich ein paar Baklava, und auf dem Weg zur Hauptstraße sehen sie, wie einer der Muslime einen offenbar von seinem Schatzi verlassenen Koreaner tröstet.

»Siehst du, Julia, alles läuft nebeneinander her, ohne dass es Probleme gibt. Jeder kann sich aussuchen, wo er sich aufgehoben fühlt.

Such du dir doch lieber etwas, wo du dich wohlfühlst, und kritisiere nicht andere dafür, dass sie nicht deinen Vorstellungen entsprechen.«

Aigu, oh weh, und dann *olssigu,* olé!

Nico hat es verstanden. Dem ist kaum noch etwas hinzuzufügen. Die koreanische Gesellschaft hat heute ein Maß an Toleranz und Offenheit erreicht, das beeindruckend ist – wenn man die Welt etwas besser kennt und weiß, von welchem Stand Korea vor einigen Jahrzehnten gestartet ist. Wer heute in Korea bereit ist, den einen oder anderen schiefen Blick und vielleicht auch offene Anfeindungen in Kauf zu nehmen, der kann seinen Lebensentwurf durchsetzen, egal, wie dieser aussehen mag. Nicht einfach, aber möglich.

Während Nico also immer mehr lernt, scheint Julias Lerneffekt aus dem Tempel wie weggeweht gewesen zu sein. Man sollte auch sie deshalb nicht verurteilen. Die vielen kulturellen Unterschiede können einen fertigmachen und manchmal braucht man einfach das Gewohnte, mit dem man sich wohlfühlt. Auslandserfahrung ist eine ständige Achterbahnfahrt. Yunhee darunter leiden zu lassen, noch dazu bei der ersten Begegnung, war jedoch nicht klug. Yunhee wird Julia in Zukunft nicht gleich ignorieren, aber ist der erste Eindruck erst einmal ruiniert, wird es schwierig, das wiedergutzumachen. Nach außen hin dürfte Yunhee tun, als sei gar nichts vorgefallen, aber bemerkt hat sie die atmosphärischen Störungen sehr wohl, was man auch an ihrem frühen Abflug gesehen hat: Es gibt in Seoul abends eine eigene Zeitrechnung, die eine Zeitspanne vom Abendessen bis zur letzten U-Bahn, die je nach Zielort etwa gegen Mitternacht genommen werden muss, wenn man noch mit den öffentlichen Verkehrsmitteln nach Hause möchte. Die andere Zeitspanne, die dann als echtes Nachtleben gilt, ist die nach der letzten U-Bahn bis zum Morgengrauen beziehungsweise bis die erste U-Bahn wieder fährt. Wer Treffen deutlich vor der letzten Bahn beendet, fühlt sich offenbar nicht wohl oder hat was Besseres zu tun. Wenn man sich hingegen entscheidet, nach der letzten Bahn zusammenzubleiben, ist das zum einen das Versprechen, noch deutlich mehr Zeit miteinander zu verbringen, als auch, das Geld für ein Taxi zu investieren – in jedem Fall also ein nonverbales Zeichen, dass einem die Gesellschaft etwas wert ist. Yunhee wollte sich den Rest des Abends mit Julia also im wahrsten Sinne des Wortes sparen. Und weg war sie. Yunhee war ja mit besten Absichten nach Itaewon gekommen, denn sie war neugierig auf die Deutsche, schließlich hat sie selbst dort studiert. Im Endeffekt hat Julia aber nicht mal Rücksicht beim Essen genommen, da war der Konflikt programmiert. Dabei hätte man schlicht wie üblich fragen können, wonach der Sinn steht, Koreaner essen ja durchaus gern westliche Speisen. Yunhee sah sich durch so viel Rücksichtslosigkeit und offene Ablehnung dazu veranlasst, ihre Wertvorstellung offensiver zu verteidigen, als das normalerweise der Fall wäre gegenüber jemandem, den man zum ersten Mal sieht. Nach der Tour durch das andere Seoul hat Julia selbst gemerkt, wie rücksichtslos sie sich gegenüber Yunhee verhalten hat. Eine Entschuldigungs-SMS wäre jetzt das Mindeste, wenn Julia die Wogen wieder glätten will. Insbesondere da ja Julia ausweislich des Dialogs offenbar das Konzept von *nunchi* kennengelernt hat, dieser typisch koreanischen, kaum übersetzbaren Art einen Raum, alle Beziehungen zwischen den anwesenden Menschen und die daraus entstehende Stimmung zu lesen und dann auch noch mit Fingerspitzengefühl sein eigenes Verhalten entsprechend anzupassen und so Konflikte und peinliche Momente der Stille zu vermeiden. Yunhee hat vorgemacht, wie man in kritischen Diskussionen elegant Konflikten aus dem Weg geht; sie hat *nunchi* bewiesen.

38 DIE WIEDER-VEREINIGUNG

BEI ATOM NACH UNTEN, BEI GAS NACH OBEN

Ein guter Nachbar ist mehr wert als ein ferner Bruder

Das Schöne am Studentenleben ist bekanntlich das lange Ausschlafen. Julias erster Kurs ist heute um 14 Uhr, gestern wurde es wieder etwas länger beim Feiern und so schlummert sie noch sanft. Doch da wird Julia jäh aus dem Schlaf gerissen. Heulende Sirenen – als sie aus dem Fenster schaut, sieht sie, dass die Autos auf der Straße halten und sich nichts mehr bewegt. Die Ampeln blinken, überall Helfer mit Armbinden auf der Straße. Das muss der Angriff des Nordens sein, von dem alle immer geredet haben! Dabei war es doch die letzten Monate so ruhig gewesen. Las man die Zeitungen, konnte man den Eindruck gewinnen, Kim Jong Un sei nur ein freundlicher Teddybär, der liebgehabt werden möchte. Hatte Oma Hilde also doch recht, als sie Julia vor Korea warnte. Und hat Julia nicht erst vor einigen Wochen Informationen aus der deutschen

Botschaft erhalten, was im Falle eines Falles zu tun sei? Eilig zieht sie sich an und packt ihre Sachen wie auf dem Infoblatt angegeben – sie hat alles Wichtige immer griffbereit.

Als sie auf der Straße ankommt, weist ihr eine Frau mit weißer Armbinde den Weg zur U-Bahn-Station. Warum sie die Straße nicht überqueren darf, versteht sie zwar nicht, aber in so einer Situation muss man sich an die Anweisungen halten, denkt sich Julia. In der U-Bahn-Unterführung wird Julia gesagt, sie solle hier warten. Einige andere Passanten finden sich neben ihr ein. Gemeinsam hocken sie sich auf den Fliesenboden.

Da kommt eine Studienkollegin den Weg entlanggeschlurft, ihren Kaffeebecher in der Hand, schaut sie verwundert auf Julia herab.

»Was machst du denn da?«

»Ich soll hier warten, hat die Frau gesagt. Der Norden greift an. Setz dich neben mich, hier ist noch Platz.«

»Ach was, Julia. Das ist die Zivilschutzübung. Gefühlt die 365. allein dieses Jahr. Warum sollte ein Krieg ausbrechen, das ist denen da oben doch viel zu gefährlich. Die wollen doch nur unsere Wirtschaftshilfen.«

»Ja, aber die sind doch verrückt, was ist denn, wenn sie doch angreifen?!«

»Mag ja sein, aber dann können wir auch nicht viel machen außer rennen.«

»Rennen? Wohin denn?«

»Bei Gasangriffen soll man möglichst weit hoch, am besten aufs Dach von Hochhäusern. Von dort aus wird man dann angeblich evakuiert. Wenn es aber ein Atomangriff oder konventioneller Bombenangriff ist, soll man möglichst tief in die Erde, in Tiefgaragen oder U-Bahnhöfe.«

»Also dann ist es jetzt gerade ein Atomangriff?«

»Ich sage doch: Es ist gar kein Angriff. Es ist eine Übung. Mal wieder. Nichts, wo man Panik bekommen müsste.«

»Und woher weiß man, was für ein Angriff gerade ist? Ich meine, im Ernstfall.«

»Da gibt es wohl unterschiedliche Zeichen, aber so genau kenne ich die auch nicht.«

»Sehr beruhigend«, entgegnet Julia resigniert und steht auf. Nach einer Viertelstunde ertönt die Sirene erneut und die Übung ist beendet. Gemeinsam mit der Studienkollegin setzt Julia ihren Weg in die Uni fort. Da sieht sie an der großen Pinnwand am Haupttor des Campus ein Plakat hängen. »Diskussionsrunde zur Wiedervereinigung für junge Menschen aus aller Welt«, entziffert sie mühsam.

»Du als Deutsche hast da bestimmt Interesse dran, oder?«, fragt die Kommilitonin, worauf Julia lächelt und bejaht. Ja, Interesse hat Julia wirklich. Sicher, sie findet nicht alles toll, was im Zuge der Wiedervereinigung gelaufen ist, und Freunde aus Ostdeutschland hat sie auch keine, aber es ist doch trotzdem toll, dass Deutschland jetzt eins ist. Das spürt sie insbesondere, wenn sie in Korea unterwegs ist. Immer wieder kommt sie bei kurzen Ausflügen nördlich von Seoul an Panzersperren und Militärkontrollpunkte, man hat ständig das Gefühl, da liegt etwas in der Luft – und es ist kein *kimchi*-Duft. Ist doch kein Wunder, dass sie da gerade etwas überreagiert hat.

Jedenfalls beschließt Julia, sich einmal anzuschauen, was Koreaner in ihrem Alter so zur Wiedervereinigung zu sagen haben.

Im schicken neuen Auditorium der Universität sind noch viele Plätze frei, als sie kurz nach offiziellem Veranstaltungsbeginn eintrifft. Die Diskussionsrunde selbst läuft ab wie so oft in Korea: vier bis fünf Redner, sorgfältig ausgewählt. Alle sprechen sich natürlich für eine Wiedervereinigung aus, schließlich sei man historisch und kulturell ein Volk. Bei den Wegen dahin gibt es zwar unterschiedliche Ansichten und alle betonen, dass im deutschen Beispiel viele Fehler gemacht wurden, aber ansonsten sind sich alle einig. Nur eine der Rednerinnen erscheint auffällig unvorbereitet und stimmt merklich widerwillig in den Kanon ein. Als endlich, nach über einer Stunde, alle Vortragenden dieser Diskussionsrede ihre Redezettel abgearbeitet haben und beginnen frei zu diskutieren, passiert es.

Die Rednerin meldet sich zu Wort: »Ich persönlich finde, dass Wiedervereinigung nicht unbedingt sein muss. Es gibt so viele Probleme bei uns und die Nordkoreaner sind völlig anders als wir.«

Betretenes Schweigen auf dem Podium, Tuscheln im Publikum. Der Moderator beeilt sich, die Veranstaltung zu beenden. »Leider läuft uns jetzt auch schon etwas die Zeit davon. Vielen Dank für Ihr zahlreiches Kommen. Ich hoffe, unsere internationalen Gäste haben den Willen des koreanischen Volkes zur Wiedervereinigung spüren können, und ich bin sicher, dass wir dereinst den glücklichen Tag werden feiern können, so wie die Deutschen, denn dort hat es auch niemand vorhergesehen.« Applaus.

Julia gibt sich damit nicht zufrieden. Sie läuft stracks auf die »Unangepasste« zu und stellt sich vor. Sie wolle mit ihr über Wiedervereinigung sprechen, sagt Julia, doch die junge Dame vom Podium winkt ab.

»Ich habe bei der Diskussion eigentlich nur mitgemacht, weil mein Professor meinte, das wäre gut für die Semesternote. Ich finde schon, dass Wiedervereinigung gut wäre, eigentlich, aber so genau weiß ich darüber auch nichts und eigentlich habe ich auch keine wirkliche Meinung dazu ... ich will nur nicht ...«

»Ja?«

»Na ja, wir verdienen ja jetzt schon kaum was und haben es so schwer, einen Job zu finden, wenn jetzt noch die ganzen hungernden Nordkoreaner kommen, ich mein, guck dir die mal im Fernsehen an, Haut und Knochen ... und das nicht, weil sie Diät machen, so wie wir ... jedenfalls glaube ich, dass dann alle unsere Steuergelder für die draufgehen.«

»Wie bitte?«

»Bei euch in Deutschland war das doch auch so!«

»Na gut, wir haben schon viel Geld bezahlt, aber es gab auch ganz viele positive Effekte dadurch und keiner will heute tauschen.«

»Deutschland ist aber viel reicher, Korea ist noch nicht so reich und Nordkorea ist noch viel ärmer als die DDR, wir können das gar nicht so machen. Ihr habt gut reden«, sagt das Mädchen und stöckelt auf High Heels davon, ihre Louis-Vuitton-Tasche unter den Arm geklemmt.

Julia ist völlig fassungslos und wütend und muss sich erst einmal hinsetzen. Da entdeckt sie ganz am Rand vor dem Auditorium ein Mädchen mit Tränen in den Augen. Julia scheint die einzige mit *nunchi* zu sein, denn die anderen scheinen das Mädchen zu ignorieren oder zumindest nicht zu bemerken.

»Warum weinst du denn?«, fragt Julia auf Koreanisch.

»Ach, es ist nichts.«

»Wirklich nicht? Bist du traurig wegen der Diskussion?«

»Ja, sehr. Weil ... ich komme aus dem Norden.«

Julia ist baff. »*Jinjja*?«, fragt sie, woraufhin das Mädchen noch einmal bejaht. Weiter geht das Gespräch nicht, weil weder Julia gut genug Koreanisch kann noch das junge Mädchen genug Englisch. »Warte einen Moment«, sagt Julia und schreibt Sewon eine Nachricht, dass er schnell kommen soll. So sitzen die beiden zusammen und Julia hält einfach nur die Hand des jungen Mädchens, das sich zwischenzeitlich als Chungye vorgestellt hat.

JETZT ECHT? – *JINJJA?*

»Wirklich?« ist ein Ausruf des Erstaunens, ganz wie im Deutschen. Im Koreanischen wird es inflationär sowohl als Frage als auch als Bestätigung gebraucht und so ist es eine der ersten Vokabeln, die auch Ausländer in ihren aktiven Wortschatz übernehmen. Glauben Sie mir nicht? *Jinjja!*

Als Sewon kommt, hat Chungye aufgehört zu weinen, will aber sofort wegrennen, doch Julia nimmt wieder ihre Hand: »Bleib hier, Chungye. Sewon ist ein guter Freund, hab Vertrauen!«

Chungye ist es sichtlich unangenehm, dass ein anderer Koreaner dabei ist, doch nachdem die drei über den Campus spaziert sind, sich in einem Café etwas zu trinken geholt haben und Sewon erzählt hat, wie er groß geworden ist, fängt auch Chungye an, sich zu öffnen. Jetzt bricht es aus ihr heraus, als hätte sie jahrelang darauf gewartet, dass sie jemand fragt.

Sie erzählt, wie sie während des Anstrengenden Marsches ihre halbe Familie verlor. Wie sie sich allein mit ihrer Mutter über den zugefrorenen Grenzfluss rettete. Wie die Mutter dort von den chinesischen Grenztruppen aufgegriffen und nach Nordkorea zwangsrückgeführt wurde. Wie sie sich dann alleine durchschlug, bis sie auf einen Mitarbeiter einer Menschenrechtsorganisation traf, der sie über Thailand nach Südkorea brachte. Wie sie im Auffangzentrum Hanawon lernte, wie man einkaufen geht und aus mehreren Produkten auswählt, wie man eine elektronische Oberfläche bedient und wie man mit anderen zusammen ein Spiel spielt.

Julia schämt sich. Sie weiß seit Jahren, dass der Sänger T.O.P mit bürgerlichem Namen Choi Seung-hyun heißt, sie weiß, dass die koreanische Gruppe Super Junior mit dem Lied *Miina* mehr als ein Jahr lang Nummer eins in Taiwan war, aber von Flüchtlingen hört sie heute das erste Mal. Die Bücher darüber waren ihr immer zu schwere Kost. Und jetzt kullern die Tränen auch über ihre Wangen. Obwohl sie eigentlich mit der Situation gar nichts zu tun hat. Über die deutsche Wiedervereinigung hat sie sich schon nie Gedanken gemacht, warum sollte sie sich über die koreanische Gedanken machen? Trotzdem heult sie. Scheiße.

GONANUI HAENGGUN – DER ANSTRENGENDE MARSCH

Der Anstrengende Marsch, so lautet der euphemistische Begriff für die verheerende Hungerkatastrophe in Nordkorea Mitte der 1990er-Jahre. Ausgelöst wurde sie durch Naturkatastrophen, allgemeine Misswirtschaft und das Versagen und Beschwichtigen der

Behörden, als klar wurde, was bevorsteht. Damals kamen nach verschiedenen Schätzungen mehrere Hunderttausend bis drei Millionen Menschen um, ganze Landstriche waren entvölkert. Seitdem stiegen auch die Flüchtlingszahlen an.

Selbst der sonst so gelassene Sewon kommt sichtlich ins Schleudern. Jedes Mal, wenn er den Begriff Flüchtling versucht auf Koreanisch auszudrücken, kommt er ins Stottern, was auch Chungye natürlich bemerkt.

»Ist schon gut. Kannst uns nennen, wie du willst. Ich habe da keine Präferenz. Es trifft alles irgendwie ein bisschen zu und nichts ganz.«

»Oh, okay.«

»Es ist einfach nur gut, wenn ihr mit uns redet anstatt über uns.«

»Ja. Natürlich. Wie viele Flücht... von euch ... gibt es eigentlich?«

»Über 30.000 im Süden, viele Tausend in den USA und Europa und Zehntausende, vielleicht Hunderttausende in China und Südostasien.«

»Kann man nichts dagegen machen, dass die Südkoreaner euch so ignorieren?«, will Julia wissen und stellt Sewon, der ja selbst einer dieser Ignorierenden ist, vor große Herausforderungen beim Dolmetschen.

»Es hat sich schon viel gebessert«, antwortet Chungye ungerührt. »Wir sind heute sehr gut organisiert. Es gibt Leute, die uns helfen. Wenn früher meine Flüchtlingsfreunde zu solchen Veranstaltungen gingen, wurden wir beschimpft, dass wir uns unsere Geschichte ausgedacht hätten.«

»Ja, das stimmt, die linken Studentenverbände haben lange Zeit gedacht, im Norden würde wirklich Gleichheit erzielt und nur im Süden herrsche eine Diktatur. Die meisten haben inzwischen eingesehen, dass selbst die Diktatur im Süden nie so unmenschlich war wie das Regime im Norden. Aber ein paar Pro-Nordkoreaner gibt es immer noch«, pflichtet Sewon jetzt bei.

»Ja, aber auch von den Konservativen werden wir nicht ernst genommen. Da sind wir eher eine Art Maskottchen, das zeigt, dass ihre Nordkoreapolitik die richtige ist.«

Jetzt müsse sie aber los, sagt Chungye plötzlich. Zur Kirche. Ja, sie sei Christin geworden in Korea. Irgendeinen Gott müsse man ja haben, und besser als die Götter aus der Kim-Dynastie sei der christliche Gott allemal. Der existiere nämlich nur in den Köpfen, proklamiert sie und geht.

KIM-DYNASTIE

Die Diktatoren des Nordens werden in Anlehnung an das feudalistische Korea im Süden oft schlicht als Kim-Dynastie bezeichnet. Dynastiegründer war der von den Sowjets installierte Staatsgründer Kim Il-sung. Er hatte gegen die japanischen Kolonialherren gekämpft und war auch ansonsten vergleichsweise charismatisch, warum er selbst bei Flüchtlingen gut in Erinnerung geblieben ist. Anders sieht das bei seinem ebenfalls inzwischen verstorbenen Sohn Kim Jong-il aus, der die Hungerkatastrophe geschehen ließ und sich fleißig weiter Mercedesse und Hennessy-Cognac importierte. Dieser Gott starb im Dezember 2011. Inzwischen hat dessen dritter Sohn Kim Jong-un übernommen, der ebenfalls bereits in jungen Jahren als großer Führer und Feldmarschall bezeichnet wird. Wohin der Führerkult hier führt – keiner weiß es, aber Kim der Dritte lässt viele erzittern; nicht weil er ein großer Militärstratege wäre, sondern weil alle Angst haben, dass der Jüngling das fragile Sicherheitssystem in Ostasien zum Zusammensturz bringt, indem er sein Regime gegen die Wand fährt. Dann nämlich müssten China, die USA, Südkorea, Japan und Russland eine Lösung für den Schlamassel finden: für herrenlose Atombomben, Hunderttausende unterernährte Flüchtlinge und unkontrollierbare Auseinandersetzungen zwischen den bisherigen Eliten und den Unterdrückten beziehungsweise Inhaftierten. Auch das ein Grund, warum alle Beteiligten sehr darauf hoffen,

Kim Jong-un dazu bewegen zu können, sein Land in Kooperation mit der Außenwelt zu stabilisieren und die dortige Wirtschaft zu entwickeln.

Aigu! – Oh weh!

So wie die Grenze zwischen Nord und Süd ist das Thema Wiedervereinigung für Koreaner selbst, aber noch mehr für Ausländer ein einziges Minenfeld, da es extrem politisiert ist. Die meisten versuchen, das Thema schlichtweg zu ignorieren, sei es, weil es zu kompliziert ist, sei es, weil es ihnen zu nahe geht. Selbst nach der Versenkung der Korvette Cheonan 2010 durch Nordkorea mit vielen toten Marinesoldaten argumentierten einige in Opposition und Zivilgesellschaft, die Täterschaft Nordkoreas sei nicht eindeutig geklärt. Als kurz danach die Insel Yeonpyeong mit Artillerie beschossen wurde und Zivilisten zu Tode kamen, versuchten einige Südkoreaner erneut vor allem die Schuld beim eigenen Militär zu suchen, das den Norden provoziert habe. Allgemein macht sich jedoch in der Bevölkerung eine Ermüdung breit, sich immer wieder mit diesem ungeliebten Nachbarn herumschlagen zu müssen. Die Flüchtlinge sind Opfer dieser Lage und sichtbarer Stachel, der immer wieder die Tragödie der Teilung der Halbinsel vor Augen führt. In einer Zeit der scheinbaren Wiederannäherung wie seit Anfang 2018 gelten Flüchtlinge besonders als »Hindernis auf dem Weg zur Wiedervereinigung«, erinnern sie doch mit ihren Geschichten und ihrer bloßen Präsenz daran, dass der Verhandlungspartner eben kein normaler Staat ist, sondern eines der verbrecherischsten Regime, die es derzeit noch auf der Welt gibt. Vereinzelt kommt es sogar zu Unterschriftenkampagnen für das Ziel, die Flüchtlinge zurückzuführen, um den Norden nicht zu provozieren. Wie wir gerade im Gespräch von Julia und Sewon mit Chungye gesehen haben, hat man schon bei der Bezeichnung der Flüchtlinge Probleme und muss sich zwangsläufig in die politische

Schwarz-Weiß-Malerei einreihen. Die progressiven Regierungen wollten den Term nicht zu sehr mit dem Norden selbst in Bezug setzen, weshalb sie die Flüchtlinge einfach *saeteomin* nannten, also frei übersetzt »Bürger auf neuem Land«. Der juristisch verwendete Begriff ist *bukhan italjumin,* also »Bürger, die sich vom Norden abgesetzt haben«, aber im allgemeinen Diskurs werden sie meist schlicht *talbukja,* »Nord-Flüchtlinge«, genannt.

Das Thema Nordkorea ist also omnipräsent, Sie werden nicht nur durch die Luftalarme, die alle paar Monate stattfinden, immer wieder daran erinnert werden. Und doch sollte man sich als Ausländer ohne umfassende Kenntnisse am besten nicht groß darauf einlassen; zu schnell gerät man zwischen die aufgeheizten Lager. Das Interesse am deutschen Beispiel der Wiedervereinigung ist jedoch auf beiden Seiten groß, weshalb man sich mit seiner eigenen Geschichte beschäftigen sollte, bevor man nach Korea kommt. Wenn sich Autos, Würstchen und Fußball als Gesprächsthemen erschöpft haben, wird man bestimmt direkt danach nach seiner Meinung zur Wiedervereinigung gefragt.

Noch ein paar Worte zur Haltung der »unangepassten« Studentin auf dem Podium: Dass es schwer sei, in Korea einen *Job* zu finden, stimmt nicht ganz. Es gibt etwa eine Million offene Stellen. Gleichzeitig sind die jungen Koreaner sehr gut ausgebildet, über die Hälfte können inzwischen einen Universitätsabschluss vorweisen. Dementsprechend ist die Konkurrenz um hochrangige Jobs sehr groß. Selbst wenn sich viele Bewerber vielleicht zunächst mit einem schlechteren Job zufriedengeben würden, um in den Arbeitsmarkt zu kommen, sind die hohen Erwartungen der Familien an ihre Kinder, dass sich die Bildungsinvestitionen jetzt auch rentieren sollen, ein Mitgrund dafür, dass man lieber auf den ganz großen Wurf wartet, als sich von unten hochzuarbeiten. Die offenen Stellen werden dann von billigen Arbeitskräften aus Süd- und Südostasien besetzt.

39 DIE POLITIK

EIERFÄLSCHENDE GESCHICHTSFÄLSCHER, GESCHICHTSFÄLSCHENDE FELSENBESETZER UND ATOMBOMBENBAUENDE SCHULKAMERADEN

Wenn Wale kämpfen, wird der Krabbe das Rückgrat gebrochen

Julia befindet nach der gescheiterten Annäherung mit Yunhee, dass sich Sewon und Nico auch einmal näher kennenlernen sollten. Sewon sei nämlich viel weltgewandter und offener als Yunhee. Und was gibt es unter Männern Unverfänglicheres, als gemeinsam ein Fußballspiel anzuschauen. So sitzen Nico und Sewon nun in einer Kneipe in der Nähe von Nicos Firma vor Popcorn und Importbier und gucken China gegen Japan. Nico will sich gleich beliebt machen und sagt: »Super, wie die Japaner spielen, aber die Chinesen sind auch nicht schlecht. Die Asiaten werden wirklich immer besser im Fußball, das ist ja auch in Deutschland spätestens seit der WM 2018 allen klar.«

Sewon schweigt.

»Für wen bist du denn? Ist sicher schwer innerhalb Asiens oder?«, fragt Nico.

Sewon reagiert jetzt doch merklich pikiert und antwortet kurz und knapp: »Die Frage ist nicht, für wen ich bin, sondern gegen wen ich weniger bin!«

»Warum? China ist doch ein wichtiger Absatzmarkt für euch und es kommen unzählige japanische Touristen ins Land.«

»Natürlich sind wir irgendwie stark verbunden, aber mögen muss man sich deshalb noch lange nicht.«

»Ist dann ja wie in einer Familie. Ich habe neulich bei Arirang eine Dokumentation über die vielen kulturellen Verbindungen zwischen den drei ostasiatischen Ländern gesehen.«

WOHLFÜHLPROGRAMM ARIRANG

Arirang ist sowohl das berühmteste Volkslied Koreas als auch Name eines englischsprachigen TV-Senders, der dafür bekannt ist, die positiven Seiten stark in den Mittelpunkt zu stellen und den Rest einfach auszublenden. Da die meisten Ausländer wenig bis kein Koreanisch sprechen, bleibt er eine beliebte Informationsquelle, sorgt aber dafür, dass Ausländer oft fälschlicherweise meinen, Arirang sei repräsentativ für die gesamte Medienlandschaft.

»Nein, keine Familie. Man muss sich das eher wie in einer Schulklasse vorstellen.«

»Wie meinst du das?«

»Da gibt es doch immer einen Streber, der alles weiß und alle anderen wissen lässt, dass er alles weiß.«

»Ja.«

»Das ist Japan. Man hätte auch gern immer gute Noten, möchte aber trotzdem seine Coolheit behalten. Und eigentlich weiß man sowieso, er ist nur Klassenbester, weil sein Papa sich den besten Nachhilfelehrer für ihn leistet.«

»Ah ja.«

»Und dann gibt es da doch immer diesen etwas Dickeren, der alle verhaut und die größte Klappe hat. Wenn der mal eine gute Note schreibt, weiß jeder, dass es daran liegt, dass er geschummelt hat.«

»Ja?«

»Das ist China.«

»Okay …«

»Und dann gibt's noch diesen etwas dümmlichen, zurückgebliebenen Typ, mit dem man als Kind gern gespielt hat, der sich dann aber in die falsche Richtung entwickelt hat. Man möchte ihm gern helfen, aber er verprügelt alle und versucht, sein kleines Selbstbewusstsein dadurch zu kompensieren, dass er mit dem Dicken abhängt.«

»Ich glaube, ich weiß, worauf du damit hinauswillst …«

»Ja, das ist Nordkorea.«

»Und der Rest von Asien?«

»Es gibt doch immer diese ganzen Mauerblümchen in einer Schulklasse. Man weiß, dass sie vielleicht ganz nett sein könnten, aber man hat Angst, dass das Image leidet, wenn man mit ihnen abhängt. Die mit der Zahnspange. Aus einigen davon wird vielleicht mal was, aber aus welcher, weiß man in der Schule noch nicht.«

Jetzt braucht Nico erst einmal einen Schluck. Das war ja ein gutes Thema zum Kennenlernen. War suboptimal, merkt er selber.

»Und da sage noch einer, in Europa habe man Probleme mit der Einigung!«

»Tja, ihr habt Probleme mit der Einigung, wir haben das Problem, dass wir gar keine Einigung haben, die Probleme machen könnte. Weil unsere Politiker keine Visionen haben.«

»Helmut Schmidt, ein ehemaliger deutscher Bundeskanzler, hat gesagt, wer Visionen hat, soll zum Arzt gehen«, wirft Nico ein.

Sewon wird still. Er denkt sichtlich nach. Es ist, als könnte man es in ihm arbeiten sehen. Eins zu null für Japan, aber das nur am

Rande. Ein tiefer Schluck Bier. Dann setzt er an. Setzt wieder ab. Und dann doch, Sewon müsste schießen. Sewon schießt:

»Ganz ehrlich. Unsere Politiker haben es auch nicht leicht. Das Image ist sowieso schon kaputt. Entweder gilt man als ideologisch verbrämt oder man ist ein Schwalbenpolitiker.«

Ein Blick in Nicos Augen verrät, dass da Erläuterungen notwendig sind.

»Also so einer, der ständig die Seiten wechselt und von politischer Partei zu Partei fliegt, um sein Nest zu bauen und dann wieder abzuhauen. Wendehals nennt man so was, glaube ich, bei euch.«

»Ja, so was ist aber auch nicht gut.«

Erneut setzt Sewon zu einem gewagten Weitschuss an: »Das stimmt schon, aber andererseits reicht der politische Verstand vieler Koreaner auch nur bis zur dritten Meldung bei Naver – und dann wird doch auf Entertainment geklickt. Aber hinterher auf Jo-Joong-Dong schimpfen.«

»Moon Jae-in kenne ich ja, aber wer ist denn dieser Herr Jo schon wieder?«

»Das ist sein größter Gegner«, sagt Sewon, doch als er den Blick von Nico sieht, der diese zynische Bemerkung gar nicht verstanden hat, fügt er hinzu: »Ach, lass gut sein. Lass uns lieber weiter zuschauen, wie die Piraten gegen die Eierfälscher gewinnen.«

DURCHS NETZ NAVIGIERT MIT NAVER

Korea mit seiner weltweit führenden Internet-Infrastruktur hat sich interessanterweise von vielen internationalen Trends abgekoppelt – schlicht weil es sich lohnt, eigene Angebote für den heimischen Markt zu entwickeln. Naver zum Beispiel ist eine Portalseite mit Suchmaschine, die auf den ersten Blick aussieht wie GMX, Google oder ähnliche Angebote, aber viele Koreaner bleiben wirklich stundenlang auf dieser einzigen Seite, wo man Reisen buchen, Karten anschauen, Mails checken – und eben auch die Schlagzeilen aller Zeitungen gebündelt sehen kann. Keine Chance für Google in Korea.

Gwaenchana! – Passabel!

Oh weh, Politik als Kennenlernthema ist ohne Frage nie so geschickt. Nico ist da ziemlich reingeschlittert, aber er hat sich auch keine unverzeihlichen Schnitzer geleistet. Asien zu loben ist zwar nicht geschickt, weil die koreanische Identität als »Asiaten« extrem gering ausgeprägt ist, aber er hätte auch leicht im Verlauf des Gespräches so etwas sagen können, wie dass die Koreaner einfach von den Japanern lernen könnten, die ja wirtschaftlich höher entwickelt sind und auch schon länger in einer Demokratie leben. Die Nachbarn zu loben ist nämlich ein absolutes No-Go. Stattdessen hat Nico, wie er das in letzter Zeit öfter tut, schlicht zugehört und vorsichtig nachgefragt, warum die drei ostasiatischen Mächte sich so wenig mögen. Das ist der Weg zum Erfolg. Er hat sogar ziemlich gut darauf reagiert, als er gemerkt hat, wie schwer sich Sewon tut. Dass er die letzte Bemerkung nicht verstanden hat: geschenkt.

Jo-Joong-Dong ist die kombinierte Kurzform von Joseon Ilbo, Joongang Ilbo und Donga Ilbo, den drei beherrschenden konservativen Medienkonzernen des Landes. Sie sind tatsächlich meinungsbildend, mächtig und einflussreich, aber ähnlich wie die *Bild-Zeitung* auch Projektionsfläche für allerlei Verschwörungstheorien und beliebtes Hassobjekt vieler Intellektueller. Das linke Gegenstück dazu, quasi die *taz* Koreas, chronisch unterfinanziert, aber politisch mindestens ebenso eindeutig positioniert wie die Gegner im konservativen Spektrum, ist die Zeitung *Hankyoreh.* Damit spiegeln sie auch die Trennlinien der Innenpolitik wider. Sie basieren mehr noch als auf Ideologie vor allem auf ihren Stammwählerschaften in einzelnen Regionen; die »Konservativen« in Yeongnam, die »Progressiven« in Honam. Ein Thema, bei dem die Parteien sich wirklich fundamental unterscheiden, ist die Haltung zum Norden: Die Progressiven befürworten die Sonnenscheinpolitik des Friedensnobelpreisträgers Kim Dae-jung und die Neuauflage derselben unter Moon Jae-in, während die Konservativen für eine härtere Gangart gegenüber dem Regime sind. Ansonsten sind beide Parteien, vorsichtig gesagt, ideologisch recht flexibel und nur in den Akzentsetzungen als eher links und rechts einzuordnen.

So viel zur innenpolitischen Seite. Sewons letzter Satz mit den Piraten und Eierfälschern zielt auf das Image der anderen. Die Minenfelder der Streitigkeiten mit den Nachbarn und der Innenpolitik könnten allein jeweils ein ganzes Buch füllen, aber nur ganz kurz angerissen: Mit Japan geht es um die Aufarbeitung der Kolonialzeit (1910–1945), unter anderem die ungeklärte Frage der Zwangsprostitution durch das japanische Militär, und dann natürlich um die Insel Dokdo, aber zu dem Thema kommen Julia und Nico noch in Episode 42 (siehe Seite 267).

Mit China streitet man sich darum, ob das antike Goguryeo-Reich nun koreanisch oder chinesisch gewesen ist. Zudem gibt es eine latente Angst vor dem Aufstieg Chinas in der koreanischen Bevölkerung und wachsende Ressentiments gegen die sogenannten *joseonjok*, also ethnische Koreaner mit chinesischem Pass, die nach Korea spätaussiedeln und dort immer wieder mit dreisten Betrügereien und schweren Verbrechen in die Schlagzeilen geraten. Ersteres ist manchmal noch lustig, wenn Chinesen nämlich aus chemischen Stoffen Eier täuschend echt fälschen, weil das einige Cent billiger ist, als sie von Hühnern legen zu lassen. Zweiteres hat oft mit Vergewaltigung und Mord zu tun und lässt die koreanische Volksseele hochkochen. Doch trotz der nationalistischen Ressentiments auf allen Seiten schreitet die wirtschaftliche Integration der Region faktisch rasant fort. Derzeit wird sogar über ein Freihandelsabkommen der drei ostasiatischen Wirtschaftsmächte verhandelt. Vielleicht sind die gefälschten Eier also schon bald ebenso zollfrei wie der Thunfisch, den die Piraten liefern.

40 DIE VOLKSSEELE

WIR, DIE DA OBEN, DAMALS UND NOCH FRÜHER

Nur wenn der Oberlauf rein ist, ist auch der Unterlauf rein

Nico ist nun schon so lange in Korea, doch außer Seoul hat er noch kaum etwas vom Land gesehen. Daher freut er sich, als Donghun ihn einlädt, mit ihm und seinem Vater einen Ausflug aufs Land zu unternehmen. Es soll zum Familienstammsitz gehen, der etwas versteckt liegt. Ganz sicher ist sich Nico zwar nicht, ob er sich einfach an einen Familienausflug ranhängen kann, doch Donghun beruhigt ihn.

»Keine Sorge, mein Vater freut sich, dich kennenzulernen. Er ist außerdem schon seit Tagen gut gelaunt, dass er sein Café mal eine Weile schließen und aufs Land fahren kann.«

»Dein Vater hat ein Café? Das wusste ich gar nicht.«

»Ja, er hat es nach seiner Pensionierung eröffnet.«

»Respekt. So was wäre für deutsche Rentner auch nicht schlecht. Viele wissen nämlich gar nicht, was sie mit ihrer freien Zeit anfangen sollen.«

NACH DER ARBEIT IST VOR DER ARBEIT

Viele Koreaner bauen nach ihrer frühen Verrentung (gesetzliches Rentenalter 58) noch ein zweites Standbein auf, sei es ein kleines Café, ein Restaurant, oder gehen sonst einer selbstständigen Betätigung nach, die etwas einbringt und körperlich nicht zu anstrengend ist. Das liegt zum einen daran, dass viele koreanische Männer nichts anderes gewohnt sind, als den ganzen Tag zu arbeiten, und vom Nichtstun krank werden. Zum anderen reicht aber auch oft die gesetzliche Rente nicht, sodass mancher, der sich ausruhen wollen würde oder wegen der Gesundheit müsste, trotzdem weiterarbeitet.

Donghun hat nicht zu viel versprochen. Am Tag der Abreise ist sein Vater bester Laune. Vor lauter Freude, endlich mal wieder aus der Stadt herauszukommen, drückt er ganz schön auf die Tube. Obwohl nur 90 erlaubt sind, zeigt sein Tacho konstant 120 Kilometer pro Stunde an.

»Wenn man schon mal freie Fahrt hat ...«, kommentiert der Vater grinsend, als er bemerkt, dass Nico ständig beunruhigt auf den Tacho schaut.

Plötzlich aus dem Nichts Sirenengeheule und ein Polizeiwagen. Es kommt, wie es kommen musste. Doch anstatt jetzt ruhig zu erläutern, warum er so schnell war, und um Verzeihung zu bitten, steigt der Vater aus, zieht sich erst einmal die Hose hoch, bäumt sich dann vor dem jungen Polizisten auf, den Nico spontan auf 13 geschätzt hätte, und fängt an zu schimpfen.

»Faschistische Drecksbande! Ihr denkt wohl, es ist noch Diktaturzeit, dass ihr hier mit einem verdienten Bürger so umgeht! Ich habe die Freiheit nicht dafür erkämpft, dass jetzt hier unbescholtene Bürger wieder so drangsaliert werden!«

»Papa, doch nicht vor dem Deutschen, bitte!«, fleht Donghun, doch der Vater lässt sich nicht beirren.

»Damals in Gwangju, das waren die gleichen Ratten wie ihr jetzt! Kein Herz unter der Uniform, nur aufs eigene Wohl bedacht!«

»Sehr verehrter Herr, während Gwangju war ich noch gar nicht am Leben. Meine Eltern wohnten damals im Gebirge und haben davon nichts mitbekommen. Ich möchte Sie bitten, ihre ungerechtfertigten Beschuldigungen zu unterlassen. Im Übrigen hat das nichts mit Ihrer Geschwindigkeitsüberschreitung zu tun. Ich kann Ihnen das Video gerne im Auto zeigen. Zudem können Sie Einspruch einlegen oder eine Beschwerde schreiben, wenn Sie sich durch mein Verhalten ungerecht behandelt fühlen.«

»Hör auf, mir mit deinem Fachgeschwätz zu kommen! Ich bezahle nicht, basta. Ich lasse mich nicht von Leuten drangsalieren, die das Leben der *seomin* einen Dreck angeht.«

»Da Ihr Kennzeichen notiert ist, geht Ihnen der Bescheid dann per Post zu, Sie müssen nicht sofort bezahlen, sondern können den fälligen Betrag auch überweisen, wenn er rechtskräftig ist. Ich mache Sie noch einmal auf die Möglichkeit eines Widerspruchs aufmerksam. Ich wünsche Ihnen einen schönen Tag.«

SEOMIN – WIR DA UNTEN

Ein Begriff, der insbesondere im politischen Diskurs immer wieder fällt und mit »einfache Bürger« oder »Otto Normalverbraucher« ganz gut wiedergegeben werden kann. Er umfasst die Gemeinschaft all derer, die nicht »die da oben« sind. Natürlich fühlen sich alle Koreaner selbst als *seomin* und würden es empört zurückweisen, dass sie ein gesichertes Auskommen haben.

Der Vater ist immer noch ganz außer sich, puterrot im Gesicht, und auch Donghuns Gesichtsfarbe hat sich inzwischen geändert, wenn auch aus ganz anderen Gründen.

»Entschuldige bitte das Verhalten meines Vaters. So sind die alten Leute hier nun einmal. Von Diskussionskultur haben die nichts gehört, die sind in einem Entwicklungsland groß geworden.«

»Na, na, spricht so ein konfuzianischer Sohn über seinen verehrten Vater?«, versucht Nico die Situation etwas aufzulockern.

»Wenn sich mein Vater wie ein *seonbi* benehmen würde, könnte ich ja auch ruhiger an die Sache rangehen«, murmelt Donghun noch immer ganz beschämt vor sich hin.

»Wie ein was?«

»*Seonbi,* das sind die alten konfuzianischen Gelehrten, du wirst noch einen echten kennenlernen, meinen Großvater.«

»Oh, da freue ich mich. Aber was hat dein Vater eigentlich gemacht, bevor er pensioniert war? Wo hat er denn für die Demokratiebewegung gekämpft? War er in Gwangju mit dabei?«

»In Gwangju? Von wegen. Damals hat er sich in der Zeitung über ›die Roten‹ genauso lustig gemacht wie viele andere. Im Seouler Frühling hat er dann wohl mitdemonstriert. Mehr war nicht.«

»Na immerhin.«

»Beim Seouler Frühling war fast jeder dabei. Ich weiß nicht mal, ob diese Geschichte stimmt. Mama kann sich nur an eine einzige Demo erinnern, bei der Papa kurz gewesen sei, weil alle Kollegen gegangen sind. Papa war nur ein kleiner Verwaltungsbeamter, der vorher den Mund nie aufbekommen hat, insbesondere nicht gegenüber seinen Vorgesetzten. Als die dann auch demonstrierten, war Papa wohl dabei. Erst nach der Demokratisierung kam die große Wandlung, ab da war er laut eigenen Angaben schon immer ein 386er gewesen, der uns junger Generation das bequeme Leben der Moderne erkämpft hat.« Donghun lächelt müde.

Nico versteht die Zusammenhänge nicht wirklich, merkt aber, dass er hier ganz tief in die koreanische Seele vorgestoßen ist.

GWANGJU, SEOULER FRÜHLING, 386ER

Je nach politischer Richtung Gwangju-Vorfall oder Gwangju-Massaker genannt, war der Aufstand der Bürger der südwestlichen Stadt eines der einschneidendsten Ereignisse der jüngeren koreanischen

Geschichte: Die damalige Militärdiktatur unter Chun Doo-hwan ließ den Aufstand blutig niederschlagen. Wer in der Stadt ist, sollte sich den beeindruckenden Gedenkfriedhof mit der sehr nahegehenden Ausstellung unbedingt ansehen.

Der Seouler Frühling wiederum war die Demonstrationswelle, die schlussendlich dazu führte, dass die Diktatur unter Chun Doo-hwan 1987 aufgab und freie Wahlen kurz vor den Olympischen Sommerspielen von Seoul verkündete. Da gewann dann zwar wegen einer zerstrittenen Oppositionsbewegung ein Vertrauter des Militärdiktators, Roh Tae-woo, er organisierte jedoch den Demokratisierungsprozess mit und übergab dann 1992 ordnungsgemäß und ohne Zwischenfälle dem ersten frei gewählten *zivilen* Präsidenten Kim Young-sam die Macht. Bei allen Kinderkrankheiten, die die koreanische Demokratie heute hat und die viele Koreaner aufregen – für eine Demokratie, die effektiv gerade einmal gute 25 Jahre alt ist, funktioniert sie mehr als gut und ist bereits Vorbild für viele andere Staaten, die sich eine solch reibungslose Entwicklung sehnlich wünschen würden. Ein Geheimnis hinter diesem Erfolg ist wohl die, wenn auch manchmal übertrieben erscheinende, Wachsamkeit der damaligen Demonstrierenden, einer Generation, die in Anlehnung an die 68er in Deutschland in Korea 386er genannt wird: Zum Zeitpunkt der Prägung des Begriffs in ihren 30ern, hat sie in den 80ern die Universität besucht (beziehungsweise eher die Universitätsgelände besetzt gehalten) und ist in den 60ern geboren. Natürlich waren sie auch eine treibende Kraft hinter den Kerzenscheinprotesten 2017.

Olssigu! – Olé!

Viele ältere Koreaner, die mit der Demokratiebewegung aufgewachsen sind, vermuten auch heute noch hinter jeder Ecke eine autoritäre Gemeinheit. Polizei, Militär, große Unternehmen – alle waren der Feind, und daran hat sich bis heute nicht viel geändert, zumindest in den Köpfen. Dafür sollte man schlicht Verständnis haben, auch wenn einem der junge Polizist leidtun kann, denn der kann für die Vergangenheit ja nun wirklich nichts. Er ist aber ziemlich symptomatisch für den Versuch der Behörden, zumindest im Alltagsgeschäft keinerlei Anlass mehr zu Beschwerden zu geben.

Wir sind hier übrigens in eine ganz brisante Geschichte geschlittert: Der Vater ist älter, hat aber einen eindeutigen Fehler begangen, die Staatsmacht, die eigentlich als Autorität respektiert werden müsste, wird hier aber vertreten von einem Jüngeren. Der Sohn schämt sich selbst für das autoritäre Verhalten des Vaters, will aber auch nicht zu deutlich eingreifen und die Familienbande auf die Probe stellen. Für Nico, wie für jeden Ausländer, gilt hier: am Rand stehen bleiben, sich nicht einmischen und Verständnis zeigen. Also hat Nico wieder einmal eine Menge richtig gemacht. Quasi als Belohnung dafür lernt er in der nächsten Episode noch mehr über die Hintergründe des Konfuzianismus, auf dem all diese scheinbaren Widersprüche basieren.

41 DAS TRADITIONELLE LEBEN

KONFUZIUS SPRICHT, ABER KEINER HÖRT HIN

Selbst für das Servieren kalten Wassers gibt es eine Reihenfolge

Die ungewöhnliche Reisegesellschaft nähert sich ihrem Ziel. Schon als sie von der Landstraße auf die Zufahrtsstraße zum Dorf abbiegen, erklärt Donghun nicht ohne Stolz: »Von *hagyeon*, also den Bildungsnetzwerken, haben wir ja schon gesprochen. *Jiyeon* sind die traditionellen Regionszugehörigkeiten (siehe Episode 36, Seite 220). In unserem Haus und in unserem Dorf wirst du die dritte Säule unserer Gesellschaft kennenlernen, *hyeolyeon,* Blutsbeziehungen.«

»Oh weh, hat das was mit Blutsbrüderschaft zu tun? Darauf würde ich gerne verzichten.«

»Unfug. Das hört sich jetzt schlimmer an, als es ist. Es heißt einfach nur, dass die Familie zusammenhält. Unser Clan, unsere Sippe. Da hilft tatsächlich noch jeder jedem, wenn auch manchmal mit einem Zähneknirschen. Arme beugen sich nach innen, sagen wir.«

Nico kommt gerade aus anderen Gründen gar nicht mehr aus dem Staunen heraus: Ein kleines Dorf tut sich vor ihm auf, malerisch, beschaulich, geradezu idyllisch in der für die ganze Region namensgebenden Honam-Ebene gelegen, vor einem kleinen Hügel. Ein Bächlein fließt mitten hindurch. Zum ersten Mal stimmt das Asienklischee, das Nico noch im Kopf hatte, bevor er in Seoul ankam: kleine einstöckige Häuser mit geschwungenen Dächern, abgegrenzt durch Steinmauern, uralte Kiefern, Pavillons und Reisfelder, wohin das Auge reicht.

Als sie das Auto im großen Innenhof des Anwesens parken, kommt auch schon ein Hund angewackelt. »Ein echter Jindo, eine einheimische Rasse. So wie wir Koreaner: wachsam, loyal ... und äußerst bissig«, erklärt Donghun grinsend.

Mit Knarzen geht die mit Reispapier beklebte Tür des Haupthauses auf und auf der breiten Veranda erscheinen zwei sonnengegerbte Menschen in traditioneller *hanbok*-Kleidung. Während der Großvater nur milde nickt, kommt die Großmutter gleich freudig heruntergestiegen, schlüpft in ihre Schuhe und tätschelt erst ihrem Enkel, dann ihrem Sohn die Wange.

Jetzt ist Nico an der Reihe. Auch er wird getätschelt und die alte Dame streicht ihm über die blonden Haare. Sie ist offensichtlich ganz außer sich vor Freude, dass Besuch da ist. Inzwischen stehen auch schon die Nachbarskinder im Hof und begutachten das Spektakel.

Ein paar Worte werden gewechselt, dann wendet sich Donghun wieder an Nico: »Oma sagt, sie braucht etwas Zeit, um uns Abendessen zu machen, wir sollen ruhig noch spazieren gehen.«

»Aber wir können ihr doch helfen.«

»Nein, die Küche ist absolutes Heiligtum meiner Oma, da lässt sie keine männliche Hand auch nur in die Nähe der Töpfe. Komm, ich zeig dir so lange unsere Reisfelder.«

Während der Vater auf der Veranda mit den Nachbarn spricht, gehen Donghun und Nico nun allein los.

»Schau, die Felder, die gehören alle uns.« Nach einer bedeutungsvollen Pause setzt er erneut an. »Weißt du, dass die wichtigsten Wörter im Koreanischen alle sehr kurz sind?«

»Ja, so wie Brot oder Reis.«

»Genau, Reisfeld gehört auch dazu – *non.* Und das Gemüsebeet da drüben – *bat.* Wir Koreaner, wir kommen vom Land, und so richtig zu Hause sind wir nur hier.«

Als wollte Donghun es demonstrieren, zieht er nun seine Schuhe aus, steigt auf den kleinen erhöhten Pavillon am Feldrand und streckt sich einmal der Länge nach aus.

»Das ist Heimat. Das gibt es nur hier«, ruft er zufrieden. Nico tut es ihm gleich und so liegen sie ein paar Minuten einfach nur herum. Zwischendurch gleitet mal ein Reiher über die Felder, Spatzenschwärme flattern vorbei und irgendwo quakt ein Frosch. Und zum ersten Mal hört Nico – nichts Künstliches. Kein Autohupen, keine Werbemelodie. Nur Natur. Ruhe. Das Land der Morgenstille, zumindest am frühen Abend, zumindest hier.

»Schau, aus dem Schornstein bei unserem Haus raucht es schon, das heißt, die Küche läuft auf Hochtouren. Wir sollten langsam zurück. Dann sind die Räume jetzt auch schon schön beheizt.« Natürlich weiß Nico nicht, was das wieder für einen Zusammenhang hat, aber er vertraut Donghun einfach mal, dass es logisch ist.

ONDOL – EIN HOCH AUF DIE FUSSBODENHEIZUNG

Selbst als viele Koreaner in bitterer Armut lebten, hatte jeder Bauer eine Fußbodenheizung zu Hause. Das sogenannte *ondol*-System funktioniert durch Rohre im Boden. Wird der Küchenofen befeuert, geht die Hitze durch Leitungen im Boden erst durchs Haus und wird dann nach draußen geleitet. Dadurch hat man den schönen Effekt in traditionellen Häusern, dass der Boden kuschelig warm ist, während durch das offene Fenster eine sanfte Brise weht. Soll angeblich auch helfen, um einen Kater auszuschlafen. Und das müssen die Koreaner ja schließlich wissen.

Durch die verschachtelten Gassen des Dorfes geht es auf dem Weg zurück zum Haus an einem jahrhundertealten Baum vorbei, an dem kleine Stoffstückchen hängen.

»Schamanistische Wunschseile sind das. Man bindet ein Stück Stoff oder einen Zettel daran und wünscht sich etwas.«

»Ich wünsche mir, dass alle Koreaner so entspannt leben können wie hier«, proklamiert Nico mit Inbrunst.

»Das wäre ein Fluch, Nico. Glaub mir, das Landleben ist nicht so idyllisch, wie es aussieht.«

»Aber es ist doch einfach alles perfekt hier draußen.«

»Die Reisfelder sehen vielleicht schön aus, aber es lohnt sich kaum noch, sie zu bewirtschaften. Der Reispreis ist so niedrig, dass trotz Regierungssubventionen nichts mehr rumkommt. Unsere Familie konnte zum Glück auf völlig unbehandelten Bio-Reis umstellen, der besonders teuer verkauft werden kann. So kann man die Konkurrenz aus China noch schlagen. Ansonsten sähe es mau aus.«

»Aber die Dorfgemeinschaft ist doch zumindest intakt.«

»Ja, die paar Leute, die noch hier sind, halten zusammen, das stimmt. Die Handvoll Kinder vorhin auf dem Hof – das ist alles, was an jungem Blut übrig geblieben ist. Früher hatten wir hier zwei Grundschulen und eine Mittelschule nicht weit entfernt, Dutzende Kinder spielten in den Gassen. Sind heute alle in den Städten.«

»Jetzt klingst du aber schon ein bisschen wie dein Vater.«

»Na ja, es stimmt einfach, dass die Dörfer ausbluten. Und die Regierung unternimmt nicht viel. Freihandel mag ganz gut sein für die Volkswirtschaft insgesamt und auch für unsere Firma, aber für die Familien hier, nicht gut. Gar nicht gut.«

»Aber zumindest euer Haus sieht doch ganz gepflegt aus.«

»Ja, wir haben es aufwendig renovieren lassen, weil wir vom Landrat gehört haben, dass das Gebiet hier bald Slow City werden soll. Dann hoffen wir auf Tourismuseinnahmen durch Hanokstay. Großvater war strikt dagegen, Geld dafür zu nehmen, dass Besucher hier übernachten. Das gehöre sich nicht für einen Gelehrten wie ihn, hat er gesagt. Auch die Renovierung war gegen seinen Willen, weil im Dachgebälk seit Generationen Schwalben nisten. Aber die Zeiten haben sich nun mal geändert.«

DIE ENTDECKUNG DER LANGSAMKEIT – SLOW CITY UND HANOKSTAY

Slow City ist eine Bewegung, die ursprünglich in Italien begann, aber inzwischen auf der ganzen Welt bekannt ist. Es geht dabei um eine Rückbesinnung auf traditionelle Lebensweisen. Südkorea, obwohl oder gerade weil es eine der rasantesten Entwicklungen der Weltgeschichte durchgemacht hat, steht hierbei an der Spitze. Viele kleine Dörfer entdecken die Langsamkeit und den Wert ihrer dörflichen Gemeinschaft neu und versuchen damit Tourismuseinnahmen zu generieren. Viele davon inzwischen erfolgreich, sodass immer neue dazukommen. Auch das sogenannte Hanokstay liegt im Trend. Ausländer und koreanische Großfamilien fahren gern aufs Land, um das traditionelle Leben in traditionellen Anwesen kennenzulernen.

Nachdenklich laufen Nico und Donghun die leeren Gassen entlang. Aus dem Anwesen duftet es bereits verführerisch.

Als sie in den Hof kommen, ist Nico völlig erschlagen: Die Oma hat in kürzester Zeit auf der Veranda eine Festtafel aufgeboten, wie er sie noch nie zuvor gesehen hat: Über 40 Schälchen mit Beilagen stehen da. Eingelegter Rettich, Eierkuchen, Gurken-*kimchi,* gebratener Fisch, eingelegte Auberginen, Zucchini, Pilzpfanne, marinierter Tofu. Er kann sich gar nicht entscheiden, was er zuerst probieren soll, und vor allem will er nicht abwarten. Sofort springt er auf die Veranda und hat dabei noch die Schuhe an, an denen die Erde der Felder hängt. Der Großvater verzieht das Gesicht, die Oma kommt sofort mit einem Reisigbesen angewackelt und putzt wie wild die Holzbretter der Veranda.

»Nico, das ist der *maru,* das gehört schon zum Haus, die Schuhe zieht man am Schuhstein aus«, klärt Donghun den Unwissenden auf. Tatsächlich, als sich Nico im Hof umschaut, sieht er, dass die Schuhe auf dem ersten Steinabsatz unterhalb der Holzveranda stehen. Da hat Nico wieder einen Moment zu schnell gehandelt.

Nach diesem kurzen Zwischenfall beruhigt sich die Lage aber wie gewohnt schnell und sogar der Großvater gesellt sich nun zu Nico. Sein *gwansang*, also die Physiognomie des Gesichtes, zeige ihm, dass er einmal ein starker Mann werde. Er sei jedenfalls sehr erfreut, einen weit gereisten Gast in seinem Haus begrüßen zu dürfen. Mit einer einladenden Geste bittet der Großvater die Gäste, Platz zu nehmen.

»Das ist *hanjeongsik* – eine echte koreanische Festtafel, wie sie besonderen Gästen vorgesetzt wird. Na ja, und dir eben«, witzelt Donghun.

Nico ist ehrlich gerührt und verbeugt sich mehrfach vor der Oma, die nur verschämt abwinkt und sagt, was eine gute Hausfrau in der Situation in Korea immer sagt: »Ich habe zwar kaum was aufgetischt, aber essen Sie bitte viel.«

Dass die Omi, die Nico sofort ins Herz geschlossen hat, die ganze Zeit von der Veranda über den Hof in die Küche rennt, um Sachen nachzuholen, und selbst kaum zum Essen kommt, tut Nico leid, und er will ihr immerzu helfen, doch Donghun wehrt das ein ums andere Mal ab.

»Nico, vor 50 Jahren, als meine Oma in dieses Haus gekommen ist, da durften die Frauen nicht mal am selben Tisch sitzen. Sie aßen, was übrig blieb – und zwar in der Küche. Und die jungen Frauen davon dann möglichst wenig, denn wenn die Hausherrin sah, dass die Jungen sich den Bauch vollschlugen, gab es gleich Ärger.«

»Das muss ja ein sehr hartes Leben gewesen sein.«

»Ja. Für diese Generation ist auch heute noch eine einzige Schale weißer Reis, dreimal täglich, mit etwas *kimchi,* eine unbegreifliche Gnade des Himmels.«

»Kann man sich bei den Modepüppchen in Seoul gar nicht vorstellen, dass da nur zwei bis drei Generationen dazwischenliegen.«

Ohne ein Wort zu sagen, stehen Vater und Großvater jetzt auf und ziehen sich zurück. Ob das am Tischgespräch liegt? Donghun bedeutet Nico aber, dass dies normal sei. Die ältere Generation sei nur zum Essen an den Tisch gekommen, nicht, um noch groß Small Talk zu betreiben.

»Also das mit den Modepüppchen. Das liegt meines Erachtens alles daran, dass wir den Konfuzianismus aufgegeben haben. Das hat eben positive wie negative Auswirkungen.«

»Gut, dass wir endlich mal dazu kommen. Was ist denn nun Konfuzianismus, ich höre immer, Korea sei konfuzianisch, aber ich verstehe nicht, welche gesellschaftlichen Phänomene damit zu erklären sein sollen und wie.«

»Ein cholerischer Chef – normal. Dass das als normal akzeptiert wird – konfuzianisch.«

»Okay.«

»Dass meine Omi sich nicht gegen ihren Mann auflehnt – konfuzianisch.«

»Dass ich versucht habe, meinen Vater auf seinen Fehler hinzuweisen ...«

»Nicht konfuzianisch?«

»Genau! Denn wir jungen Leute sind einfach in einer anderen Welt aufgewachsen. Natürlich schmeißen wir nicht alles über Bord, aber wir versuchen uns schon unsere Freiheit, unsere Individualität zu erkämpfen. Im Kleinen.«

»Du wirst es nicht glauben, aber jetzt habe ich es endlich verstanden.«

»Ja, aber ich habe nichts gegen Konfuzianismus an sich. Konfuzianismus ist Hierarchie, Ordnung. Was wir bekommen, wenn wir Konfuzianismus aufbrechen, ist Unordnung, Wirrwarr. Dieses Wirrwarr muss dann wieder zu einer ordentlichen Gesellschaft zusammengesetzt werden. Da haben wir noch arge Probleme. Leider.«

»Aber noch mal zurück. Es gibt doch so Prinzipien im Konfuzianismus, was sind das denn für welche?«

»Ach, du meinst die *samgang*. Erstens, Untertanen sorgen für das Wohl des Königs. Zweitens, Sohn sorgt für Wohl des Vaters. Drittens, Frau sorgt für Wohlergehen ihres Mannes.«

»Dann ist es also am besten, der König zu sein und viele Söhne zu haben.«

»Ja, aber das ist doch in jeder Kultur so.«

»Stimmt auch wieder. Aber das meinte ich nicht. Ich meinte etwas mit fünf Sachen ... da kam auch was mit Freunden vor.«

»Das sind die *oryun*, aber die kriege ich jetzt auch nicht mehr genau zusammen. Aber ich weiß, du meinst das letzte: Zwischen Freund und Freund muss Vertrauen herrschen.«

»Genau! Das war es! Aber ich bin dafür, noch ein sechstes einzuführen: Zwischen Ausländer und Koreaner muss Trinkfestigkeit herrschen.«

»*Babo!*«

»Selber Dummkopf!«

KLEINER KONFUZIANISMUS-KNIGGE: *SAMGANG UND ORYUN*

Die Drei Beziehungen und Fünf Prinzipien des Konfuzianismus lassen sich einfach zusammenfassen, die tiefe kulturelle Bedeutung des Konfuzianismus für Korea und ganz Ostasien ist kaum überzubewerten.

In Korea ist diese besonders stark, da das Land führend in der Weiterentwicklung der ursprünglich chinesischen Lehre war und den sogenannten Neo-Konfuzianismus ausarbeitete und zur Staatsdoktrin erhob. Die *samgang* hat Donghun ja schon wiedergegeben, die *oryun* lauten wie folgt:

1. Zwischen Vater und Sohn muss Vertrautheit herrschen.
2. Zwischen Herrscher und Beherrschten muss Gerechtigkeit herrschen.
3. Zwischen Ehemann und Ehefrau muss Rollenteilung herrschen.
4. Zwischen Erwachsenen und Kindern muss Hierarchie und Ordnung herrschen.
5. Zwischen Freund und Freund muss Vertrauen herrschen.

Daneben gibt es unheimlich viele lange Lehrwerke, seien es Werke von Konfuzius und Menzius, seien es Werke späterer Philosophen, aber die meisten gehen auf die oben genannten Prinzipien zurück. Und diese Ideologie wird wiederum dafür verantwortlich gemacht, dass die koreanische Gesellschaft so stark in Konventionen und Hierarchien verfangen ist.

Gwaenchana! – Passabel!

Puh, das ist aber auch verwirrend mit den Schuhen. Woher sollte Nico denn wissen, dass für Koreaner schon die Holzveranda unter den Säulen des weit geschwungenen Daches zum Haus gehört und deshalb die Schuhe ausgezogen werden müssen? Die Trennung von Veranda und Zimmern ist eine fließende: Im Sommer werden die mit Reispapier bespannten Fenster und Türen einfach aus den Angeln gehoben und unters Dach gehängt; es entsteht ein riesiger Raum mit einem einmalig kühlenden Luftzug, quasi eine natürliche Klimaanlage. Dementsprechend ist die Veranda, der *maru,* in Abgrenzung zum Hof, dem *madang,* der Hauptaufenthaltsort für die Familie. Als Faustregel für alle traditionellen Gebäude gilt: Überall, wo Holz- oder Lackpapierfußboden ist, muss man die Schuhe ausziehen, im Hof und auf Steinflächen kann man die Schuhe anlassen.

So wie Nico bei den vielen leckeren Speisen kaum hinterfragt, wie viel Arbeit der Großmutter dahintersteckt, musste ihn Donghun auch deutlich darauf hinweisen, dass diese sogenannte Landidylle für diejenigen, die wirklich noch dort leben, gar nicht so verlockend ist. Während die Sehnsucht nach der alten Dorfgemeinschaft groß ist, möchten gleichzeitig nur noch die wenigsten Menschen ernsthaft den Komfort der Großstadt mit all ihren Möglichkeiten und die Bequemlichkeit der 24-Stunden-Infrastruktur missen. Der Unterschied zwischen Land und Stadt ist in Korea dabei kaum einer des Reichtums. Es gibt auch in kleinen Inseldörfern noch Breitband-Internet und Kabelfernsehen. Vielmehr ist es die Lebensgeschwindigkeit, die auf dem Land eine andere ist. Alles läuft langsamer, weniger dynamisch. Die Landflucht ist in Korea extrem rasch verlaufen und heute sind die meisten Gemeinden stark überaltert, was auch daran ersichtlich ist, dass die modernsten Gebäude Krankenhäuser und Seniorenzentren sind, während Schulen verfallen.

Das Landleben ist für viele Koreaner so unattraktiv, dass Bauern, um überhaupt noch eine Frau zu finden, auf Heiratsvermittler in Südostasien zurückgreifen, für die selbst das vergleichsweise einfache Leben im ländlichen Korea noch einer verlockenden Reise in den Luxus gleichkommt.

Tatsächlich gibt es in den letzten Jahren auch einen Gegentrend namens *gwinong* (»Rückkehr zur Scholle«), in dessen Zuge sich meist gestresste Firmenmitarbeiter der Knochenmühle in den Städten entziehen und staatlich gefördert wieder Ackerbau betreiben – meist mit mäßigem Erfolg. Den meisten Koreanern wird es auch weiterhin reichen, zweimal im Jahr zu den großen Feiertagen und vielleicht noch einmal im Sommerurlaub Landluft zu schnuppern.

An der Faszination der glitzernden Riesenmetropole Seoul werden auch Regierungsprogramme zur Belebung des ländlichen Raums wenig ändern können.

42 NATIONALISMEN

VON DRECKIGEN KIWIS UND KOREANISCHEN MÖWEN

An der Schale der Melone lecken

Julia und Sewon sind mal wieder im Lotte-Supermarkt. Heute Abend wollen sie mit Nico koreanisch kochen. Sie schlendern gemütlich durch die Regale, da hört Julia, die aus einem politisch korrekten Elternhaus kommt, wie eine Mutter ihrem Kind sagt, man solle nur koreanisches Obst kaufen, das andere sei *»jiji«* – schmutzig. Statt also die chinesischen Kiwis zu nehmen, entscheidet man sich für koreanische Tangerinen. Das Kind ist nicht allzu begeistert.

NOCH BESSER ALS MANDARINEN: TANGERINEN

Auf koreanisch *gyul* genannt, ist das eine einheimische Art Mandarine mit einem Geschmack, der schon einige Ausländer süchtig gemacht hat. Der Banause mag kaum einen Unterschied schmecken, aber der beliebte Saft aus den *gyul* und sogar Schokolade mit dem Aroma verbreiten einen eigenen Geschmack, den viele vermissen, wenn sie aus Korea zurückkommen. Die Insel Jeju ist berühmt für ihre Tangerinen und die *hallabong* genannten Riesenorangen. Ansonsten muss man leider sagen, dass Korea trotz teils subtropischen Klimas nicht so mit exotischen Früchten gesegnet ist, wie man das aus Südostasien kennt. Wobei sich das mit dem Klimawandel auch ändert: Inzwischen wachsen tropische Früchte wie Mangos und Bananen sogar an der Südküste. Dennoch: Obst ist in Korea schmackhaft – aber sündhaft teuer.

Julia, die gelernt hat, dass Schweigen der Anfang des Unrechts ist, wird jetzt richtig wütend und stellt die Mutter zur Rede, warum diese ihr Kind so nationalistisch erziehe. Wir lebten doch in einer globalisierten Welt des Gebens und Nehmens. Ausländisches Obst sei mindestens so gut wie koreanisches. Da sie es in ihrer Wut auf Koreanisch auszudrücken versucht, sagt sie jedoch etwas wie: »Mama böse! Nationalismus für Kind nicht gut! Globalisierung rein und raus! Ausland Obst gut, Korea Obst gut!«

Sewon, der gerade damit beschäftigt war, am Verkaufsstand einen Apfel zu probieren und über dessen Geschmack zu philosophieren, ist mal wieder fassungslos. Die Mutter guckt nur verdutzt erst Julia, dann Sewon an, nimmt ihr Kind schnell bei der Hand und geht weiter, ohne ein Wort zu erwidern. Sewon hört noch leise, wie die Mutter ihr Kind beruhigt, es solle keine Angst haben, die ausländische Frau sei nicht verrückt, sie habe bestimmt nur etwas falsch verstanden.

»Musst du wieder kleine Kinder erschrecken? Hast du nichts von dem jüngsten Lebensmittelskandal gehört, der durch die Presse gegeistert ist?«, sagt Sewon jetzt tadelnd, noch die letzten Apfelstücke kauend.

Nein. Hat Julia natürlich nicht. Denn sie liest ja nur die englischsprachigen Zeitungen in Korea, und da vermeldet man eher etwas über Ufo-Landungen in Mexiko und dreiköpfige Hunde in Taka-Tuka-Land, als Themen zu behandeln, die die koreanische Gesellschaft wirklich tangieren. Sewon erklärt also in einem seiner berüchtigten Kurzvorträge die Zusammenhänge zwischen Kiwis und Tangerinen.

»Höchste Aufgabe für eine Mutter ist, neben der guten Ausbildung der Kinder dafür zu sorgen, dass die Kinder sich gesund ernähren. Euer Bio-Zeugs gibt es jetzt auch in Korea an jeder Ecke. Meine Mama kauft neuerdings deutsches Müsli, weil das angeblich viel gesünder sei. Es ist aber auch dreimal so teuer. Wie auch immer, chinesische Kiwis sind mit Pestiziden verseucht, steht in jeder Zeitung, koreanische Tangerinen werden auf Jeju ganz natürlich angebaut. So einfach ist das.«

SCHON BEIM EINKAUFEN SATT WERDEN – PROBIERSTÄNDE

Man sagt zwar, man solle nicht mit leerem Magen einkaufen gehen, weil man dann viel mehr kauft, als man eigentlich wollte, aber in Korea ist es fast schon töricht, die vielen Probierstände mit leckeren Teigtaschen und gebratenem Fleisch über Nudeln bis hin zu Brownies und Obst an sich vorbeiziehen zu lassen, ohne zu probieren. Frisch, mundgerecht portioniert und oft auch noch verlockend duftend. Dementsprechend hartnäckig hält sich übrigens das Gerücht, dass ärmere Familien, aber auch so mancher Ausländer Supermärkte nur aufsuchen, um sich einmal richtig den Bauch vollzuschlagen. Sewon versucht, wie viele andere, diesen Eindruck abzuwenden, indem er mit der Verkäuferin am Stand zumindest noch über Herkunft des Produkts und Geschmack diskutiert. So wird grundlegendes Kaufinteresse vorgetäuscht und alle Beteiligten können den Schein des Anstands wahren.

Als beide im nächsten Gang sind, geht es um die Auswahl des richtigen Fisches.

»Guck mal, Sewon! Das *sashimi,* ehm, ich meine natürlich der *hoe,* ist im Angebot.«

»Kannst ruhig *sashimi* sagen. Der Fisch kommt schließlich aus Japan. Deshalb ist er ja so billig.«

»Boah, was soll das denn nun wieder heißen? Ist Fisch aus Japan etwa minderwertig, oder was?«

»Seit er drei Augen hat, schon«, giftet Sewon jetzt zurück.

»Wie bitte?«

»Fukushima. Ihr Deutschen seid doch so vorsichtig mit Atom und allem. Da sind wir Koreaner mal auf eurer Seite mit der Angst und dann ist es auch wieder nicht richtig?«, stichelt Sewon jetzt ausnahmsweise.

»Also ist der Fisch aus Japan wirklich verstrahlt?«

»Offiziell nicht. Aber manchmal werden doch verstrahlte Fische gefunden. Deshalb essen wir ihn nicht.«

»Ich dachte, ihr Koreaner seid so risikofreudig«, stichelt Julia zurück.

»Das einzige Risiko, das ich liebend gerne eingehe, ist amerikanisches Rindfleisch«, gesteht Sewon lachend. Doch das versteht Julia wieder nicht.

»Ach, es gab hier mal große Proteste gegen den Import von amerikanischem Rindfleisch. Die damalige Regierung wäre fast darüber gestürzt, weil die Medien berichteten, dass man jetzt BSE-Fleisch aus den USA importiere und die Regierung die Menschen damit vergifte.«

»Man muss doch kein amerikanisches Fleisch kaufen, selbst wenn es importiert wird?«, stellt Julia verständnislos fest.

»Aber die Leute hatten Angst, dass das Fleisch falsch etikettiert und ihnen das BSE-Fleisch so untergejubelt wird. Es gab im Fernsehen herzzerreißende Szenen von Kindern, die in die Kameras riefen, dass sie nicht sterben wollen. Ich jedenfalls esse das Fleisch gern. Es ist preiswert und schmeckt gut. Und verrückt bin ich ja immer noch nicht.«

»*Aber* glaubst du nicht trotzdem, dass diese ganzen Sachen, von wegen die einen Waren sind *jiji* und die anderen sind toll, doch was mit Politik zu tun haben? Die Chinesen boykottieren japanische Waren ja ganz offen wegen dieser lächerlichen Inselstreitigkeiten.«

»Dazu habe ich keine Meinung. Die japanischen Angriffe auf Dokdo hingegen sind mehr als ernst zu nehmen«, wird Sewon plötzlich richtig resolut und Julia ist fast erschrocken.

»Dokdo ist schließlich historisch, geografisch und nach internationalem Recht eindeutig koreanisch. Alte Karten belegen das. Viele Japaner geben das auch zu.«

»Du, Sewon, ich kenne mich zu wenig damit aus. Aber ich weiß, dass es zu jeder Geschichte zwei Seiten gibt.«

»Ja, eine richtige und eine falsche.«

»Wie du meinst. Ich mische mich da jedenfalls nicht ein.«

Mittlerweile ist es nach 19 Uhr. Jetzt wird es für Nico langsam mal Zeit, sich auf den Weg zu machen, wenn er noch rechtzeitig zu Julia kommen will. In der Eile hat Nico wieder vergessen, dass es in der Rushhour keine gute Idee ist, das Taxi zu nehmen. In der U-Bahn ist es zwar voller, aber dafür kommt die zuverlässig durch die Stadt. Kaum ins Taxi eingestiegen, fängt der Fahrer auch schon an, Nico auszufragen, wo er denn herkäme. Wahrheitsgemäß heißt es, Deutschland, und los geht es: »Also, die Deutschen, das deutsche Volk, das ist wirklich unglaublich stark. Ganz beeindruckend. Wir haben immer nur eins auf die Mütze bekommen, aber die Deutschen, die haben zwei Weltkriege begonnen.«

Nico denkt sich nur: Und um beide zu verlieren, muss man ganz schön dumm sein. Warum kann ausgerechnet dieser Taxifahrer so gut Englisch?

»Welchem Stamm gehören Sie denn an? Bayern? Sachsen? Karolinger?«, geht es munter weiter.

»Ehm ... wir nehmen das nicht so genau. Ich bin einfach Deutscher.«

»Ja, die Deutschen, die haben eine richtige Identität. Wir sind ja ein geteiltes Volk, kämpfen immer noch ständig gegeneinander.«

»Ich finde, die Koreaner haben viel stärkeren Nationalstolz als wir Deutschen.«

»Nein, nein, nein. Ich war übrigens auch mal in Deutschland. In Frankfurt. Da haben wir leckeres Bier getrunken. In Deutschland ist ja das Trinkwasser so dreckig, deshalb trinken alle Bier. Unser Bier ist nicht so lecker.«

»Wenn Sie meinen.«

»Ich kenne auch deutschen Fußball sehr gut. Schweinsteiger, Özil.«

»Ja.«

»Tragen Sie auch Lederhosen in Deutschland?«

»Nein, traditionelle Tracht wird eigentlich kaum getragen.«

»Doch, doch, doch, auf diesem Fest, wo so viel Bier getrunken wird. Da laufen alle in traditioneller Kleidung herum. Sehr beeindruckend!«

»Ich war da noch nie. Das ist in München, nur einmal im Jahr.«

»Dann sind Sie Ostdeutscher? Wie war das bei Ihnen mit der Wiedervereinigung? Wir Koreaner wollen die Vereinigung ja eigentlich schon, aber ...«

So geht das über eine halbe Stunde. Nico verschanzt sich demonstrativ hinter seinem neuen Tablet-PC, doch der Taxifahrer lässt nicht locker. Am Ende findet dieser es richtig schade, dass man »schon am Ziel« sei. Nico für seinen Teil ist froh, wieder draußen zu sein.

Er kommt in die Wohnung, setzt sich gleich auf den Boden und sagt zu Julia: »Du, ich brauch erst mal ein Bier. Ich hatte gerade eine sehr einseitige politische Diskussion.«

»Ach, wirklich? Hey, Nico, wir hatten vorhin im Supermarkt das Thema Dokdo. Was ist eigentlich *deine* Meinung dazu?«, fragt Julia jetzt erwartungsvoll grinsend, während sie ihm ein Bier reicht.

»Dokdo ist geografisch, historisch, kulturell, politisch, nach internationalem Recht und quantenphysikalisch eindeutig und unbestreitbar voll und ganz koreanisches Territorium. Würde man die Insel umdrehen, stünde auf dem Boden ›Made in Korea‹. Könnten die Seevögel sich äußern, sie würden Koreanisch sprechen und aus vollem Herzen ihre Nationalhymne anstimmen«, sagt Nico nun breit grinsend, um gar keine Diskussion aufkommen zu lassen.

Na gut, da lacht jetzt auch Sewon mit. Ein ganz klein wenig kindisch ist die Streiterei um zwei kleine Inselchen ja schon, muss auch er jetzt zugeben. Koreanisch ist Dokdo trotzdem.

Aigu **und** ***olssigu!*** **– Oh weh und Olé!**

Da hat Julia die arme Frau im Supermarkt in eine ziemlich unangenehme Situation gebracht. Schließlich sorgt sie sich nur um das Wohl ihres Kindes. Wir können hier zwar keine uneingeschränkte Kaufempfehlung für koreanische Produkte abgeben, doch die Lebensmittelkontrolle in Korea ist eine der strengsten der Welt. Lebensmittelskandale erhalten ausführliche Medienbeachtung und Koreaner geben im internationalen Vergleich besonders viel für gute Lebensmittel aus. Insbesondere im Vergleich zu den zwar unglaublich preiswerten, aber eher lax bis gar nicht kontrollierten chinesischen Lebensmitteln stellen koreanische Produkte somit eine vernünftige Alternative dar. Gerade auch für Chinesen, die nicht nur in hochklassigen Supermärkten zu Hause insbesondere Milchprodukte aus Korea kaufen, sondern auch von Korea-Urlauben regelmäßig bis an die Zähne bewaffnet mit hochwertigen koreanischen Lebensmitteln zurückkehren. Obwohl man sich mit Japan um die Inselgruppe Dokdo streitet, die von Südkorea verwaltet, aber vom östlichen Nachbarn beansprucht wird, waren japanische Produkte lange Zeit in Korea gleichbedeutend mit hoher Qualität. Seit Fukushima hat aber insbesondere bei japanischen Lebensmitteln ein Umdenken eingesetzt. Insbesondere Meeresfrüchte aus Japan sind inzwischen regelrechte Ladenhüter.

Apropos Wahrnehmung von anderen Ländern. Die Gefahr, dass Sie so wie von Nico durch den Taxifahrer über Ihr Land belehrt werden, ist recht hoch. Da während der Aufbauzeit der 60er und 70er viele Koreaner als Krankenschwestern oder Bergarbeiter nach Deutschland gegangen sind, gibt es viele Koreaner, die dort Verwandte haben. Auch ist Deutschland noch heute sehr präsent in Medien und Kulturleben. Nicht zuletzt haben viele in der Schule deutsche Volkslieder oder gar selbst Deutsch gelernt, was damals auf dem Lehrplan in Oberschulen stand. Das alles führt zu einem oft überraschenden Halbwissen aus Bruchstücken angeblich typisch deutscher Dinge. Taxifahrer sind wie in jedem Land eine ganz besondere Spezies und es gibt eigentlich kaum einen allgemeingültigen Tipp, außer immer freundlich zu bleiben und sein Desinteresse mit Kurzsilbigkeit zu zeigen, so wie Nico das getan hat.

In der Dokdo-Diskussion hat sogar Julia ausnahmsweise mal im richtigen Moment den Mund gehalten. Und in der Situation ist das auch genau das Richtige. Ostasien ist heute voller bi- und multilateraler Streitigkeiten. Japan streitet sich mit allen um die Vergangenheitsbewältigung, es müsse doch endlich mal ein Schlussstrich gezogen werden. Diese inakzeptable Position Japans hingegen wird von den anderen gerne ausgenutzt, um den Nachbarn politisch unter Druck zu setzen oder innenpolitisch auf antijapanische Ressentiments, die sowohl in Korea als auch in China verbreitet sind, zurückzugreifen. Mit China streitet sich Korea über illegale Fischerei im Gelben Meer, über die kulturelle Identität des antiken Goguryeo-Reichs, das China für sich beansprucht, und vieles mehr. Für Ausländer gibt es bei all diesen Themen drei Möglichkeiten: sich so eingehend zu informieren, dass man wirklich mitdiskutieren kann, die Themen einfach auf sich beruhen lassen oder der koreanischen Position unumwunden zustimmen. Ausgewogene Sichtweisen machen einen nur unbeliebt.

43 DIE HOCHZEIT

NICO IST KEIN TORSCHLUSSPANIKER

Je leichter der Geldbeutel, desto schwerer das Herz

Nachdem Nico schon oft erlebt hat, wie ihm Bekannte abgesagt haben, weil sie angeblich zu irgendeiner Hochzeit eingeladen waren – eine beliebte Ausrede in Korea –, muss er diesmal tatsächlich selbst ein Treffen absagen: Einer seiner Vorgesetzten hat in hohem Alter endlich geheiratet und jetzt muss er da unbedingt vorbeischauen, hat Yunhee ihm gesagt. Er findet das zwar übertrieben, denn schließlich kennt er den Vorgesetzten nicht besonders gut, aber bislang ist er immer gut gefahren, wenn Yunhee ihm etwas geraten hat. Da sie selbst am gleichen Tag zur gleichen Uhrzeit zur Hochzeit ihrer Cousine muss, hat sie Donghun gebeten, Nico zu begleiten. Der ist nicht gerade begeistert; denn auch er hat an dem Wochenende gleich mehrere Hochzeiten zu besuchen, aber nach den ersten Erfahrungen mit Nico will Donghun ihn dann doch nicht allein gehen lassen. Das fällt schließlich auch auf die Betreuer zurück, wenn er allein rumsitzt oder – noch schlimmer – wieder irgendeinen Fauxpas begeht.

Was leider weder Donghun noch Yunhee Nico gesagt haben, ist, was man zu so einer Hochzeit mitbringt und wie sie überhaupt abläuft. Tagelang hat sich Nico also Gedanken gemacht und von seinem schmalen Gehalt einen netten kleinen Präsentkorb mit deutschen Waren zusammengestellt, von denen er weiß, dass der Chef die mag. Als er sich schließlich am Tag der Hochzeit mit Donghun trifft, ist dieser erstaunt:

»Für mich?«

»Nein, für das Brautpaar.«

»Bist du so eng mit ihm befreundet?«

»Warum?«

»Nun ja, in Korea geben Leute wie wir, die nur da sind, um die Kosten zu decken und die Hochzeitshalle zu füllen, eigentlich ... na ja, nur Geld.«

»Ach echt? Ist das nicht unpersönlich?«

»Ja, schon, aber das sind Hochzeiten in Korea meistens.«

Praktisch, denkt Nico, und schon ist es ihm ein wenig peinlich, dass er sich so viel Mühe gemacht hat. Den Korb kann er jetzt auch nicht mitnehmen, das sähe komisch aus. Da sie noch Zeit haben, schlägt er vor, die Leckereien mit Donghun zusammen aufzuessen.

»Puh, danke, das ist bestimmt lecker, aber dann lohnt es sich ja gar nicht mehr hinzugehen«, wiegelt Donghun ab.

»Warum, wir haben doch noch Zeit?«

»Ja, das schon, aber man geht eigentlich nur hin, um viel zu essen. Dann schmerzt das Geld weniger. Komm, wir machen uns schon mal auf den Weg. Ich muss noch einen Umschlag kaufen.«

Kurz darauf stehen Nico und Donghun im *Convenience Store,* denn die haben auch für diese Situation das nötige Angebot. Donghun durchsucht Umschläge, die es in den unterschiedlichsten Farben und verziert mit chinesischen Schriftzeichen gibt. »Ah, ich komme immer durcheinander, welcher ist denn nun welcher ...«, spricht Donghun mit sich selbst, ohne Nico zu erklären, warum das so wichtig ist. Er bezahlt, nimmt zwei Umschläge aus dem Stapel und gibt den Rest Nico:

»Hier, vielleicht brauchst du die noch mal.«

Cooles Andenken, denkt Nico und steckt die Umschläge weg.

Weiter geht es zur Hochzeit, den Geschenkkorb deponieren Nico und Donghun im Schließfach in der schmucklosen Hauptlobby vor dem Entree der eigentlichen Hochzeitshalle und jeder von ihnen steckt 50.000 Won in einen Umschlag.

»Seit es den 50.000er gibt, ist man geradezu verpflichtet, so viel zu schenken. Früher kamen Leute wie wir auch noch mit 30.000 weg. Das haben die bei der Zentralbank wohl nicht bedacht. Jedenfalls bin ich jetzt immer in der Hochzeitssaison pleite. Allein deshalb muss ich mich bald an allen rächen und selber heiraten, um die Ausgaben wieder reinzukriegen.« An Donghuns betont künstlichem Lachen merkt Nico, dass Donghun das nicht ausschließlich im Scherz gesagt hat.

PAPIER SPAREN, GELD VERPRASSEN – WON-SCHEINE

Die neuen 50.000-Won-Scheine wurden von der Zentralbank im Juni 2009 herausgegeben. Erstmals zeigen sie mit Malerin und Gelehrtenmutter Shin Saimdang eine Frau – und dann gleich auf der höchsten Note! Die höchste ist der 50.000er aber auch nur, weil man sich auch nach Jahren noch nicht auf ein Gesicht für den 100.000er einigen kann, der ebenfalls in Planung ist. Vorher war für eine der weltweit größten Volkswirtschaften der höchste Schein der 10.000er, das entspricht selbst bei schwachem Euro gerade einmal etwas mehr als acht Euro. Man behalf sich bei größeren Anschaffungen dann meist mit Bankschecks, um nicht stapelweise 10.000er auf den Ladentisch legen zu müssen. Die Einführung der höheren Scheine hat aber eben auch negative Seiten: Viele Preise sind gestiegen und bei Hochzeiten überlegt man doppelt, ob man drei oder vier abgegrabbelte alte Scheine oder doch lieber einen schicken neuen in den Umschlag steckt.

Gerade rechtzeitig betreten sie jetzt den Hauptteil der Wedding Hall. War es draußen noch typischer koreanischer Funktionsbau, ist jetzt koreanischer Kitsch angesagt: Überall Kunstblumen, pseudoeuropäische Dekoelemente und ein Gedränge wie auf dem Flohmarkt. Die

Gesellschaft – ältere Frauen in traditioneller Kleidung, Männer im Anzug – schiebt sich vom Warteraum in den ebenso kitschig dekorierten Festsaal. Ein Bekannter des Paares spricht ein paar Worte, sie schwören sich die große Liebe, ein Sänger singt ein Lied, sie gehen wieder raus, auf zum Büfett, das im Saal nebenan serviert wird. Wieder Gedränge. Zwischendurch war es im Gastraum nicht mal ruhig; die Verwandten liefen wild herum, quatschten miteinander. Hätte man ja gleich auf dem U-Bahnhof heiraten können, denkt Nico. Völlig unromantisch das Ganze.

Während Nico gar nicht richtig Hunger hat und auf etwas, zugegebenermaßen echt gutem Sushi und Gemüse rumkaut, ist Donghun in kürzester Zeit schon beim fünften Teller und verspeist gerade Windbeutel und Kuchen.

»Jeder Windbeutel steht für einen Anschnauzer vom Chef ...«, murmelt Donghun.

»Ach, ist das so? Wie kommt das denn? Erklärt zumindest, warum alle hier so reinhauen.«

»Haha, nein. Das habe ich mir ausgedacht. Nutzt auch gar nichts, noch mehr zu essen: Das Büfett ist eh ein Komplettpreis, wird nicht nach Menge abgerechnet, nur nach Personen. Du kostest den Chef genauso viel wie ich ihn«, grinst Donghun weiter.

»So, jetzt muss ich aber auch weg, heute sind noch zwei andere Hochzeiten.«

»Und wie verdaust du das alles?«

»Geht schon, in der Hochzeitssaison ist mein Magen gut trainiert. Und die anderen Hochzeiten sind bei jüngeren Verwandten; die sind ärmer, da gibt's nicht so gutes Essen.«

Völlig baff ob dieser Expertise verabschiedet Nico Donghun und schaut sich jetzt allein sitzend um: Tatsächlich gibt es kaum Gespräche, alles ist nur am Essen. Beeindruckt von dieser Effizienz selbst beim Heiraten ist Nico ganz versunken, als plötzlich eine Ansage auf Koreanisch und sogar auf Englisch durch den Saal tönt.

»Alle Gäste, die möchten, können jetzt noch ins *hwabaek*-Zimmer mitkommen und den zweiten Teil der Zeremonie anschauen. Wir danken Ihnen für Ihre Anwesenheit und wünschen Ihnen einen guten Heimweg.«

Wenn man schon so viel bezahlt hat und so wenig gegessen, dann doch wenigstens den zweiten Teil anschauen, beschließt Nico und spaziert schnurstracks ins *hwabaek*-Zimmer, wo es plötzlich ganz ruhig ist. Kein einziger Ausländer und auch sonst nur ein Dutzend Gäste, wo gerade noch Hunderte waren. Die werden alle keine Zeit gehabt haben, weil noch andere Hochzeiten auf dem Kalender stehen, so wie Donghun, vermutet Nico und macht es sich auf einer der Bänke bequem.

Tatsächlich ist dieser zweite Teil viel eher nach seinem Geschmack: Das Zimmer ist traditionell eingerichtet, die Braut ist reich geschmückt und trägt ein traditionelles Hochzeitskleid, auch der Bräutigam ist traditionell gekleidet, es gibt sogar eine Art Zofen. Eine Menge Riten werden vollzogen, man trinkt mit den Schwiegereltern und am Ende darf der Mann die Frau huckepack durch das Hochzeitszimmer tragen. Das war doch wenigstens lustig, denkt Nico und macht sich zufrieden auf den Heimweg. Als er wieder am Tageslicht ist, kann Nico es kaum fassen: Die ganze Hochzeit hat keine zwei Stunden gedauert.

Aigu! – Oh weh!

Wieder so eine Situation, in der man gar nicht merkt, dass man sich ins Fettnäpfchen gehockt hat. Die Verwandten des Brautpaares machen gute Miene zum bösen Spiel. Niemand würde den Ausländer auffordern zu gehen, und doch, ganz streng genommen, hat Nico im *hwabaek*-Zimmer gar nichts zu suchen. Wieder so eine *nunchi*-Situation (siehe Kapitel 39, Seite 245). Der gerade für Ausländer interessante – weil traditionelle – Teil ist nur für den engsten Familienkreis bestimmt. In diesen hat sich Nico nun bei seinem Vorgesetzten geschmuggelt, indem er beim *hwabaek* zuschaute. Wahrscheinlich ist dem Chef das Ganze gar nicht so unangenehm und er zeigt Nico gerne die Tradition, aber viele ältere Anwesende dürften Nicos Eindringen sehr wohl naserümpfend zur Kenntnis genommen haben.

Auch Donghun stand kurz davor, einen der größten Fauxpas der koreanischen Kultur zu begehen, weil er seine Hanja nicht gelernt hat. Die chinesischen Zeichen besitzen nämlich auch in Korea eine gewisse Bedeutung. Ein Umschlag mit den falschen Schriftzeichen kann da leicht zu peinlichen Situationen führen. Wie in dieser Episode gesehen, sinkt die Bedeutung der Zeichen allerdings zusehends, weil die Schulen immer weniger Wert darauf legen. Chinesische Zeichen und das klassische Chinesisch (Hanmun) haben damit ein vergleichbares Schicksal wie das Lateinische oder Altgriechische im deutschsprachigen Raum: Obwohl kaum ein Satz ohne Lehnwörter aus den alten Sprachen auskommt, lernt kaum noch jemand die Ursprünge. Es zeugt jedoch zumindest heute wieder von hoher Bildung, wenn man seine chinesischen Zeichen gelernt hat.

Apropos Schein und Sein – die industrialisierte Hochzeit, wie wir sie in der Episode gesehen haben, ist noch immer typisch, auch wenn viele junge Paare versuchen, diesen Zwang zu durchbrechen. Es ist das größte Ereignis im Leben eines Koreaners – vor allem aber für die Eltern des Paares. Die Hochzeit ist ein Ereignis, bei dem die Familie zeigt, was sie hat und mit welcher anderen Familie sie einen Bund eingeht. Da aber viele Leute wenig Zeit haben und es ständig Hochzeiten gibt, kann man dieses Fest nicht ewig ausweiten. Also wird schnell geheiratet und genauso schnell abgefüttert. Dann können von weit entfernt angereiste Gäste auch noch den Zug oder Überlandbus zurück nehmen. Man sieht ja anhand der Gästeliste, mit wem man später dann noch mal ins Gespräch kommen kann und – je nach Inhalt des geschenkten Umschlags – sollte. Egal, wie sehr man sich gegen diese Art von Hochzeit sträubt, wenn man Zeit hat, sollte man einer Einladung immer folgen. Oft kennt man die Heiratenden kaum, aber in einer Gesellschaft, die auf Netzwerken und persönlichen Beziehungen beruht, ist es imperativ, Präsenz zu zeigen. Wenn sich zwei Hochzeiten überschneiden, wird es besonders kompliziert. Dann gewinnt die potenziell wichtigere beziehungsweise ranghöhere Person.

44 DIE TRAUERFEIER

SAKRILEG UND SALZSTREUERIN

Ein Tiger hinterlässt sein Fell, der Mensch jedoch seinen Ruf

So nah liegen Freud und Leid im Leben beieinander. Nur wenige Tage, nachdem auch Donghun geheiratet hat, erhält Nico einen Anruf von ihm: Der Vater eines Abteilungsleiters ist gestorben. Nico müsse da heute noch hin, weil morgen bereits die Einäscherung sei. Er selbst sei gerade dort gewesen.

Diesmal fragt Nico lieber genau nach, was man tun muss, und vor allem, was man alles tunlichst unterlassen sollte. Denn Donghun war einigermaßen überrascht, als er von Nicos *hwabaek*-Erlebnis (siehe Episode 43, Seite 275) erfahren hat, denn eigentlich dachte er, er hätte Nico auf alle Unwägbarkeiten vorbereitet. Außerdem sagt Nico Yunhees zweifelnder Gesichtsausdruck sofort, dass eine Hochzeit wohl etwas für Anfänger ist im Vergleich zu dem, was jetzt auf ihn zukommt.

Nach einem kräftigen Schluck Kaffee setzt Yunhee zu einem Crashkurs an: »Also. Ganz grundsätzlich ist so eine Trauerfeier mal das Gleiche wie eine Hochzeit.«

»Ja, das kennen wir aus Deutschland auch. Man sagt, die Hochzeit sei das Ende des Lebens.«

Yunhee neigt verständnislos den Kopf zur Seite, da fällt Nico ein, dass Yunhee ja eigentlich heiraten möchte und sein Versuch der Auflockerung damit wohl grandios gescheitert ist.

Yunhee beginnt also noch einmal: »Was ich meine, ist, dass die grundlegenden Dinge ähnlich sind. Man geht in eine Halle, gibt Geld, isst etwas und geht dann einigermaßen rasch wieder.«

»Okay, so weit bin ich da jetzt schon Profi«, erwidert Nico nervös lachend.

»Der Teufel steckt im Detail, sagt ihr Deutschen ja immer«, antwortet Yunhee noch immer ernst. Doch bevor sie weitere Tipps geben kann, wird Nico von einem Kollegen gerufen. Sein Taxi ist da.

Als er in der Halle ankommt, ist alles sehr getragen und still. Aus Lautsprechern erklingt sanft klassische Musik. Durch einen ganzen Urwald an Trauergestecken kämpfen sich lauter schwarz gekleidete Personen. Am Eingang der Halle steht das Trauerkomitee aus den engsten Verwandten des Verstorbenen. Der Einzige, den er kennt, und dann auch nur flüchtig, ist besagter Abteilungsleiter. Eine unnahbare Person im Büro, sieht er jetzt mit seiner weißen Binde am Arm, die ihn als *sangju*, also Chef des Trauerkomitees ausweist, einfach nur hundeelend aus.

TRAUERFEIERN IN KOREA

Der Tod von Familienangehörigen ist in der konfuzianischen Tradition das prägendste Erlebnis überhaupt. Traditionell betrug die Trauerzeit nach dem Tod des Vaters drei Jahre, in denen der Sohn sich komplett aus dem öffentlichen Leben zurückzog und im Idealfall sogar in einer Behelfshütte neben dem Grab Wache hielt. In der königlichen Familie ließ man sogar die Plazenta von Neugeborenen in aufwendigen Urnen erdbestatten, weil diese quasi ein gestorbener Teil des neuen Lebens waren.

Bis in die Moderne hinein waren Erdbestattungen üblich. Mit den zunehmenden Platzsorgen Koreas setzte sich jedoch mehr und mehr die Feuerbestattung durch. Heute gibt es zur Abwicklung des Todes die hochmodernen, effizienten Trauerhallen, *jangnyesikjang* genannt, die meist gleich ein angeschlossenes Krematorium haben. Der ganze Komplex wiederum liegt häufig im hinteren Teil eines großen Krankenhauses.

Typisch für koreanische Trauerzeremonien sind *hwahwan,* übermannsgroße, auf einem Gestell stehende Blumengestecke, meist aus Kunstblumen mit langen Schleifen, die den Spender ausweisen. Sofort nach dem Bekanntwerden des Todes schicken alle Institutionen und Familien, die irgendetwas mit dem Verstorbenen zu tun hatten, einen Auftrag an einen speziellen Floristen heraus, der die vorgefertigten Gestecke nur noch mit der passend bedruckten Schleife ausstattet und sie umgehend zur Trauerhalle bringt; innerhalb weniger Stunden nach dem Tod eines Menschen entsteht der charakteristische »Urwald«, den Nico durchschritten hat.

Der Tod ist übrigens in Korea viel präsenter und direkter erfahrbar als in Europa. Oft waschen die Angehörigen ihren Verstorbenen noch selbst und sind dabei, wenn er zur Verbrennung fertig gemacht wird. Auch sind sie auf Wunsch mit dabei, wenn die Asche von den größeren Knochenresten getrennt wird. Was übrigens selbst die wenigsten Koreaner wissen: Auf einigen Inseln ganz im Süden ist die sogenannte *chobun*-Methode der Bestattung noch üblich: Dabei wird der Leichnam nicht vergraben, sondern nur abgedeckt und eingezäunt. Der Natur wird so ganz und gar die Aufgabe überlassen, sich darum zu kümmern.

Eine Dame reicht nun Nico eine Blume, die er mit der Blüte zum Altar auf die dafür vorgesehene Stelle legt. Dann verbeugt er sich einmal vor dem riesigen Foto des Verstorbenen, den er nie zuvor gesehen hat, und geht weiter zu den Hinterbliebenen, die in einer Reihe aufgestellt neben dem Altar stehen.

»*Aa...aannyeonghaseyo! My condolences.*« Mehr bringt Nico beim *sangju* nicht hervor und verlässt mit Schweißperlen auf der Stirn den Raum. Eine Frau in schlichter Trauertracht geleitet ihn in den Speisesaal, wo bereits Dutzende andere Gäste versammelt sind. Nur keine Ausländer. Alle Augen sind auf Nico gerichtet.

Die Dame weiß zunächst auch gar nicht, wo sie ihn platzieren soll, setzt ihn dann ans Ende eines Tisches zu einer Gruppe älterer Frauen, die offensichtlich zur Familie gehören. Wortlos schieben sie ein paar Beilagen, etwas *kimchi* und ein paar Stückchen *pajeon*-Pfannkuchen herüber, schenken Nico vom Reiswein ein und stoßen an.

»*Bangapseumnida*«, sagt Nico, was die Damen leicht nickend zur Kenntnis nehmen. Damit hat sich das Gespräch dann auch schon erledigt. Noch immer spürt er die Blicke auf sich ruhen, während nebenan Trauergeklage zu hören ist. Selten hat sich Nico so verloren gefühlt. Gott sei Dank kommen nach ein paar Minuten einige Kollegen, die ihn aus der Firma kennen, und laden ihn ein, an ihren Tisch mitzukommen. Sie erklären ihm auch, dass man nicht lange bleiben muss. Das beruhigt Nico dann doch und er entschuldigt sich nach wenigen Minuten und sucht seine Schuhe aus einem Meer anderer Schuhe heraus, was bei der Menge an Gästen, die alle vorm Betreten des Trauerraums ihre Schuhe ausziehen, keine einfache Aufgabe ist. Nico ist richtig stolz auf sich, dass er dieses Mal ganz neue Socken angezogen hat. Den Fehler macht er nicht noch mal (siehe Episode 19, Seite 120).

Beim Hinausgehen entdeckt Nico dann die Registratur, die beim Hineinkommen verdeckt war. Leider hat Nico niemand gesagt, dass die Familie des Verstorbenen – wie neuerdings oft bei reicheren Familien – auf Trauergeld verzichtet. Darauf wurde lediglich diskret mit einem Schild auf Koreanisch hingewiesen, dort, wo normalerweise das Geld angenommen wird.

Nico war aber ganz stolz, dass er die speziellen Geldumschläge von der Hochzeit aufbewahrt hat, die Donghun gekauft hatte, und so überreichte er beim Hineinkommen einen Umschlag mit 50.000 Won. Man will ja nicht knauserig erscheinen. Auch das vorsichtige Ablehnen der Herren und Damen am Eingang konnte ihn nicht umstimmen – er hat ja inzwischen gelernt, dass Koreaner nicht einfach etwas annehmen können, sondern gern so tun, als wollten sie etwas gar nicht.

So viel, wie er heute richtig gemacht hat, ist Nico in Hochstimmung und macht sich auf zum verabredeten Treffen mit Donghun. Er ist bei ihm und dessen Frau zu Hause eingeladen, eine große Ehre, das weiß er. Umso mehr ärgert es Nico, dass er es nicht ganz pünktlich zu Donghun schafft. Dort angekommen, entschuldigt er sich sogleich: »Sorry, ich bin spät dran. Aber ich komme direkt von der Trauerfeier, ohne Umweg, damit ich es noch schaffe. Ich wollte euch ja nicht warten lassen.«

Plötzlich sieht man Donghuns Frau, die bislang nur still lächelnd dagestanden hatte, den Schock ins Gesicht geschrieben, aber auch Donghun wird ganz still. Seine Frau eilt wortlos in die Küche und kommt mit einer Tüte Salz zurück. Nico weiß gar nicht, wie ihm geschieht, denn im nächsten Moment wird ihm eine Handvoll Salz entgegengeschleudert, woraufhin Donghun aufspringt und seiner Frau die Tüte aus der Hand nimmt. »Lass uns lieber ein Bier trinken gehen, Nico«, schlägt Donghun vor. Angesichts des Blickes, den Donghuns Frau Nico zuwirft, scheint ihm das auch eine gute Idee.

Aigu! – Oh weh!

So, jetzt wird es aber doch zu viel. Lassen Sie uns Schritt für Schritt die Fehler nachvollziehen, die Nico gemacht hat. Die speziellen Umschläge mit den chinesischen Schriftzeichen werden getrennt verkauft – es gibt welche, die Glückwünsche zur Hochzeit ausdrücken, und andere, mit denen man sein Beileid bekundet. Deshalb hat Donghun so lange im Laden gebraucht, als sie die Umschläge für die Hochzeit suchten (siehe Episode 43, Seite 275). Nico hat also seinem Vorgesetzten zum Tod des Vaters »gratuliert«, und das auch noch mit Geld, was die Familie nicht wollte. Vielleicht fassen es die Familienmitglieder des Abteilungsleiters sogar als Beleidigung auf, dass sie offensichtlich für so bedürftig erachtet werden, Geld annehmen zu müssen, um die Beerdigungskosten zu tragen. Wäre Nico Koreaner, wäre jetzt der richtige Zeitpunkt, ans Auswandern, zumindest aber an einen Arbeitsplatzwechsel zu denken.

Vor dem Hintergrund all dieser Schnitzer war die Fehlerreihe am Altar selbst fast vernachlässigbar: Die Blume legt man mit der Blüte zu sich auf den Altar, vor Verstorbenen verbeugt man sich tunlichst zweimal. Und nie, nie, niemals begrüßt man einen Hinterbliebenen mit *»Annyeonghaseyo«*, denn das heißt zwar »Seien Sie in Frieden«, das klingt aber im Angesicht eines Todesfalles eher wie Hohn denn wie ein guter Wunsch. Ähnlich unangebracht, aber immerhin etwas verzeihlicher, war das *»Bangapseumnida«*, mit dem Nico die Damen begrüßt hat. Es heißt schlicht »Erfreut« und ist hier natürlich auf die Situation des ersten Kennenlernens bezogen. In Langform sagt man auch *»Mannaseo bangapseumnida«*, »Erfreut, Sie zu treffen«. Natürlich haben sich die Angehörigen nichts anmerken lassen, aber vermerkt ist Nicos Tour de Fauxpas für alle Ewigkeit. Beschränken Sie sich stattdessen auf Englisch oder lassen Sie sich von einem Koreaner beraten, was im speziellen Fall angesagt ist. Empfehlenswert sind Wendungen wie *»Eolmana aetong hasigesseumnikka«*, »Wie groß muss Ihr Schmerz sein«. Auch geht es, schlicht einen betroffenen Gesichtsausdruck zu zeigen und so zu tun, als würden Sie kein Wort hervorbringen.

Und dann war da ja noch die seltsame Episode mit Donghuns Frau. So modern Korea auf den ersten Blick scheinen mag, einiger Aberglaube hat sich bis heute gehalten, auch in der jüngeren Generation. Gerade der Glaube, dass man nicht von einem Trauerhaus direkt ins Haus eines Lebenden gehen darf, hält sich wacker. Donghuns Frau war schockiert, dass ihr Gast den Tod mit ins Haus gebracht hat. Vertreiben lässt sich das Unglück, indem man etwas Salz auf den Besucher streut, aber das ging Donghun dann doch zu weit.

45 DIE FEIERTAGE

WENN DIE TOTEN ZU BESUCH KOMMEN

Wie Reiskuchen im Liegen essen

Seoul ist laut, Seoul ist groß, Seoul ist voll. Man gewöhnt sich daran. Irgendwann. Julia kommt aus einem eher ländlichen Umfeld, und auch wenn sie die Lichter der Großstadt anfangs faszinierend fand, manchmal geht ihr das ewige Gedrängel Seouls immer noch gehörig auf die Nerven. Sicher, sonntags und überhaupt immer und ständig einkaufen zu können ist nett und auch überall über und unter der Erde rasend schnelles Handy-Internet zu haben ist praktisch, aber sich dabei wie die Sardinen in der Büchse durch verstopfte Fußgängerzonen zu quälen oder bei der Rolltreppe anstehen zu müssen, das ist nicht ihre Vorstellung von angenehmem Leben. Umso mehr staunt Julia, dass während der großen traditionellen Feiertage plötzlich alles viel leerer ist als sonst. Da auch die Uni über die Feiertage kein Programm macht und irgendwie niemand richtig Zeit für sie hat, plant Julia, ganz in den Südwesten zu fahren. Denn nachdem ihr Nico erzählt hat, wie fantastisch es in der Honam-Ebene (siehe Episode 41, Seite 257) war, will sie diese Ecke des Landes auch einmal mit eigenen Augen sehen.

CHUSEOK (ERNTEDANKFEST) UND SEOLLAL (MONDNEUJAHR)

Beide Feiertage werden mit drei freien Tagen, die nach dem Mondkalender berechnet werden, begangen und sind für viele hart arbeitende Koreaner die einzige Chance, einmal länger am Stück auszuspannen. Für viele beginnt der Stress jetzt aber auch erst richtig: packen, im Stau stehen und die Verwandten auf dem Land besuchen, die man ein halbes Jahr nicht gesehen hat. Die Feiertagsstaus sind legendär, das ganze Land verfolgt sie gebannt. Dauert es normalerweise von Seoul nach Busan weniger als vier Stunden mit dem Auto, kann die Fahrtzeit zu den Feiertagen schon mal locker auf zehn Stunden und mehr anwachsen. Diese Staus zu umkurven ist eine wahre Kunst und das Ausweichen auf Bus und Bahn ist auch nicht empfehlenswert; Fahrkarten für die Feiertage sind meist schon Wochen vorher restlos ausverkauft. Die Einzigen, die das Fest genießen, sind wie immer die Kinder. Sie bekommen Geld und kleine Geschenke von den Verwandten und natürlich lecker Essen.

Die Tasche ist schnell gepackt, und dass Verreisen in Korea einfach ist, hat Julia inzwischen verstanden. Auf der Straße fühlt sie sich wie der letzte Mensch auf einer atomar verseuchten Erde. Die Stadt funktioniert zwar noch, wirkt aber wie ausgestorben. Irgendwie ist es erstmals richtig angenehm: nirgendwo Gedrängel, nicht mal zur Hauptverkehrszeit Stau vor Treppen und Rolltreppen. Gut, die U-Bahn kommt nur alle sechs Minuten, aber allein, dass Julia das schon als Verschlechterung auffasst, zeigt ihr, wie sehr sie sich inzwischen in Seoul eingelebt hat.

Während es in ihrem Viertel noch extrem ruhig war, wird es jetzt immer voller in der Bahn, je näher sie dem Hauptbahnhof kommt. Bedrohlich voll, sie kann kaum stehen. Der ganze Waggon ist voller Familien, über und über bepackt mit Geschenkpaketen und Reisetaschen.

Als sich der Schwall in die Abfertigungshalle des Hauptbahnhofs ergießt, gräbt sich Julia den Weg zu den Ticketschaltern.

»Einmal nach Suncheon bitte«, sagt Julia.

»Haben Sie reserviert?«, sagt die sichtlich mit dem Kundenstrom überforderte Schalterbeamtin.

»Nein, muss man das denn?«

»Es ist alles ausverkauft – seit Wochen. Die Feiertage. Sie können natürlich warten, vielleicht wird etwas frei.«

»Ja, würde ich gerne.«

»Wartenummer 394. Nein, Moment, wo wollten Sie noch mal hin?«

»Yeosu.«

»Ach, Yeosu! Da sind Sie hier aber falsch. Da müssen Sie schon zum Bahnhof Yongsan, die Honam-Linie fährt von dort.«

Na toll! Hätte ihr ja auch vorher mal jemand sagen können. Die bemüht freundliche Helferin am Infoschalter erklärt ihr geduldig, dass die Züge in die südwestliche Region vom Bahnhof Yongsan abfahren, die in den Südosten vom Bahnhof Seoul.

»Aber selbst wenn Sie nach Yongsan fahren – dort ist es genauso voll wie hier. Alle wollen jetzt aufs Land.«

Noch mal na toll! Aber was soll's, das Beste draus machen, beschließt Julia und schultert ihre Reisetasche, die ohnehin nur leicht gepackt war. Dann schaue ich mir halt die Stadt an. Schon oft ist man ihr mit Verwunderung begegnet, wenn sie zugegeben hatte, dass sie noch keinen der großen Paläste in Seoul besucht hat. Jetzt also will sie die Chance ergreifen, wo es doch leer ist, und sich den größten Palast von allen anschauen.

GOGUNG – DIE ALTEN PALÄSTE DER HAUPTSTADT

Oft spricht man von den Fünf Alten Palästen Seouls. Gemeint sind der Gyeongbokgung, der prächtigste und meistbesuchte Palast, der Changdeokgung, seines Zeichens UNESCO-Welterbe und ein Höhepunkt ostasiatischer Palastarchitektur, der Changgyeonggung, der direkt daneben ein Schattendasein fristet, der Deoksugung, der mit seiner Mischung aus koreanischer und westlicher Architektur direkt am Rathaus lockt, und der Gyeonghuigung, ein erst vor wenigen Jahren wiederaufgebauter Palast etwas weiter westlich, der so etwas wie den Garten für das Seouler Geschichtsmuseum bildet. Hinzu kommt der ebenfalls Palast genannte Unhyeongung, die Privatresidenz der königlichen Familie etwas östlich des traditionellen Viertels Insadong. Und wenn wir schon bei traditionellen Bauten sind: Der Jongmyo genannte Ahnenschrein der Yi-Dynastie, der letzten Herrscherfamilie Koreas, ist auch äußerst sehenswert und wegen seines hohen kulturellen Wertes ebenfalls UNESCO-Welterbe. Der Ahnenritus, der hier mehrmals jährlich durchgeführt wird, ist eine der prächtigsten und beeindruckendsten Zeremonien, die die koreanische Kultur zu bieten hat; mehrere Hundert Darsteller wirken daran mit.

Vor dem Palast das gleiche Bild; schon am U-Bahnhof wird sie von bunt gekleideten Kindern buchstäblich umgerannt. Die Idee, einen Palast zu besuchen, haben nämlich alle in Seoul verbliebenen Familien. Julia schaut sich also ein wenig das Treiben an, entscheidet dann aber, dass sie so überhaupt nichts von der Ruhe und Erhabenheit der Paläste genießen kann. Auf dem Rückweg nach Hause, es ist ja noch immer früher Morgen, erhält sie einen Anruf von Sewon: Als seine Familie erfahren habe, dass Julia über die Feiertage alleine ist, habe man spontan beschlossen, sie morgen früh zur Ahnengedenkzeremonie einzuladen. »Kleine, bunt gekleidete Kinder gibt es da auch, aber es ist trotzdem sehr viel traditioneller und ruhiger als in einem Palast«, sagt Sewon zur Beruhigung, nachdem er Julias Beschreibung des Palastbesuches gehört hat.

Am nächsten Tag geht es also in aller Herrgottsfrühe beziehungsweise Ahnenverehrungsfrühe quer durch die Stadt zu den Verwandten von Sewon. Diese haben sich den weiten Weg bis zum Stammsitz der Familie gespart und treffen sich schlicht bei der

Familie des ältesten Sohnes, der auch die größte Wohnung besitzt. Von Baby bis biblisch alt ist dort alles im großen Wohnzimmer versammelt. Nun, genau genommen werkeln und schnippeln und brutzeln die Frauen in der Küche, haben diese aber bis ins Wohnzimmer ausgedehnt, während die Herren der Schöpfung Karten spielen, natürlich Go-Stop (siehe Episode 13, Seite 88), schon früh morgens ein Gläschen zu sich nehmen und über die Politik wettern. Die Kinder schauen sich unterdessen die Sonderausgaben ihrer Lieblingsprogramme im Fernsehen an.

Julia beschließt, sich erst einmal im Hintergrund zu halten, denn sie fürchtet sonst wie ein Eindringling wahrgenommen zu werden. Doch daraus wird nichts, im Gegenteil: Ohne viel Geplänkel bindet ihr die Großmutter eine Schürze um und drückt ihr dann einen Pfannenwender in die Hand. Sewon hilft bei der Übersetzung: »Großmutter meint, du könntest zumindest die Pfannküchlein wenden, dazu seien ja wohl sogar Westler in der Lage. Nimm es ihr nicht übel. Sie ist halt so, wir nennen sie auch in der Familie gerne Großmutter Tigerin.«

Nach all dem Gekoche hat Julia richtig Hunger. Also schnappt sie sich kurzerhand eine der fünf Mandarinen vom Büfett, das vor einem prächtigen Stellschirm aufgebaut wurde. Im allgemeinen Gewusel bleibt dies zunächst unbemerkt, doch als Großmutter Tigerin noch einmal den Tisch kontrolliert, erfüllt plötzlich lautes Gezeter den Raum. Alle Stimmen kommen zum Erliegen. Julia sieht nur, wie die Eltern ihre kleinen Kinder zur Rede stellen. Sewon erklärt Julia, dass wohl eines der Kleinen es nicht abwarten konnte und sich etwas vom Tisch stibitzt habe. Ein Sakrileg geradezu. Er persönlich glaube ja, dass Großmutter Tigerin einfach etwas senil geworden sei und das Stück schlicht vom Tisch gerollt sein muss …

Nein, weder auf die Großmutter noch auf die Kleinen kann man das abwälzen. Beherzt sagt Julia, dass sie es war, die vom Tisch gemopst hat, nicht allerdings, ohne zu betonen, dass es ja wohl keine große Sache sei, wenn eine kleine Mandarine vom Tisch fehle; es sei ja genug zu essen für alle da. Doch damit macht sie es nur schlimmer. Sie hört nur noch, wie Sewon mit Engelszungen auf die Verwandtschaft einredet. Da ergreift einer der älteren Herren das Wort und erklärt ganz freundlich Julia die Bedeutung der Ahnenzeremonie.

»Sicher essen wir auch davon, aber es geht erst einmal darum, den Ahnen den Tisch zu bereiten. Die Anordnung und die Zahl der Speisen, das ist alles genau abgezählt und hat eine tiefe symbolische Bedeutung. Es bringt großes Unglück, wenn die Ahnen sehen, dass wir zu ungeduldig waren und deshalb vom Tisch gegessen haben. Erst wenn wir sie angerufen haben, sie hier waren und den Tisch unberührt gelassen haben, dürfen wir uns bedienen.«

Ups! Den Rest der Zeremonie schaut sich Julia aus sicherer Entfernung an, von ganz hinten. Da, wo Frauen sowieso hingehören, wie der Großvater noch bemerkt. Alle verbeugen sich, den Ahnen wird ein Schluck Alkohol eingegossen, das Besteck wird in den Reis gesteckt und alle verlassen den Raum, um den Ahnen genug Zeit zu geben, sich zu bedienen.

In dem Moment fühlt sich Julia noch stärker verbunden mit Sewon und sogar mit seinen Ahnen. Und mit ihren eigenen. Sie wünschte, sie könnte sie auch so anrufen. Was für ein schöner Gedanke, die Ahnen zur Feier einzuladen. Ganz anders als die Friedhofslatscherei, die sie von ihrer Familie in Deutschland kennt. Ganz feierlich und trotzdem entspannt. In Zukunft will sie auch lieber ihren verstorbenen Opi zu seinem Lieblingsessen einladen und ihm ein Gläschen guten Jägermeister einschenken, statt über den nasskalten Friedhof zu schlurfen, um eine Blume dort hinzulegen, wo seine Knochen vermodern.

Als – Überraschung – die Ahnen nichts angerührt haben, geht das Gelage für die Lebenden los und der Tag endet, wie so oft in Korea, mit viel leckerem Essen und noch mehr *soju*.

Aigu! – Oh weh!

Den Fehler von Julia bei der Vorbereitung der Ahnenzeremonie hat die Familie schon selbst aufgeklärt. Hier ist schlicht zu äußerster

Vorsicht zu raten und bei jedem noch so kleinen Detail nachzufragen. Was Julia für eine Art Büfett hält, ist übrigens ein eigens für die Ahnenzeremonie aufgebauter Tisch, *charyesang*.

Zu Julias Reiseplänen ist zu sagen: Man sollte genau schauen, wohin man will, und sich möglichst auf der Seite der staatlichen Eisenbahn KORAIL umschauen, denn nicht nur die Linien in den Südwesten und Südosten haben eigene Kopfbahnhöfe. Wer nach Osten die Stadt verlässt, muss am Fernbahnhof in Cheongnyangni einsteigen.

Übrigens: Wenn man sich so wie Julia Attraktionen wirklich in Ruhe anschauen will, reicht es schon, unter der Woche am Nachmittag in die Paläste zu gehen. So wirklich viele Touristen sind nie da und insbesondere in den verwinkelten hinteren Teilen ist man oft ganz allein. Wer jedoch über die Feiertage etwas erleben möchte, für den wird in den Palästen geradezu Volksfestähnliches geboten: überall Essensstände, Picknicks, Spiele, Aufführungen, und das Ganze kostenlos. Ähnliches gilt übrigens für das sehr sehenswerte Nationalmuseum, das einem die geballte Ladung koreanischer Kulturleistung anschaulich präsentiert.

46 DER ABSCHIED

WENN ES *INYEON* IST, SIEHT MAN SICH WIEDER

Beim zehnten Schlag fällt auch der letzte Baum

Nicos letzter Arbeitstag ist angebrochen. Er räumt seinen Schreibtisch auf. Was sich da alles in der kurzen Zeit angesammelt hat. Von Bonbons über Reiskuchenpackungen und T-Money-Karten bis hin zu diesem Ungetüm von Luftbefeuchter, den er sich angeschafft hat wegen der angeblich zu trockenen Büroluft. So ein Unfug.

Ganz unten, unter dem Entfeuchter entdeckt er seine To-do-Liste, die er sich nach ein paar Tagen in Korea angelegt hat. Die einzigen Punkte, die er abgehakt hat, sind »Starcraft«-Gucken und *soju*-Trinken. Keinen der Paläste hat Nico von innen gesehen, keine traditionelle Show angeschaut, und er war nur einmal auf dem Land, doch hat er das Gefühl, dass er so viel von Korea gesehen hat wie kaum ein anderer jemals zuvor. Da kommt Donghun vorbei.

»So viel Zeug! Wie ein Mädchen! Kann ich dir helfen?«

»Nein, geht schon«, sagt Nico mit gedämpfter Stimme und fügt noch leiser hinzu: »Lieber Donghun, du hast hier wirklich viel für mich getan. Vielen Dank, *gamsahamnida.*«

»Nico, wir koreanischen Männer schminken uns vielleicht, aber weinen tun wir nicht, also spar dir die sentimentalen Worte für Yunhee. Hier, damit du in Deutschland nicht zu sehr glänzt«, spricht Donghun und überreicht Nico eine Tube BB-Cream.

Nico muss grinsen. Ist ja gut jetzt, inzwischen hat er es verstanden.

»Ich hoffe, du hast was aus deinem Aufenthalt hier gelernt: Wir sind ein stolzes Volk und wir kümmern uns um Hautpflege, auch Männer!«

»Ja, also den ersten Teil unterstütze ich voll und ganz. Ihr habt auch eine Menge, worauf ihr stolz sein könnt. Aber BB-Cream würde ich jetzt nicht als die größte Errungenschaft der koreanischen Geschichte bezeichnen.«

»Ach wirklich ... Was denn dann? Hangeul ... oder etwa *soju?*«

»Vielleicht einfach, dass ihr euch die Herzlichkeit und Menschlichkeit bewahrt habt, trotz allem, was sonst so in den angeblich 5.000 Jahren passiert ist.«

»Schleimer! Koreaner wirst du aber trotzdem nicht!«

»Warum?«

»Du hast zwar Hochzeiten und Trauerfeiern mitgemacht, aber du warst immer noch nicht beim Militär.«

»Glaub mir, ich habe hier die letzten Monate mehr mitgemacht als ihr beim Militär.«

»Das fasse ich als Provokation auf! Raus, raus, raus!«, sagt jetzt Donghun im Scherz, gibt ihm die Kiste mit dem Bürozeug in die Arme und schiebt ihn in Richtung Aufzug. Beide schauen sich in die Augen, lächeln, und mit einem kurzen Schulterklopfen verabschiedet Donghun Nico. In dem Moment steigt Yunhee aus dem Aufzug und staunt nicht schlecht, dass Nico immer noch da ist. Sie hatte sich die Abschiedsszene eigentlich sparen wollen und war deshalb auf den Dachgarten geflüchtet. Sie wird doch immer so emotional.

»Ist ja wie im TV-Drama – nur dass Yunhee keine tödliche Krankheit hat und Nico nicht gut aussieht«, stichelt Donghun, während er um beide herumtänzelt.

»Was mir dabei einfällt: Du hast immer noch keinen koreanischen Namen«, sagt Donghun.

»Doch, ich habe ihn nur immer für mich behalten. Yunhee hat ihn mir verpasst, weil du und ich uns so ähnlich seien.«

Yunhee errötet: »*Das* habe ich nicht gesagt. Ich meinte nur, dass ihr mich beide mit eurer kindischen Art zur Weißglut treibt.«

»Aha?«, sagen beide gleichzeitig und Donghun fragt nun an Nico gewandt, was denn der Name sei.

»Seohun.«

»Ahaaaa?« Donghun schmunzelt.

»Warum?

»Habt ihr nie über die Bedeutung gesprochen?«

»Nein. Nie. Dieses Klischee-Asiatisieren von wegen ›Großer Wind trifft Sanften Stein‹ habe ich mir gleich am Anfang abgewöhnt«, sagt Nico jetzt stolz.

»Mein Name, Donghun, bedeutet im übertragenen Sinne so etwas wie ›im Osten lehren, im Osten etwas bewerkstelligen, erreichen‹.«

»Oh ja, das hast du wirklich, Donghun! Haben deine Eltern gut ausgewählt.«

»Mein Großvater. Natürlich mein Großvater.«

»Natürlich. Aber was heißt denn jetzt Seohun?«

»Seohun bedeutet das Gleiche, nur eben mit Westen«, sagt Yunhee und die erste Träne kullert ihr über die Wange. »Du hast dich wirklich bemüht. Korea ist für Ausländer nicht einfach, aber du hast nie aufgehört, offen zu sein und lernen zu wollen. Ich hoffe, du bewirkst im Westen, dass mehr Leute unsere Kultur verstehen. Oder zumindest verstehen, dass es uns überhaupt gibt. Wenn das jemand schafft, dann du, Seohun.«

»Wir Koreaner sagen, selbst die Igelmutter findet, dass ihr Baby das schönste sei. Deshalb haben wir dich lieb. Du warst nicht perfekt, aber du warst unser Westler«, erläutert Donghun.

»Na, danke.«

Wieder einer dieser Momente der nachdenklichen Stille.

»Wie auch immer, Namen sind egal, denn ich werde dich sowieso nur noch *dongsaeng* nennen.«

»Klar, und du bist dann mein ... *obba?*«

Jetzt muss Donghun doch noch herzhaft lachen. »Damit hast du dich gerade selbst entmannt. *Hyeong* heißt das, wenn ein männlicher *dongsaeng* einen älteren Bruder ehren möchte.«

»Okay, Donghun *hyeong*. Und Yunhee *nuna*. Ich danke euch. Noch einmal, *gamsahamnida*. Jetzt muss ich aber wirklich los.«

WIR GEHÖREN DOCH ALLE ZUR FAMILIE

Koreaner nennen einander, wenn sie befreundet sind, eigentlich nur nach ihrer »Familienbeziehung, wenn sie denn Familie wären«, man wird quasi beim Kennenlernen adoptiert. Die Beziehungen wiederum richten sich nach dem Alter und dem Geschlecht, wie folgende vereinfachte Übersicht deutlich macht.

Jüngerer Mann → ältere Frau: *nuna*
Jüngere Frau → älteren Mann: *obba*
Älterer Mann → jüngeren Mann, jüngere Frau: *dongsaeng*
Ältere Frau → jüngeren Mann, jüngere Frau: *dongsaeng*
Jüngerer Mann → älteren Mann: *hyeong*
Jüngere Frau → ältere Frau: *onni*

Da kann man schon mal durcheinanderkommen. Wenn man klarmachen möchte, dass man nicht nur befreundet, sondern wirklich eine Familie ist, dann setzt man übrigens vor die Verwandtschaftsbeziehungen ein *chin*. Also Donghuns echter kleinerer Bruder wäre ein *chindongsaeng*.

Während Nico bereits im Flugzeug sitzt, ist auch für Julia der Zeitpunkt des Abschieds gekommen. Wenn sie sich überlegt, dass sie ursprünglich mal wegen Musik und TV-Serien hergekommen war ... Und jetzt hat sie während ihres Aufenthaltes kein einziges Konzert besucht. Es gab einfach zu viel anderes zu tun. Julia hatte sogar noch einmal den Flug umgebucht, um länger zu bleiben, aber nun rückt der Semesterbeginn in Deutschland immer näher und es gibt kein Zurück mehr.

Sewon ist sichtlich geknickt und auch Julia bekommt kaum ein Wort heraus. Sie fragt ihn: »Sehen wir uns wieder?« Er antwortet: »Wenn es *inyeon* ist ...« Zum Abschied drückt Sewon Julia ein kleines Brieflein in die Hand: »Erst im Flieger lesen.« Er grinst sie an, sie hinterfragt diese Anweisung ausnahmsweise mal nicht und ist sowieso viel zu beschäftigt, die Tränen zurückzuhalten.

Allein fährt sie mit dem Expressbus zum Flughafen. Ein letztes Mal überquert sie den Hangang und denkt an ihren Beinahe-oben-ohne-Unfall (siehe Episode 26, Seite 161), sieht die ewig gleichen Apartmenttürme und denkt unweigerlich an ihren missglückten Einstieg in Anusville (siehe Episode 6, Seite 49, und Episode 7, Seite 55). Wirklich ländlich wird es auf dem Weg zum Flughafen zwar nicht, aber sie spürt schon, dass sie die Stadt verlassen hat. So oft hat sie sich gewünscht, aus Seoul rauszukommen, und jetzt lässt sie die Stadt tatsächlich hinter sich. Doch so weit wollte sie doch eigentlich gar nicht ...

Julia hat mächtig Übergepäck. »*Mianhaeyo*«, entschuldigt sie sich am Schalter ihrer Fluglinie, worauf die freundliche Beamtin lächelt und abwinkt. »*Gwaenchana*«, schon in Ordnung. Ja, Korea, das ist ganz schön *gwaenchana* für sie, mehr als *gwaenchana*.

Als Julia den Flieger besteigt, erinnert sie sich wieder an den Hinflug. Alles, was damals so komisch anmutete, ist jetzt seltsam normal. Da fällt ihr das Briefchen wieder ein. Sie öffnet es und liest:

»Liebe Julia,

manche Sachen kann man auf Deutsch gut ausdrücken – deshalb habt ihr die Philosophie so weit vorangebracht. Aber manche Sachen, die kann man nur auf Koreanisch ausdrücken. Gefühle zum Beispiel. Wusstest du, dass das Koreanische mehr als 30 Wörter für blau hat? Und über 50 für Herzschmerz?

Meine Gefühle zu dir kann ich auf Koreanisch ganz einfach ausdrücken: *Ganirado bbaeo meogigettda!*«

Leber? Rausreißen? Füttern? Julia ist verwirrt. Was soll das denn nun schon wieder heißen? Will Sewon sie veralbern? Ihre Verwirrung hat auch ein älterer Herr neben ihr bemerkt, der ihr freundlich übersetzt.

»Und wenn ich mir meine eigene Leber rausreißen müsste, würde ich dich durchfüttern.«

Das hat Julias Verwirrung nicht unbedingt gelegt, aber jetzt muss sie doch zumindest leicht schmunzeln. Da nimmt der freundliche Herr neben ihr ihre Hand und setzt an: »So sind wir Koreaner. Wir sind praktische Menschen, nicht viel Herumgerede, aber das heißt nicht, dass wir nicht auch Romantiker sind. Der Junge muss Sie sehr mögen. Strengen Sie sich an, dass der Kontakt bestehen bleibt.«

Die warme Hand des alten Mannes gibt ihr ein wohliges Gefühl, geht es ihr doch gerade eigentlich hundeelend, wie einem Hund am *malbok*-Tag. Ja, Korea ist rau, aber das macht es nur umso liebenswerter, denkt sie, während sie den bunt gekleideten *ajummas* zuschaut, wie diese wild kichernd bei der Gymnastik ihre Bäuche im Kreis schwingen.

Als Julia aus dem Fenster blickt, ziehen die letzten Inselchen Koreas vorbei. Jetzt hält sie nichts mehr. Sie steht auf und schließt sich der Yogagruppe an. Als die Frau neben ihr Julias Hüfte weichtrommelt, kullert ihr eine Träne nach der anderen das Gesicht herunter. Eine der *ajummas* wischt ihr die Tränen mit ihrer Hand ab, die anderen lachen laut. Da hat auch schon die nächste *ajumma* ein paar Kekse und Reisrollen gebracht.

»Eat! Delicious! Korean Food! You too slim, must eat more!«

Jetzt muss Julia nur noch stärker weinen. Was soll sie in Deutschland nur ohne ihre *ajummas* machen?

HÄLT LÄNGER ALS MARMOR, STEIN UND EISEN – *INYEON*

Der Begriff wird oft leichtfertig als Schicksal übersetzt, ist aber ein derart aufgeladener Begriff, dass man ihn kaum übertragen kann. Er bezeichnet zwar auf der einen Seite die wechselseitigen Schicksalsbeziehungen des Universums, im Alltagsgebrauch aber vor allem ein Band zwischen zwei Personen. Wenn zwei Menschen sagen, sie hätten *inyeon*, dann wissen beide meist ziemlich genau, was sie aneinander haben. Oft sagt man daher in Korea bei schmerzhaften Trennungen, bei denen man nicht weiß, ob man sich wiedertrifft, dass das Band des *inyeon* einen wieder zusammenführen wird. Denn hat man einmal *inyeon* aufgebaut, ist es kaum noch zu zerstören.

Gwaenchana! – Passabel!

Glück gehabt, dass Yunhee und Nico sich noch begegnet sind. Oft interpretieren Westler einen plötzlichen Kontaktabbruch von koreanischer Seite als mangelndes Interesse – es kann aber auch schlicht eine Abkürzung sein, um seine Emotionalität nicht eingestehen zu müssen und sich nicht vor dem Gegenüber bloßzustellen. Nicos und Donghuns Abschied war für Männer typisch: kurz und schmerzlos, aber herzlich. Da wird nicht groß drum herumgeredet. Koreaner schätzen ihre Beziehungen, Sandkastenfreundschaften werden oft ein Leben lang aufrechterhalten, egal ob man sich mal zwischendurch ein paar Jahre nicht gesehen hat. Strengen Sie sich an, es ebenso zu halten und sich ab und an zu melden. Hat man erst einmal einen Platz im Beziehungsgeflecht eines Koreaners erobert, bleibt diese Freundschaft meist unverwüstlich bestehen.

EPILOG

DIE KOMISCHEN DEUTSCHEN!

Nicos Praktikum ist schon seit einigen Wochen zu Ende und gleich nach seiner Ankunft in Deutschland stand ein weiteres Praktikum an. Seine Uni hat ihn gebeten, einen Bericht über sein Auslandspraktikum zu verfassen, um zu zeigen, wie international Absolventen Erfahrungen sammeln, aber irgendwie fühlt er sich dazu kaum in der Lage, denn sobald er abends nach Hause kommt, fallen ihm die Augen zu. In den wenigen Momenten, in denen er sich aufraffen kann, stellt er frustriert fest, dass alles falsch klingt, was er schreibt. Immer wenn er nur von der Firma und der Arbeit selbst schreibt, hört sich alles viel zu negativ an. Er hat Korea doch genossen, aber im Bericht liest man dann nur von betrunkenen, autoritären Herrschaften, die ihre Kollegen tyrannisieren und von Work-Life-Balance noch nie etwas gehört haben.

Je mehr er sich mit diesem verdammten Bericht beschäftigt, desto mehr fragt er sich, warum er Korea überhaupt so toll gefunden hat. Zu allen positiven Dingen fällt ihm immer gleich auch eine negative Komponente ein. Das Weggehen fand er toll, das Sichkaputtsaufen nicht. Den Zusammenhalt unter Kollegen fand er toll, das ständige Aufeinanderhocken aber nicht. Wie soll man jemandem klarmachen, der es nie erlebt hat, dass beides zusammengehört und man nicht das eine ohne das andere haben kann? Wenn er seinen Text so kühl analytisch und logisch schreibt, fühlt er sich gleich wie die anderen BWLer, für die Korea nicht mehr ist als eine Zeile im Lebenslauf, weil man heutzutage eben etwas mit Asien und so machen muss. Peking, Tokio, Singapur, Seoul, alles egal. Da gewesen, mitgemacht und abgehakt. Nächster Halt Brasilien, weil da jetzt auch High Potential ist. Nein, so will er nun wirklich nicht werden.

An einem dieser Sinnkrisen-Abende, der Bericht will und will nicht fertig werden, entdeckt Nico eine Nachricht auf seinem Handy, natürlich über KakaoTalk geschickt. Es ist Julia: »Vermisse die komischen Koreaner. Deutschland ist total exotisch. Hast du Lust, mal koreanisch essen zu gehen?«

Und ob er die hat. Ein paar Kurznachrichten hin und her und es steht fest: Das nächste Wochenende wird ein koreanisches. Jetzt nur noch rasch das Zugticket gebucht. Doch beim Buchungsbildschirm trifft Nico fast der Schlag. Er hat ganz vergessen, wie teuer die Deutsche Bahn ist! Und auch, wie groß Deutschland ist. Egal, was sein muss, muss sein. Wenn ihn Korea etwas gelehrt hat, dann, dass Geld zum Ausgeben da ist, am besten, um Freunde zu treffen und Spaß zu haben. Als der große Tag schließlich gekommen ist, die nächste Ernüchterung: Die Bahn ist zu spät. Auf dem Bahnsteig eine einzige, sichtlich überforderte Service-Mitarbeiterin mit wallenden Locken und deutlich zu enger Uniform, die auf Nicos höfliche Frage nach dem Verbleib des Zuges antwortet: »Würd ich für jedes Mal diese Frage beantworten nen Euro kriegn, wär ich Millionär und müsst nich hier rumstehn!« Nico ist so baff, dass sich vor seinem geistigen Auge die dralle Deutsche in eine kurvenarme Koreanerin verwandelt, die Ansage verändert sich von Schnodderdeutsch auf Yunhee-Deutsch: »Entschuldigen Sie, lieber Kunde, die Verspätung ist uns sehr unangenehm und wir möchten Ihnen versichern, dass wir unser Bestes geben werden, damit es in Zukunft nicht mehr zu solchen Unannehmlichkeiten kommen wird.«

Nico schwelgt in seinen Erinnerungen. Statt Bahnhofsmuff hat er jetzt die Düfte der Märkte in der Nase. Das Lachen der Kollegen beim Abendessen, das Zischen nach dem Trinken des *soju,* das Sichüberschlagen des Mikrofons beim Karaoke, das Rauschen des Verkehrs. Dann plötzlich ein Quietschen! Mit »nur« einer knappen halben Stunde Verspätung trifft die Bahn ein, Nico ist in die Realität zurückgeholt, steigt ein und setzt sich auf seinen Platz.

Natürlich ist die Klimaanlage kaputt. Statt einer Entschuldigung gibt es nach einer Stunde die erste Durchsage: »Liebe Fahrgäste. Wir haben bereits wieder einige Minuten unserer Verspätung aufgeholt.« Großartige Leistung, euch schlag ich für einen Orden vor, denkt Nico.

Immer noch deutlich später als geplant trifft Nico am Berliner Hauptbahnhof ein und steuert die Touristeninformation an. Sie ist geschlossen. Also schaut sich Nico nun vor dem Gebäude nach einem Bus um und findet auch tatsächlich einen. Aber da hat er schon Julia erblickt. Sie holt ihn ab, wie lieb! Sie grinst ihn an, verbeugt sich schon von Weitem betont übertrieben und ruft ein freundliches *»Annyeong!«* quer über den Vorplatz.

Als er sie vorsichtig herbeiwinkt, merkt er, dass er dies mit der Hand nach unten tut, und erschrickt fast ein wenig vor sich.

»Schnell, lass uns den Bus nehmen, der fährt nur alle 20 Minuten«, kommt Julia angerannt und reißt Nico mit sich in den Bus.

»Kann man hier ein Ticket kaufen?«, fragt Nico ganz vorsichtig beim Busfahrer.

»Ob Se können tun, weeß ick nich, aber dürfen tun Se!«

Nico ist wieder verwirrt. Passiert das hier gerade wirklich?

»Wolln Se hier Wurzeln schlagen oder setzen Se sich endlich hin?«, blafft ihn der Fahrer noch einmal an.

Also zieht Nico seine Kreditkarte hervor und will bezahlen.

»Der Herr Krösus höchstpersönlich. Soll ick Ihnen vielleicht noch nen roten Teppich ausrollen oder wie?«

»Wie bitte?«

»Bargeld! Ick will bare Münze sehen.«

»Ach so, natürlich, hier, bitte«, sagt Nico vollends verwirrt und überreicht dem Busfahrer das Kleingeld für die Fahrkarte. Während er darüber nachdenkt, was das für eine Umweltverschmutzung ist, diese ganzen Papiertickets auszudrucken, merkt er gar nicht, dass er seinen rechten Arm beim Überreichen des Geldes leicht gestützt hat. So wie er sich das eben angewöhnt hat beim Bezahlen in Korea. Wie unhöflich, einfach mit einer Hand Geld zu überreichen, da kann man es ja gleich rüberwerfen. Als Julia das sieht, lächelt sie und flüstert Nico zu: »Guck mal, dein Arm hat Kulturschock.«

Im koreanischen Restaurant läuft die Übertragung eines Tischtennisspiels, denn gerade sind Asienspiele. Die Kellnerin schaut gebannt auf den Bildschirm und auch Julia und Nico fiebern natürlich mit, denn es geht gegen China. So sind beide auch nicht böse, dass während des Gesprächs der Blick immer wieder auf den Bildschirm wandert.

»Und wie hast du dich so eingewöhnt?«, fragt Julia vorsichtig, während sie genüsslich schon mal vom *kimchi* probiert.

»Ach, es ging eigentlich ganz gut. Wurde ja gleich mit Arbeit überschüttet. Irgendwie schäme ich mich ein wenig, dass Korea so weit weg ist für mich gerade«, sagt Nico, während er kleine *myeolchi*-Sardellen kaut.

»Bei mir ist es auch ganz komisch. Mehr als dass ich Korea an sich vermisse, finde ich Deutschland einfach seltsam.«

»Das stimmt, alles ist so leer, dunkel, trist hier irgendwie. Als ich in Korea angekommen bin, habe ich Deutschland schätzen gelernt, und als ich dann wieder in Deutschland war, habe ich angefangen, Korea richtig zu schätzen.«

»Genau. So ähnlich hat mir das Sewon gleich am Anfang auch erklärt. Ich hab damals gedacht, mir würde das nie so gehen. Als ich zu Hause angekommen bin, stand ich erst mal ein paar Minuten auf der Terrasse am Haus meiner Eltern und habe mir die Stille angehört: Es war früher Abend, aber man sah keinen Menschen und es war komplett still. Ich hab mich richtig erschreckt, als ein Auto die Straße entlanggefahren kam.«

»Ich konnte auch einige Nächte nicht schlafen. Dachte erst, es wäre der Jetlag, aber im Nachhinein glaube ich, es war die Stille, die mich so verrückt gemacht hat. Ich habe mir in den paar Monaten Seoul irgendwie angewöhnt, bei Verkehrslärm zu schlafen.«

Plötzlich wird es auch im Gastraum ganz laut. Die Kellnerin schreit, der Koch kommt aus der Küche gerannt, andere koreanische Gäste klatschen jubelnd in die Hände. Die Koreaner haben den entscheidenden Satz gewonnen. Als die Kellnerin den Fernseher laut schaltet, bahnt sich durch das Freudenmeer im Restaurant die tiefe Stimme des deutschen Sportreporters: »Solche Emotionen, so eine Ausgelassenheit, das ist gänzlich untypisch für diese beherrschten, ja robotergleichen Asiaten. Sie sehen hier etwas ganz Seltenes.«

Da fährt es fast gleichzeitig aus der Kellnerin, den koreanischen Gästen, Julia und Nico: »*Aaaaaaigu!*«

ANHANG

10 DINGE, DIE MAN GETAN HABEN MUSS

1. **Bang Bang! Korea shot me down! Bang-Kultur.** In der eigenen Wohnung hält sich der Koreaner eigentlich nur zum Schlafen auf. Alles andere wird in einem *bang* gemacht, dessen Vorsilbe beschreibt, was darin stattfindet. Ob PC, DVD, *norae* (Karaoke), *manhwa* (Comics) oder sonst was – für fast jedes Hobby und jede Beschäftigung gibt es eigene *bangs*. Am berühmtesten ist der private Karaokeraum *noraebang*, den man mit Freunden mietet und der für die entsprechende Zeit zum Sing- und Wohnzimmer wird. Ebenso zu empfehlen ist das *jjimjilbang*, also das Schwitzzimmer. Diese Saunen sind inzwischen echte Unterhaltungskomplexe mit Dutzenden Saunaräumen und der Infrastruktur einer Kleinstadt.

2. **Templestay.** So wie Julia bei einem Templestay die innere Ruhe findet, werden auch Sie im Tempel finden, was Sie gesucht haben. Egal, was. Ob man einen Tag im Tempel verbringt und dabei etwas über Tee lernt oder einen Monat bleibt und unverarbeitete Geschichten aus dem eigenen Leben angeht, für jeden Geschmack gibt es eigens zugeschnittene Programme im ganzen Land.

3. **Hanokstay.** Hanok sind die traditionellen Häuser Koreas mit ihren weiten Veranden, ausladendem Dachgebälk und kuschlig warmen kleinen Zimmerchen. Für den durchschnittlichen

Koreaner ist diese Bauweise heute fast ebenso fremd wie für den Ausländer – woraus Besitzer solcher Anwesen ein Geschäft gemacht haben und ihre Häuser behutsam modernisiert als Fremdenzimmer vermieten. Wer in Korea ist, sollte zumindest eine Nacht auf dem Boden direkt über der traditionellen Fußbodenheizung *ondol* verbracht haben.

4. **Sich eine Aufführung anschauen.** Seoul ist eine Stadt der Kultur und der Aufführungen. Neben dem üblichen Angebot an Oper, Theater, Musical und Ballett gibt es in Seoul zwei Genres, die man auf jeden Fall kennengelernt haben sollte. Das eine sind nonverbale Performances wie Jump, Nantaoder Drawing Show, bei denen eine Geschichte ohne Worte erzählt wird, was dem ausländischen Besucher sehr entgegenkommt. Ein weiterer Tipp sind die vielen traditionellen Aufführungen, die es überall zu erleben gibt. Mitreißende Rhythmen und Farbenpracht sind garantiert.

5. **Im Markttreiben untertauchen.** Die traditionellen Märkte sind zwar längst in der Moderne angekommen, das Ballett aus Gerüchen, Gewusel und Geschmäcken ist deshalb aber keineswegs langweiliger geworden. Insbesondere in Seoul gibt es viele spezialisierte Märkte. Besonders empfehlenswert sind der Gyeongdong-Heilkräutermarkt, auf dem man mehr zur traditionellen Medizin erfährt, der Noryangjin-Fischmarkt, auf dem man frischen Fisch kauft und gleich nebenan zubereiten lassen kann, und der Gwangjang-Markt, der mit seiner stets prall gefülllten Fressgasse ebenfalls zu kulinarischen Entdeckungsreisen einlädt. Besondere Spezialität: deftige Pfannkuchen mit Reiswein.

6. **Eine »verrückte« Speise probieren.** Seidenraupenlarven, Hühnerfüße und -popos, vergorene Sojabohnen, frisch zerhackter Tintenfisch, Hundesuppe, Krebsinnereien – die koreanische Küche hat, wie alle internationalen Küchen, neben dem Übli-

chen und für alle problemlos Genießbaren auch ihre ganz besonderen Eigenheiten, die erkundet werden wollen. Geben Sie sich einen Ruck und entdecken Sie, dass das meiste davon deutlich besser schmeckt, als man denkt.

7. **Sich ins Seouler Nachtleben werfen.** Junge Koreaner haben viel an ihrem Land auszusetzen, aber bei einem sind sie sich einig: Im Feiern macht ihnen keiner etwas vor! Inoffizielles Motto von Seoul nach Sonnenuntergang scheint zu sein, auf möglichst viele verschiedene Arten betrunken zu werden. Ob beim Clubbing im alternativen Szeneviertel Hongdae, in einer Weinbar am Stadtberg Namsan, in einer urigen »Volkskundekneipe« mit milchigem Reiswein im Viertel Jongno, in einem orangefarbenen Trinkzelt im Ausländerviertel Itaewon oder beim Fleischgrillen im Restaurant um die Ecke begleitet von Koreas alkoholischer Ikone *soju*. Überall werden Sie Koreaner erleben, die bei einem Gläschen den Stress und die Hierarchien des Alltags vergessen und eins werden mit sich und der Umgebung. Werfen Sie sich bedenkenlos mittenrein.

8. **Seoul verlassen – und wieder zurückkommen.** Seoul gilt vielen als Moloch und tatsächlich können die Menschenmassen und die schiere Endlosigkeit der Stadt einem zwischendurch ziemlich auf die Nerven gehen. Das empfinden auch viele Koreaner so. Beste Methode, um Seoul neu schätzen zu lernen, ist ein kleiner Ausflug aufs Land. Energie tanken, Weite genießen und dann wieder ins bequeme Großstadtleben eintauchen.

9. **Bergwandern.** In den Bergen befinden sich die Kraftzentren des koreanischen Volkes, glauben die Koreaner und suchen diese Kraftzentren denn auch in Scharen auf. Südkorea hat zwar keine Hochgebirge, aber ist insgesamt extrem bergig; in der Nähe jeder Stadt gibt es zumindest einen kleinen Berg, auf dem kurze Wandertouren möglich sind. Die großen Nationalparks

wie Seoraksan im Nordosten oder Jirisan im Süden des Landes bieten sich auch für mehrtägige Wanderungen durch atemberaubende Natur an.

10. **Jeju besuchen.** Es gibt Nordkorea, es gibt Südkorea und dann gibt es Jeju. Es ist ein bisschen unfair, nur einen Ort als Empfehlung herauszupicken, aber Jeju ist wirklich besonders. Subtropisches Klima, das einen manchmal an Südostasien denken lässt, dazu aber auch Landschaften, die eher an Irland oder Neuseeland erinnern, und dann der meist schneebedeckte Vulkankegel Hallasan mit 1.950 Metern Höhe, der alles überragt und zum Wintertrekking einlädt. Jeju hat für alle Geschmäcker etwas zu bieten, einen Dialekt, den auch viele Koreaner nicht verstehen, und auch ansonsten einen ganz eigenen Charme, der sich von dem des Festlands deutlich abhebt.

ANHANG

10 HANDLUNGEN, MIT DENEN MAN SICH BLAMIERT

1. **Keine Visitenkarte dabeihaben.** Wer sich einen Namen machen oder zumindest nicht sein Gesicht verlieren möchte, der braucht unbedingt eine Visitenkarte. In Korea haben schon Studenten oft eine eigene. Egal, ob sie freischaffender Lebenskünstler sind oder CEO eines Großunternehmens – viel hilft viel. Koreaner sind statusbewusst und wie man Sie zu behandeln hat, muss anhand der Karte ersichtlich werden.

2. **Schweißflecken nicht verdecken.** Koreaner sind extrem auf Reinlichkeit bedacht. Leider ist Schweißgeruch eine Eigenheit, die Koreaner aufgrund einer genetischen Segnung nicht zu fürchten haben. Westler in den schwülheißen Sommern Koreas hingegen sehr wohl. Versuchen Sie Ihre Schweißflecken zu bedecken und den Odor mit Deo zu übertünchen.

3. **Loch in der Socke haben.** In Korea erfährt man, wie es unter den piekfeinen Designeranzügen deutscher Manager aussieht – und das will man oft gar nicht. Sei es im Tempel, bei Besuchen zu Hause, in vielen Restaurants, fast überall muss man sich in Korea in Gebäuden die Schuhe ausziehen, und was da bei unvorbereiteten Europäern an löchriger, dreckiger Sockenvielfalt zum Vorschein kommt, ist für Koreaner nicht appetitlich. Geben Sie sich nicht diese Blöße und pflegen Sie Ihre Socken wie jedes andere sichtbare Kleidungsstück.

4. **Stäbchen oder Löffel in den Reis stecken.** Diese Handlung ist der traditionellen konfuzianischen Ahnenzeremonie vorbehalten. Damit lädt man symbolisch die Ahnen zum gemeinsamen

Essen. Auch wenn das heute selbst viele jüngere Koreaner nicht mehr so streng nehmen, sollten Sie einen unnötigen Fauxpas wie diesen nicht begehen.

5. **Naseputzen beim Essen.** Ziehen Sie lieber die Nase hoch. Ja, wirklich, das meinen wir ernst. Wer sein Taschentuch am Tisch rausholt und die Nase schnäuzt, ist schnell untendurch. Gerade noch akzeptabel ist es, seine Serviette an die Nase zu führen und sich das Näschen so quasi abzutupfen.

6. **Einem Professor oder Vorgesetzten offen widersprechen.** Korea ist und bleibt eine strikt hierarchisch strukturierte Gesellschaft. Man muss nicht Konfuzius gelesen haben, um zu wissen, dass Ältere und beruflich Höhergestellte in einer solchen Gesellschaft besonderen Respekt erwarten. Dazu gehört es auch, nicht offen zu widersprechen, um das Gesicht des anderen zu wahren. Erst recht nicht vor anderen.

7. **Einem Kellner Trinkgeld geben**. Wo man im Taxi vielleicht noch etwas aufrunden kann, sollte man im Restaurant auf keinen Fall großzügig sein. Der Preis auf der Rechnung ist der Endpreis, egal, wie viel Mal Sie Beilagen nachbestellt und wie viel Wasser Sie umsonst getrunken haben. Kellner bekommen kein Trinkgeld. Punkt. In besseren Restaurants und Hotels wird automatisch ein Zuschlag von zehn Prozent als Trinkgeld erhoben, aber niemals entscheiden Sie selbst, wem und wie viel Sie geben.

8. **Falsch feilschen.** Lernen Sie, wo Sie wie feilschen und wo nicht. In Korea wird nur noch auf traditionellen Märkten und in Touristengebieten gefeilscht, und auch dort ist bereits ein Preisnachlass von 20 bis 30 Prozent als Erfolg zu werten. Im Alltag, das heißt in allen Geschäften, Supermärkten, Kaufhäusern, gelten die angeschriebenen Endpreise. Wenn Sie unbedingt sparen

wollen, informieren Sie sich lieber gründlich über Vorteile für Inhaber von Kundenkarten, Rabattprogramme und Sonderangebote.

9. **Bei einem Festessen alles restlos aufessen.** Beim Essen gibt es eine Menge zu beachten. Anfangen und beenden sollte es der Ranghöchste beziehungsweise Älteste. Von jedem der vielen Tellerchen sollte man nicht selbst das letzte Stück nehmen, was dazu führt, dass meist etwas übrig bleibt. Überhaupt, egal, wie lecker es schmeckt, wenn Sie alles ratzekahl wegputzen, entsteht der Eindruck, man hätte noch nicht genug aufgetischt, und man wird Sie weiter mästen.

10. **Sparsam sein.** Hört sich seltsam an, aber tatsächlich gilt es in Korea nicht gerade als fein, sparsam zu sein. Konsum ist oberstes Gebot. Zwar geht man durchaus gern auf Schnäppchenjagd, aber schon ein Essen aus preiswert eingekauften Zutaten, das man Gästen vorsetzt, wird zum Problem. Denn es gilt: Überall, wo Menschen interagieren, darf Geld keine Rolle spielen. Geschenke, Essenseinladungen, Hochzeiten, Reisen – man gibt so viel aus, wie man verkraften kann. Wer sich sparsam zeigt, gilt sofort als geizig. Und Deutsche sind bekannt als Horter, Sparer und Geizhälse, die – man höre und staune – im Restaurant sogar getrennt bezahlen.

GLOSSAR

386er	Die 386er-Generation war bei der Schaffung des Begriffs in ihren 30ern, hat in den 80ern in den Unis den Kampf für Demokratie vorangetrieben und ist in den 60ern geboren; das koreanische Pendant zur 68er-Bewegung
aigu	Ausruf des Bedauerns, des Mitleids, des Schmerzes, der Trauer etc.
ajumma	verheiratete Frau, meist recht stämmig mit Korkenzieherlocken; mit ihrem Arbeitseifer und ihrer unverwüstlichen Art Rückgrat des koreanischen Dienstleistungssektors
anju	Sammelbegriff für alle Begleitspeisen zum Alkohol. Muss fast immer in einer Bar zum Getränk dazu bestellt werden
annyeonghaseyo	wörtlich »Seien Sie in Frieden«, Guten Tag auf Koreanisch
arasso	habe es kapiert, in Ordnung, einverstanden
assa	juhu, das ist aber toll
baekjo	weißer Schwan, Bezeichnung für Frauen, die → *baeksu* sind
baeksu	weiße Hand, jemand, der keinem geregelten Erwerb nachgeht und meist vom Geld seiner Eltern lebt
bangapseumnida	es freut mich, sehr erfreut (bei der Begrüßung)
bballi bballi	schnell, schnell
Black Day	14. April, besonderer Feiertag für Singles
bosintang	Hundesuppe
chim	Akupunktur
daechung daechung	so ungefähr, nur flüchtig
daeriunjeon	eine Dienstleistung, bei der ein telefonisch bestellter Fahrer den angetrunkenen Wagenbesitzer mit dessen Auto nach Hause fährt

ddaemiri	Dreckrubbeln in der traditionellen Sauna; mit einem speziellen Handtuch werden abgestorbene Hautpartikel abgerubbelt
ddeum	Beifußkegel, der zur besseren Durchblutung auf dem Bauch abgebrannt wird
dongari	Arbeitsgruppe, meist in der Uni
dwaenjangnyeo	Sojabohnenpastenmädel; Inbegriff der oberflächlichen und nur auf Luxus fixierten jungen Oberschichtsdame
gamjatang	deftiger Schweinefleischeintopf mit Kartoffeln
Gangnam	eigentlich das ganze Stadtgebiet südlich des Han-Flusses in Seoul meint man mit Gangnam eigentlich vor allem den gleichnamigen Stadtbezirk, der Inbegriff für die Moderne, Wirtschaftskraft und leider auch Oberflächlichkeit Koreas ist
geonbae	Prost!
gimbap	Reisrolle mit Gemüse gefüllt
Gimbap Cheonguk	Fastfoodkette mit großer Auswahl an koreanischer Küche
gwansang	Kunst des Gesichtlesens; Koreaner meinen aus der Physiognomie den Charakter einer Person herauslesen zu können
haeuso	Sorgenausleerungsstelle; eine Toilette in einem buddhistischen Kloster
hagwon	private Lernakademien, in denen die Jugend auf die Prüfungen vorbereitet wird, die über das Weiterkommen im Bildungswettkampf entscheiden. Viele Familien geben bis zu einem Viertel ihres Einkommens dafür aus, die Kinder in mehreren Akademien gleichzeitig zu drillen
hagyeon	siehe → *samyeon*
hallabong	schmackhafte Riesenorange von der Insel Jeju
hanbok	traditionelle koreanische Kleidung
Hangeul	das koreanische Alphabet, von König Sejong erfunden
Hanja	die chinesischen Zeichen, die heute zwar noch gelernt, aber im Alltag kaum noch verwendet werden; wenn, dann ist aber Vorsicht angeraten

hanjeongsik	traditionelles Festmahl, bei dem der ganze Tisch mit Beilagen bedeckt wird
Hanok(stay)	Tourismustrend, bei dem traditionelle Anwesen in Gästehäuser umgewandelt werden, um die traditionelle Lebensweise erfahrbar zu machen
hanuiwon	Arztpraxis für traditionelle Medizin
hoesik	gemeinsames Essen eines Teams oder einer ganzen Abteilung in einer Firma zur Stärkung des Zusammengehörigkeitsgefühls; oft sehr alkoholintensiv
hubae	jemand, der an der Uni, meist im gleichen Fach, in einem unteren Semester ist als man selbst
hwabaek	traditioneller Teil der Hochzeitszeremonie, bei dem nur enge Verwandte und Freunde dabei sind und der in einem gesonderten Zimmer abgehalten wird
hwahwan	Blumengesteck, das man zu wichtigen Ereignissen an Veranstaltungsorte wie Hochzeits- oder Trauerhallen schickt
hyeolyeon	siehe → *samyeon*
jaebeols	Großunternehmen, die heute die koreanische Wirtschaft beherrschen
jaegaebal	Neuentwicklung eines Stadtgebiets, die meist mit Komplettabriss des alten Hausbestands einhergeht
jiji	dreckig, schmutzig, pfui!
jipdeuri	Einweihungsparty
jiyeon	siehe → *samyeon*
jjimjilbang	traditionelle Sauna mit angeschlossenem Badehaus und Unterhaltungseinrichtungen
kaltoegeun	Feierabend machen »wie ein Messer«, das heißt mit dem Gong heraus und keine Minute Überstunden
kimchi	eingelegter fermentierter Chinakohl, darf bei keinem Mahl fehlen
KTX	Schnellzug, der einen in weniger als drei Stunden durchs ganze Land bringt

Lotte	einer der → *jaebeol*-Großkonzerne, der durch Supermärkte, Nahrungsmittel, Kaufhäuser und Freizeitpark besonders präsent im Straßenbild ist
makgeolli	milchiger fermentierter Reiswein, passt gut zu → *pajeon*
moktak	Klanginstrument, das buddhistische Mönche bei der Andacht schlagen
myeolchi	eingelegte oder kandierte Sardellen, die als Beilage gereicht werden
noraebang	Karaokeraum, in dem man mit seinen Freunden ungestört singen kann
pajeon	Pfannkuchen, entweder mit Meeresfrüchten oder mit → *kimchi*
pojang macha	Trinkzelt auf Rädern; sobald es Abend wird, werden in Geschäftsvierteln am Straßenrand die charakteristischen orangefarbenen Plastikzelte aufgebaut
poktanju	Bombengetränk aus Whisky und Bier
pyeonuijeom	Convenience Store; omnipräsente, 24 Stunden geöffnete Kleinsupermärkte
saengseon	Fisch
sambok	die drei heißesten Tage des Jahres nach dem traditionellen Kalender
Samiljeol	Tag der Unabhängigkeitsbewegung vom 1. März 1919, als im ganzen Land Koreaner gegen die brutale Kolonialherrschaft der Japaner protestierten
samyeon	die drei wichtigsten Beziehungen im koreanischen Netzwerk: absolvierte Ausbildung (*hagyeon*), Herkunftsregion (*jiyeon*) und Familienhintergrund (*hyeolyeon*)
sangju	der Chef des Trauerkomitees, meist der älteste Sohn des Verstorbenen
sannakji	frisch zubereiteter Tintenfisch, der noch zuckt, wenn er serviert wird
seomin	Ottonormalverbraucher; alle Koreaner sehen sich mehr oder minder als untere Mittelschicht an
seonbae	jemand in einem höheren Semester als man selbst an der Uni

seonbi	ein traditioneller konfuzianischer Gelehrter
seonsaeng	Lehrer; aber auch im Allgemeinen höfliche Anrede für ältere Personen
soju	soziales Schmiermittel, das so preiswert wie Wasser ist; hat circa 20 Prozent Alkoholgehalt und kommt in ikonischen kleinen grünen Fläschchen daher
somaek	die »softe« Variante von → *poktanju*; Bier (*maekju*) mit → *soju* gemischt
ssam	Fleisch, Reis oder Fisch in verschiedenen schmackhaften Blättern eingewickelt
ssanggeopul	Lidfalte; ist den meisten Koreanern nicht natürlich gegeben, weshalb operiert wird, um die Augen größer erscheinen zu lassen
Templestay	Erlebnisprogramm für Tempelleben
tteokbokki	Reiswürstchen in scharfer Chilisauce mit Zwiebeln, Kartoffeln und manchmal auch Frittiertem oder Teigtaschen darin; ein beliebter und preiswerter Straßensnack, insbesondere im Winter
tugi	Immobilienspekulation an der Grenze zur Illegalität; Grund für den Reichtum vieler Familien, insbesondere in Gangnam
Konglish (englische Lehnwörter)	
eye shopping	nein, hier werden nicht Augen gekauft, sondern man kauft nur mit den Augen, das heißt, man macht einen Schaufensterbummel, geht shoppen, ohne etwas kaufen zu wollen
MT	ursprünglich Membership Training in Konzernen, heutzutage aber auch für jegliche Form von Gruppenausflügen mit Übernachtung gebraucht, insbesondere im universitären Bereich
one shot (wanshat)	Prost!; Aufforderung, das Glas möglichst in einem Zug zu leeren
Service *(seobiseu)*	umsonst, kostenlos (zum Beispiel Zusatzminuten beim Karaoke oder Wasser im Restaurant)
specs	formal angehäufte Fähigkeiten eines Job-Bewerbers für einen Job

ISBN 978-3-95889-173-9
ISBN 978-3-95889-232-3

ISBN 978-3-95889-174-6
ISBN 978-3-95889-224-8

ISBN 978-3-95889-181-4
ISBN 978-3-95889-225-5

ISBN 978-3-95889-176-0
ISBN 978-3-95889-226-2

ISBN 978-3-95889-178-4
ISBN 978-3-95889-227-9

ISBN 978-3-95889-177-7
ISBN 978-3-95889-228-6

ISBN 978-3-95889-184-5
ISBN 978-3-95889-229-3

ISBN 978-3-95889-175-3
ISBN 978-3-95889-230-9

ISBN 978-3-95889-183-8
ISBN 978-3-95889-231-6